맥을 잡아주는 세계사 03

이집트사

法老的世界 古埃及
编者：《图说天下. 世界历史系列》编委员

맥을 잡아주는
세계사
03

이집트사

맥세계사편찬위원회 지음
김덕수 교수 감수(서울대 역사교육과)
강치원 교수 추천(강원대 사학과)

느낌있는책

기원전 3000년 어느 여름날,
상이집트의 왕 메네스는 군사를 일으켜 하이집트를 정복했다.
기적은 그렇게 시작되었다.

5000년 인류 역사를 담은
장쾌한 대하드라마

역사는 장대한 대하드라마이다. 그것도 아주 잘 짜인. 사건이 일어나게 된, 일어날 수밖에 없는 명확한 이유가 있고, 그로 인해 전개될 이야기는 전후 관계가 딱딱 들어맞는다. 각각의 시대를 살아 낸 사람들의 이야기는 너 나 할 것 없이 드라마보다 더 드라마틱하다. 그야말로 파란만장하다.

역사란 드라마틱한 시대를 살아 온 사람들의 파란만장한 삶에 관한 이야기이다. 그 속에 생존을 위한 몸부림이 있고, 종족과 전쟁이 있으며, 문화와 예술이 있고 국가와 민족이 있다. 권력을 향한 암투와 뜨거운 인류애가 함께 숨 쉬는가 하면, 이념과 창조, 파괴, 희망이 춤춘다.

인류의 역사는 희망적인가. 우리가 역사를 통해 배우고 이를 삶에 적용하는 한 인류의 역사는 희망적이다. 이것이 우리가 역사를 알아야 하고 이 시대의 문제에 대한 해답을 역사에서 찾아야 하는 이유이다.

역사는 읽는 것이 아니라 보는 것이라 했던가. '맥을 잡아주는 세계사'는 마치 대하드라마를 보는 듯 한 권, 한 권이 잘 짜인 책이다. 인과 관계가 명확하니 행간과 맥락이 머릿속에 쏙쏙 들어온다. 600여 개의 에피소드는 드라마를 흥미진진하게 이끌고 가는 매개체이며, 2,000여 장에 이르는 시각 자료는 세트, 정지 컷, 의상, 소품 구실을 한다. 에피소드는 어느 한 곳에 치우치지 않도록 다양한 시각을 담은, 다양한 사료를 바탕으로 꾸몄다.

각 권은 50여 개의 장으로 이루어진다. 각 장이 시작될 때마다 해당 시기와 등장인물이 어김없이 소개된다. 또한 그때 다른 곳에서는 어떤 일들이 벌어지고 있었는가를 별도의 연표로 제시한다. 그렇다. 드라마이므로 배경이 되는 시기가 있어야 하고, 주인공이 있어야 하며, 전후좌우의 맥락을 살피기 위해서는 주인공을 둘러싼 시대의 흐름도 아울러야 한다. 이러한 플롯으로 그리스와 로마, 이집트 역사를 통해 고대 문명의 원형을 찾아보고, 중·근세 유럽의 강국 영국, 프랑스, 독일을 거쳐 근세 일본과 중국, 미국, 러시아까지, 한 편, 한 편 완성도 높은 드라마로 빚어내어 역사의 거대한 흐름 속으로 독자들을 끌어들이려 한다.

과거에 대한 올바른 인식 없이, 올바른 현재적 삶도 없다. '맥을 잡아주는 세계사'는 독자들에게 한 걸음 더 가까이 다가가 말을 건네는 책이다. 우리 삶을 더 인간답게 가꾸어 가기 위해 우리는 무엇을 고민해야 하고, 어떻게 해야 할지를 묻는다. 물론 그에 대한 답은 독자 스스로 찾아야 한다. 이 책 안에서 펄펄 살아 움직이는 역사를 통해.

자, 이제 모든 준비가 끝났다. 독자들이여! 5000년 인류 역사의 거대한 물줄기! 그 장쾌한 대하드라마 속으로 함께 빠져들어 보자. 그것도 아주 열렬히.

– 맥세계사편찬위원회

역사 속에서 거침없이 튀어나온
인물들과의 조우

역사는 과거와 현재와 미래의 대화라고 합니다. 현재의 가치가 과거의 사실을 만납니다. 현재는 과거와 미래에게 자신의 삶에 대해 묻습니다. 어디서 왔는지, 제대로 살고 있는지, 어떻게 살아야 하는지……. 현재가 치열하게 고민한 것일수록 과거가 들려주는 답은 명확합니다. 과거의 이야기는 여기에서 머물지 않습니다. 미래까지 적나라하게 제시합니다. 고대 로마의 정치·사회사에서 한국의 현재를 읽어 내는 일이 가능할까요? 물론입니다. 어디 현재뿐이겠습니까? 미래를 예측할 수도 있습니다. 왜냐하면 미래는 실천과 의지의 소산이기 때문입니다. 그것은 바로 과거를 아는 자들의 몫입니다. 이것이 바로 역사를 알아야 하는 이유입니다. 그래서 역사는 과거의 사실과 현재의 가치와 미래의 의지의 대화입니다.

이런 점에서 볼 때 최근 일어난 교학사의 한국사 교과서 역사 왜곡 논란은 참으로 안타까운 일이 아닐 수 없습니다. 편향된 시각으로 집필된 역사교과서가 자라나는 세대들에게 우리 역사를 바로 알고 현실을 직시하며 미래를 준비하는 토대를 제공할 수 있을까요? 역사를 잊은 민족에게 미래란 없다고 했습니다. 이념 논쟁을 떠나 역사 교육에 대한 사회적 합의가 절실합니다.

느낌이 있는 책에서 의욕적으로 출간한 '맥을 잡아주는 세계사' 시리즈를 보고 세 번 놀랐습니다. 가장 먼저 본문 구성이 매우 독특하다는 데 놀랐습니다. 마치 독자들이 날개를 달고 그 지역 상공을 날면서 여행을 하듯 쓰인 서술 방식은 그간의 역사서에서는 찾아보기 어려운 점입니다. 시간의 흐름에 따라 역사적 사건의 현장이 펼쳐지면서 그 시기에 가장 중요했던 인물이 등장하여 종횡무진 맹활약을 합니다. 이러하니 마치 다큐멘터리나 한 편의 영화를 보는 듯 지면이 살아 움직입니다. 두 번째로 놀란 것은 시간의 흐름에 따른 종적 편성 외에 신화, 축제, 교육, 건축, 예술, 여성 등 다양한 테마를 다룬 횡적 편성을 통해 생활사까지 아울렀다는 점입니다. 정치·사회사 중심의 역사서에서 놓치기 쉬운 생활사를 단원 말미에서 종합적으로 서술함으로써 두 마리 토끼를 모두 잡는 데 성공하였습니다. 마지막으로 놀란 것은 꼼꼼한 구성입니다. 각 단원이 시작될 때마다 시기와 주요 인물 혹은 사건이 제시되고 그 아래 총체적인 세계사의 흐름을 알 수 있는 비교 연표를 제시하여 독자들의 머릿속을 깔끔하게 정리해 주고 있다는 점입니다. 필요한 자리에 적절하게 들어간 사진 자료들은 한눈에 보아도 귀한 자료임을 알 수 있습니다.

이 책은 중국 최고의 인재들로 구성된 중국사회과학원과 베이징대학 등 중국 유수 대학 사학과 교수진이 기획과 집필을 담당하였습니다. 우리로서는 그간에 주로 접해 왔던 서양이나 일본 학자들의 시각에서 벗어나 중국 역사가들의 새롭고 참신한 사관을 접할 수 있다는 점에서 흥미로운 일이 아닐 수 없습니다. 고대 그리스에서 시작되는 여행은 전 세계 곳곳의 상공을 날며 생생한 역사의 현장을 돌아봅니다. 그 현장에서 만나는 주인공들은 더 이상 박물관에 놓인 초상화 혹은 조형물이 아닌, 따스한 피를 가진 한 인간입니다. 그들과의 만남, 생각만으로 벌써 가슴이 뜁니다.

– 강치원, 강원대 사학과 교수. 경기도율곡교육연수원장

무수한 수수께끼를 남긴
파라오의 나라로 떠나는 여행

피라미드, 스핑크스, 미라, 상형 문자, 람세스, 파라오…. 이집트 하면 떠오르는 것들이다. 지금부터 약 5천 년 전에 이집트 인들은 사막으로 둘러싸인 불모의 땅 북아프리카에서 오늘날 우리가 보아도 이해하기 어려운 놀라운 문명을 시작했다. 고대 세계 7대 불가사의 중에서 오늘날 원래의 모습을 그대로 전해 주는 것은 이집트에 있는 세 개의 피라미드뿐이다. 그 가운데 가장 규모가 큰 쿠푸 왕의 피라미드는 높이가 136미터, 밑변의 가로와 세로가 230미터나 되며, 돌 230만 개를 정교하게 쌓아 만든 것이다. 대부분의 세계인들이 사용하는 달력, 즉 (태)양력도 그 기원이 이집트이다.

어찌 그뿐이랴. 우리에게 익숙한 영어 알파벳은 그리스 문자에서 왔는데, 그리스 문자는 이집트 상형 문자가 페니키아 문자를 거쳐 그리스에 전해진 것으로 알려져 있다. 또한 영혼불멸과 내세에 대한 믿음이 깊었던 이집트 인들은 미라를 통해 그 바람을 표현했다.

오늘날 대부분의 종교는 내세에 대한 믿음을 가지고 산다. 그렇다면 이집트 문명은 단지 과거의 유물에 머무르지 않고 우리에게까지 강력한 영향을 미치고 있는 셈이다.

'역사의 아버지'라 일컫는 그리스 역사가 헤로도토스는 《역사》라는 책에서 이집트 문명을 만드는 데 나일 강이 얼마나 중요한지를 다음 한마디로 정리했다.

"이집트는 나일 강이 준 선물이다."

세계에서 제일 긴 나일 강(6,670km). 국토의 97%가 사막인 가운데 3% 남은 나일 강 양편에서 농경생활을 했던 이집트 사람들. 이런 자연조건 속에서 어떻게 이처럼 위대한 문명을 건설했을까?

이제 맥 시리즈 고대 이집트 편을 보고 그들이 이룩했던 이집트로의 여행을 떠나 보자.

– 김덕수, 서울대학교 역사교육과 교수

CONTENTS

1 통일왕국의 탄생

2 피라미드의 시대

3   여명의 시기

4   파라오들의 제국 I

5 파라오들의 제국 II

6 파라오들의 제국 III

7 페르시아 지배기

8 마지막 왕조 시대

Ancient EGYPT

맥을 잡아주는 세계사

The flow of The World History

제1장 | 통일왕국의 탄생

1 이집트 문명의 근원, 나일 강

EGYPT

오, 나일 강이여! 땅 위에 그 모습을 드러내어 쉬지 않고 흐르니 이집트에 생명을 주는도다! …… 대지에 마실 물을 주고 만물을 풍요롭게 하니 밀을 만들고 보리를 맺어 신의 영광을 빛나게 하는구나! 만약 네가 멈춘다면 식물은 자라지 않을 것이니 사람들은 가난과 고통에 빠지리라. 네가 넘쳐흐르면 대지는 기뻐 춤추고, 만물은 환호하며, 사람들은 소리 내어 웃으리라.

– 기원전 2100년경, 〈나일 강 찬가〉 중에서

길이 : 6,671㎞
경유 국가 : 부룬디, 르완다, 탄자니아, 우간다, 수단, 이집트 등

생명의 강

평야를 타고 흐르는 거대한 강은 문명을 탄생시킨다. 세계 4대 문명도 모두 큰 강 유역에서 시작되었다.

이집트는 아프리카 북동부에 있는 나라이다. 나일 강은 이집트 전체를 남북으로 가로지르며 쉬지 않고 흐른다. 나일 강은 이집트를 탄생시켰으며, 또 오랜 기간 이집트를 지배했다. 강수량이 아주 적었던 이집트에 신선한 물을 가장 안정적이고 유일하게 제공하는 것이 바로 나일 강이었다. 나일 강은 이집트의 모든 땅에 물을 제공했으며 비옥한 흑토를 두텁게 쌓아 새로운 땅을 만들어 주었다. 아프리카에서 가장 기름진 이 땅에서 이집트인들은 일 년에 여러 번 곡식을 수확할 수 있었다. 나일 강은 매년 일정한 주기로 범람해 사람과 땅에 물을 제공했다. 이때 열대 초원 지역으로부터

흘러내려 온 많은 양의 흙과 썩은 식물 등도 강물을 타고 땅으로 넘어와 천연 비료의 역할을 했다. 강물이 넘치면 목숨을 잃거나 살던 터전을 잃는 일도 있었지만, 대신 땅은 점차 더욱 비옥해졌다. 매년 여름, 오늘날의 에티오피아 지역인 아비시니아Abyssinia의 고원에 쌓였던 눈이 녹으면 나일 강은 범람했다. 그래서 이를 어떻게 해결하는가는 이집트에서 가장 중요한 일이었다.

고대 그리스의 역사학자이자 여행가인 헤로도토스Herodotos는 "이집트는 나일 강이 준 선물이다."라고 말했다. 그의 말처럼 나일 강이 없었으면 고대 이집트 문명은 결코 발전하지 못했을 것이다. 실제로 과거뿐 아니라 오늘날까지도 나일 강은 이집트 인들에게 생활에 필요한 물을 제공하며 강 유역과 하류의 삼각주에 매우 기름진 땅을 만들어 주고 있다.

신은 나일 강을 만들었고, 나일 강은 이집트를 만들었다. 이집트 인들은 멋진 선물을 준 신에 대한 보답으로 문명을 탄생시켰다. 나일 강 유역에 살던 고대 이집트 인은 물이 사람에게는 생명을, 대지에는 풍요로움을, 만물에는 활기를 준다고 믿으며 물을 숭배했다. 그들은 이집트의 모든 땅에 물의 은총, 사람의 힘과 노력, 그리고 신의 지혜가 함께 담겨 있다고 생각했다. 이런 사상은 고대 이집트 인의 신비하고 독창적인 우주관을 탄생시켰으며, 이것은 이집트 문명의 밑거름이 되었다.

고대 이집트의 농부

농사를 짓는 고대 이집트 인

이집트 인들에게 나일 강은 물을, 태양은 불을 상징했다. 그들은 나일 강과 태양에서 생명과 지혜가 비롯된다고 믿었다. 또 이집트 인들은 매일 아침 태양이 떠오르는 나

고대 이집트의 벽화 중
에는 물새를 사냥하는
장면이 자주 등장한다.
아마도 나일 강 유역에
살던 이집트 인들의 생
활과 관련된 것으로 보
인다.

일 강 동쪽은 산 자의 나라이고 매일 저녁 태양이 지는 나일 강 서쪽은 죽은 자의 나라라고 생각했다. 다시 말해, 나일 강은 삶과 죽음의 경계이기도 했다. 그래서 이집트 인은 주로 나일 강의 동쪽에 모여 살고, 왕의 무덤인 피라미드는 언제나 나일 강 서쪽에 세웠다.

나일 강을 이용하다

"나일 강물을 마신 사람은 어디를 가든지 그 마음만은 이집트에 있다." 이집트 인들은 이 속담처럼 나일 강을 자신의 고향으로 생각하고 신처럼 숭배했다.

고대 이집트 인들은 일찍이 기원전 4000년부터 나일 강의 수위 변화를 계산하고 이를 이용하려 했다. 그들은 세심히 관찰하고 이를 근거로 예측하며 여러 번에 걸친 경험에 비추어 나일 강의 범람으로 생기는 단점을 줄이고 장점을 충분히 이용하는 법을 알아냈다. 이집트 인들은 우선 땅을 조각조각 나누고, 그 가운데를 가로지르는 수로를 많이 만들어 농경지 곳곳에 물을 골고루 댈 수 있도록 했다.

　나일 강물이 넘치는 것을 미리 방지하기 위해서 이집트 인은 일찍부터 나일 강 양쪽에 높은 둑을 쌓았다. 높고 견고하게 둑을 쌓고 저수지와 수로를 만드는 일은 이집트 역사를 통틀어 언제나 가장 중요한 일이었다. 이집트 인들은 수로를 파서 농지로 물을 끌어들이는 일에 모두 적극적으로 참여했다. 고대에는 오로지 사람의 힘으로만 해야 했기 때문에 둑을 쌓거나 할 때에는 여러 마을 사람들이 모여서 함께 일했다. 그러다 보니 가까운 몇 개 마을이 모여 일종의 공동체를 구성했고, 이것이 후에 형성된 노모스 Nomos의 기초가 되었다. 노모스는 오늘날의 주州에 해당하는 것으로 고대 이집트의 지방 행정 단위이다. 나일 강의 범람으로 발생하는 위험을 줄이고 혜택을 극대화하기 위해 초기 형태의 노모스는 효율적인 조직과 행정, 관리 제도를 빠르게 갖추기 시작했다. 그리고 체계적으로 공사를 지휘하고 진행시켜 얼마 후 나일 강 삼각주에는 사방으로 교차하는 수로가 생겨났다. 이러한 토대 위에서 이집트의 농업은 더욱 빠르게 발전했다.

풍요로운 농지

나일 강의 범람은 매년 7월 19일에 시작되었다. 이날 태양과 시리우스 별이 동쪽 지평선에서 같이 떠오르면, 나일 강의 수위가 천천히 올라가기 시작하고 얼마 후 물이 점점 빠르게 넘쳤다. 범람한 물은 강변을 넘어 농지까지 덮쳤다. 이때 강물을 타고 진흙과 모래, 나뭇가지 등이 평원으로 넘어와 저지대에 쌓이면서 나일 강 하구에는 2만 4,000㎢에 달하는 비옥한 토지의 거대한 삼각주가 형성되었다. 나일 강의 범람은 10월 말이 되면 끝났고, 강물이 빠져나간 농지는 범람할 때 넘어온 퇴적물이 쌓여서 이전보다 훨씬 두터워지고 천연 비료의 영향으로 비옥해졌다. 강물이 빠지면 밭의 경계도 사라지기 때문에 다시 측량해서 경계를 만든 후 씨를 뿌렸다.

태양이 떠오르면 나일 강은 깊은 잠에서 깨어 난다. 이집트 인들은 파라오의 영혼이 매일 아침 태양선(船)을 타고 나일 강의 동쪽에서 떠오른다고 생각했다. 그런 다음 영혼은 신전으로 가서 사람들이 올리는 제사를 받고, 저녁이 되면 다시 태양선을 타고 나일 강 서쪽으로 사라진다.

이집트 인들은 맥주와 빵의 재료가 되는 보리와 밀을 주로 심었다. 씨를 뿌리고 나면 그들은 돼지와 양을 밭에 풀어놓고 이리저리 돌아다니게 했다. 돼지와 양이 밭을 뛰어다니면서 흙을 밟아 주면 씨가 흙 속에 잘 자리 잡을 수 있기 때문이었다. 얼마 후 보리와 밀이 자라서 바람에 흔들거리면 사람들은 수확할 생각에 가슴이 벅차올랐다. 농사 경험이 풍부한 이집트 인들은 뜨거운 태양이 내리쬐는 여름이 되기 전에 반드시 수확했다. 그래야만 7월에 범람이 시작되기 전까지 수로를 말끔히 보수해 놓을 수 있기 때문이다.

수확한 보리와 밀을 당나귀 등에 실어 집으로 돌아오면 이집트 인들은 수확물을 넓게 펴 놓고 당나귀나 소를 그 위에 풀어서 밟게 했다. 그러면 보리와 밀의 낟알에서 껍질을 쉽게 분리할 수 있었다. 농민들은 수확한 농작물의 10분의 1을 토지의 주인인 왕에게 바치고 남은 것은 온 가족이 나누어 먹었다.

역사가 헤로도토스는 이집트 인들이 세계 어느 나라 사람들보다 쉽게 농사짓는 것을 보고 깜짝 놀랐다고 기록했다. 이집트 농민들은 나일 강이 범람하기를 기다렸다가 물이 빠지면 씨를 뿌리고, 돼지와 양을 풀어 흙을 밟아 주고, 얼마 후에 수확했으니 그의 말도 어느 정도 일리가 있다. 헤로도토스가 놀랐던 이 모든 편리함은 전부 나일 강이 이집트 인에게 선물한 것이었다.

과학과 예술의 원천

나일 강이 없었다면 이집트는 그저 하나의 사막일 뿐, 화려한 이집트 문명은 탄생하지 못했을 것이다. 나일 강은 이집트에 생명의 강이면서 또한 문명의 요람이다. 고대 이집트 인들에게 나일 강과 태양은 우주 전체를 의미했다.

그들의 이런 생각은 세계 최초의 태양력을 탄생시켰다. 태양력은 나일 강의 수위 변화를 계산해서 만든 것으로, 이집트 인들은 이것에 근거해 일 년을 12개월, 365일로 나누었다. 당시 이집트 인들의 계산은 무척 정확해서 오늘날의 일 년에 비해 겨우 0.25일이 부족하다. 이집트 인들은 또한 나일 강의 수위 변화에 따라 일 년을 범람기, 파종기, 수확기의 세 시기로 구분했다. 6월부터 9월까지는 나일 강에 물이 많아져 넘치는 범람기이고, 10월부터 다음해 1월까지는 범람한 물이 빠지고 밭에 비옥한 흙이 쌓여 농사를 짓는 파종기이다. 그리고 2월부터 5월까지는 날씨가 매우 건조해서 나일 강의 물이 줄어드는 때로, 반드시 농작물을 수확해야 하는 수확기이다.

농사를 짓는 기간이 매우 짧기 때문에 이집트 인들은 나머지 시간에 종교 활동이나 건축, 예술 활동에 참여했다. 이러한 다양한 활동을 하며 그들은 주변의 자연과 사물에 대해 깊이 생각하고, 쉬지 않고 흐르는 나일 강의 위풍당당함을 마음속 깊이 새겼다. 나일 강은 이집트 인에게 많은 예술적 영감을 주고 고대 이집트 문명 그 자체가 되어 문명의 형성과 발전에 큰 역할을 했다.

2 신들이 사랑한 나라

태양은 매일 동쪽에서 떠서 서쪽으로 진다. 죽음과 부활의 신 오시리스⁰siris는 이집트 인에게 강한 생명력과 번식, 그리고 자연과 인간 생명의 끊임없는 순환을 의미했다.

고대 이집트는 인류 역사상 신화가 가장 먼저 탄생한 곳이다. 이집트 인들은 신이 어디에나 존재하며 신이 우주를 만들었다고 굳게 믿으면서 숭배했다. 세대를 거쳐 전해 내려온 수많은 신화는 고대 이집 트의 문명을 더욱 신비롭고 매혹적으로 만들었다.

주신 : 라 — 태양신   오시리스 — 지하 세계의 왕, 농업의 신
           이시스 — 양육의 신   호루스 — 파라오의 수호신
           아몬 — 신들의 왕   세트 — 악의 신

신들의 나라

제6왕조 말기부터 왕권은 급격히 쇠락하고 지방 귀족들의 세력이 커지기 시작했다. 그러면서 각 지방은 저마다 각자의 신을 숭배하기 시작했다. 이후 상·하이집트가 다시 통일되면서 중왕국 시대에 들어섰지만 각 지역의 사람들은 여전히 자신들만의 신을 숭배했다. 그러자 이집트 사회는 온통 다양한 신에 대한 숭배와 찬양으로 가득했다. 전형적인 다신교 국가인 고대 이집트의 역사에 등장하는 신은 무려 2,000여 명에 달하며, 그중에서 비교적 자주 등장하는 신만 꼽아 보아도 200여 명이다. 이집트의 고대 문헌에는 신의 이름을 740개나 나열해 놓은 것도 있다. 많은 신을 숭배한 이집트는 신비한 분위기가 가득한 나라였다. 신들은 매우 다양했고 관계도 복잡했으며, 서로의 신화에 등장했다.

고대의 다른 나라들처럼 이집트의 신들도 처음에는 신체 일부는 인간이고 나머지는 동물인 모습으로 표현되었다. 그러나 점차 인간의 모습에 더 가까워지면서 머리는 동물이고 몸은 인간이거나 아예 인간과 똑같이 표현되었다. 태양신 라^{Ra}는 인간의 몸에 매의 머리가 있었다. 동물과 인간이 반씩 섞인 모습의 이런 신들은 선과 악, 아름다움과 추함처럼 서로 조화될 수 없는 인간의 양면성을 의미하기도 했다.

신들의 독특한 외모는 시간이 흐르면서 고대 이집트 종교만의 특징으로 자리 잡았다. 이집트에는 어느 곳에나 신전이 있으며, 모든 신은 각자 자신만의 제단과 신도들이 있었다. 각 지역에서 숭배하는 신은 각기 달랐지만, 이집트 인들은 다른 신의 존재를 인정하여 다른 지역의 신을 무시하거나 부정하지 않았다. 또 세트^{Seth}는 전통적으로 악을 대표하는 신이었지만 제19왕조는 그에 대해 그를 새롭게 정의하기도 했다. 서로의 종교에 대한 이러한 관용과 정책은 모두 신을 믿고 의지하는 이집트 인의 정서에서 비롯된 것으로, 이후에 나타난 유럽의 기독교와는 사뭇 달랐다. 이런 사회 분위기 속에서, 새로 이집트를 통치하게 된 왕은 이전 왕이 숭배하던 신을 무시하거나 부정할 수 없었다. 이전 왕이 모시던 신을 부정하면 새로운 통치자는 위엄과 합법성을 의심받고 더불어 국민의 지지도 얻지 못했을 것이다. 새로운 왕은 이전 왕의 신도 존중하면서 동시에 자신만

고대 이집트의 신

왼쪽부터 호루스, 오시리스, 이시스

아부심벨 신전 입구의 신상

모두 람세스 2세의 모습이다.

의 신을 내세워야 했다. 그러다 보니 이집트의 신은 자꾸 많아지기만 했다. 대부분 이집트 왕은 백성에게 자신보다 큰 영향력을 미치는 신들에 대해 관용적인 태도를 보였고, 덕분에 이집트의 신들은 숭배와 찬양을 마음껏 누릴 수 있었다.

고대 이집트의 신

고대 이집트의 신은 다음의 세 유형으로 분류할 수 있다. 첫 번째는 왕권과 밀접하게 관련되었거나 만물을 창조한 신이다. 예를 들어 모든 신의 왕인 아몬Amon이나 지혜의 신 토트Thoth가 있다. 두 번째는 죽은 후의 삶, 즉 내세와 관련된 신이다. 죽은 자를 이끌어 주고 무덤을 보호하는 신인 아누비스Anubis, 진리의 여신 마트Maat가 여기에 속한다. 세 번째는 가정과 일상생활에 관련된 신으로, 사랑의 신 하토르Hathor와 가정을 보호하는 신 베스Bes 등이 있다. 각 지방의 신이었다가 후에 이집트 전역으로 알려진 신들도 있는데, 이들은 대부분 독특한 모습으로 표현된다. 그중 유명한 신은 다음과 같다.

태양신 라 : 라는 원래 헬리오폴리스Heliopolis라는 지역의 신이었다. 이후 제5왕조 시대에 테베Thebes 지역의 신 아몬과 동일시되면서 이집트 전체에서 중요한 신이 되었다. 제18왕조의 아크나톤Akhnaton 왕이 종교 개혁을 시행하기 전까지 라는 줄곧 이집트에서 최고 신이었다. 태양신 라는 스스로 만들어진 신으로, 태초에 물 또는 연꽃에서 탄생했다고 전해진다. 라는 눈물로 인류를 만들고, 정액으로 하늘의 여신 누트Nut를 만들었으며, 음경의 혈액을 사용해 자신을 수행할 명령의 신 후Hu와 통찰력의 신 시아Sia를 만들었다. 하늘의 태양은 그의 신체 또는 눈동자를 상징했으며, 헬리오폴리스에서는 시간에 따라 아침에 뜨는 태양은 케프리Khepri, 저녁에 지는 태양은 아툼Atum이라고 불렀다. 매일 저녁 태양이 지면, 태양신 라는 세트와 호

위병들의 보호를 받으며 배를 타고 어둠의 세계를 여행한다. 이집트 인들은 그를 태양처럼 둥근 황금 원반이나 태양의 흑점처럼 검은 점이 찍힌 원반으로 표현했다.

　죽음과 부활의 신 오시리스 : 오시리스는 고대 이집트의 신화에서 죽음, 죽은 자, 지하 세계 등을 의미하는 신이며, 가장 중요한 신 중 한 명이다. 그는 원래 대지와 식물의 신이었지만 나중에 라, 슈shu, 게브Geb에게 대지를 맡기고 지하 세계로 가서 그곳의 왕이 되었다. 영원한 생명을 상징하는 부활의 신이기도 하며, 손에 갈고리와 도리깨를 든 인간의 모습으로 표현된다. 또 그는 죽은 이집트의 왕들을 의미했기 때문에 머리에는 언제나 왕관을 쓰고, 몸은 다리 부분이 흐릿해서 잘 보이지 않으며 미라처럼 온몸을 천으로 싸맨 모습으로 묘사되었다.

　어머니와 양육의 여신 이시스Isis : 이시스는 오시리스의 여동생이자 아내로, 헌신적인 아내와 어머니를 상징하는 신이다. 모성애와 양육을 상징하기도 하며 여신 중에서 지위가 가장 높다. 옥좌로 머리를 장식한 이시스는 훗날 그리스가 이집트를 통치할 때 선원들의 수호신이 되기도 했다. 이시스는 대지의 신 게브와 하늘의 여신 누트의 딸로, 오빠인 오시리스와 결혼해서 호루스Horus를 낳았다. 이시스는 또 자매인 네프티스Nephthys와 함께 죽은 자의 수호신이 되었는데, 두 여신은 각각 관의 양쪽 끝에 선 채로 커다란 날개를 펴서 죽은 자를 안전하게 보호했다.

　왕의 수호신 호루스 : 호루스는 고대 이집트에서 왕권을 상징하고, 이집트의 왕을 보호하는 신이었다. 원래는 하늘의 신으로 아버지인 오시리스를 보호했으며, 언제나 매처럼 넓은 이집트의 하늘을 날아다녔다. 그래서 이집트 인들은 호루스를 매의 머리를 가진 인간의 모습으로 표현했다. 그는 세월을 거치며 왕, 하늘, 태양 등과 동일시되기도 했다. 호루스의 두 눈은 태양과 달을 의미했는데, 초승달이 뜰 때에는 그의 눈도 보이지 않았다. 그럴 때면 호루스는 아주 포악해져서 친구를 적으로 오해하고 공격하기도 했다. 이집트 인들은 또 호루스를 발가 벗은 채 어머니 이시스와 함께 연꽃 위에 앉아 있는 아기로 표현하기도 했다. 나중에 호루스가 아버지 오시리스를 보호한다고 알려지면서 그는 법률과 질서를 상징하는 신이 되기도 했으며, 헬리오폴리스에서는 그를 태양신 라와 결합시켜 '지평선의 호루스'라고 부르기도 했다.

고대 이집트의 태양신

태양신 라가 꽃 모양 같은 밝은 빛을 내뿜고 있다.

신들의 왕 아몬 : 아몬은 원래 테베 지역의 신이었다. 나일 강 동쪽의 작은 마을이던 테베는 제12왕조 시대에 들어 번영했고, 그와 함께 아몬도 이집트 전역으로 알려졌다. 제12왕조를 연 아메넴헤트 1세Amenemhat I의 이름도 아몬의 이름을 딴 것이며 이후의 몇몇 왕도 이 이름을 사용했다. 이후 테베 지역에서 제17왕조가 일어나 힉소스Hyksos 왕조를 몰아내자 아몬은 왕실의 신이 되었고 곧 고대 이집트 최고의 신이 되었다. 제18왕조의 왕들은 정복 전쟁을 펼치면서 아몬에게 보호해 달라고 기도했고, 모든 승리의 영광을 아몬에게 바쳤다. 그들은 아몬을 위한 신전을 이집트 곳곳에 세우고 이집트 밖의 정복 지역에도 아몬 신전을 세웠다. 이후 아몬은 태양신 라와 결합하면서 신들의 왕이 되었고, 왕권과 상·하이집트를 보호하는 최고 신으로 숭배되었다. 이집트의 왕들은 자신이 이룬 모든 업적과 전쟁의 승리를 아몬에게 바쳤고, 밭에 씨를 뿌리거나 수확할 때에도 언제나 아몬에게 기도를 올렸다. 그들은 엄청난 돈과 노동을 이용하여 아몬 신전과 거대한 조각상을 만들었다. 아몬은 주

로 왕좌에 앉아 있거나 서 있는 모습으로 표현되었고 손에는 언제나 채찍을 들었다. 머리에는 곧게 뻗은 깃털 두 개를 달아 장식했는데 이것은 매의 꼬리 깃털을 의미했다.

악의 신 세트 : 세트는 원래 강한 힘, 전쟁, 폭풍, 사막을 상징하는 신이었다. 사막을 여행하는 상인을 보호하는 신인 그는 동시에 폭풍으로 변해서 상인들을 공격하는 신이기도 했다. 오시리스의 동생이며 네프티스의 남편인 세트는 원래 아프리카 북부의 지중해 연안이나 사하라 사막에 사는 베르베르Berber 인의 신이었

태양신 라는 이집트 최고의 신이다.

다. 그는 태양신 라를 충성스럽게 보호하며 매일 밤 라를 공격하는 사악한 뱀 아페피Apepi를 물리쳤다. 신화에 따르면, 세트는 형 오시리스와 대립하며 전쟁을 벌였고 그 과정에서 오시리스를 죽였다. 그래서 이집트 인들은 그를 악의 신으로 보고 아주 괴상한 형태로 그를 표현하기 시작했다. 세트는 늑대의 머리를 가진 사람, 길고 네모진 귀나 기다랗고 꼬부라진 코를 가진 모습 또는 영양, 나귀, 악어 혹은 하마의 머리를 가진 인간의 모습으로 주로 표현되었다.

지혜의 신 토트 : 신화에 따르면 토트는 고대 이집트 문자를 발명한 신이다. 그는 지혜의 신이며 다른 신들의 대변인으로, 학문과 문화와 예술,

그리고 서기書記를 보호하는 신이다. 그는 이집트 전 지역에서 존경과 숭배를 받았고, 주로 인간의 몸에 따오기나 비비원숭이의 머리를 가진 모습으로 표현된다. 토트는 언제나 한 손에는 펜, 다른 한 손에는 필기판을 들고 있으며 머리에는 초승달 모양의 원반을 쓰고 있다.

오시리스와 세트의 전쟁

대지의 신 게브와 하늘의 신 누트의 아들인 오시리스는 살아 있을 때 사람들의 존경과 사랑을 받은 정의로운 왕이었다. 그런데 사막에 살던 그의 동생 세트는 형의 정의로움과 권력을 매우 질투하며 호시탐탐 왕의 자리를 노렸다. 어느 날, 세트는 오시리스의 몸 크기에 맞춘 매우 아름다운 관을 만들고 형에게 그것을 보러 오라고 초대했다. 오시리스가 오자 세트는 그 관에 몸집이 딱 맞는 자에게 관을 주겠다고 말했다. 주변에 있던 사람들이

맥을 잡아 주는 이집트사 중요 키워드

태양의 도시 헬리오폴리스

오늘날 카이로Cairo 시의 북동쪽 교외 지역인 헬리오폴리스는 테베, 멤피스Memphis와 함께 고대 이집트에서 가장 중요한 종교 도시 중 한 곳이었다.

피라미드에는 하이집트의 열세 번째 노모스인 헬리오폴리스에 대한 기록이 많은데, 대부분 태양신 라를 향한 숭배에 관한 것이다. 태양신 숭배의 중심지인 헬리오폴리스는 마치 고대 그리스의 신들이 모여 살았던 올림포스Olympos산처럼 '신들의 고향'이라고 불렸다.

헬리오폴리스는 그리스어로 '태양의 도시'라는 의미이다. 이집트 어로 태양은 '라'라고 하며, 라는 주로 낮에 뜨는 태양을 의미했다. 고대 이집트의 오래된 창세 신화들은 모두 헬리오폴리스를 배경으로 한다. 태양신 숭배와 수많은 신화가 모두 이 도시에서 비롯되었다. 시간이 흐르면서 태양신의 모습과 명칭은 조금씩 변화했는데 이것은 고대 역사에서 드문 일이었다. 헬리오폴리스에서 시작된 태양신 숭배는 이후 이집트의 발전과 이집트 인의 생활에 큰 영향을 미쳤다.

모두 앞다투어 관에 누워 보았지만 딱 그 크기에 맞는 몸집의 사람은 없었
다. 그러자 세트는 형 오시리스에게 관에 누워 보라고 권했다. 속으로 아
름다운 관이 탐났던 오시리스는 관에 들어가 누웠다. 오시리스가 관에 눕
자마자 세트는 바로 뚜껑을 덮었다. 관에 갇힌 오시리스는 결국 질식해 죽
었고, 세트는 오시리스의 시신이 들어 있는 관을 나일 강으로 굴려 떨어뜨
렸다. 형 오시리스를 죽인 세트는 이어서 형의 왕위까지 빼앗았다.

오시리스의 아내 이시스는 세트를 만나러 간 남편이 돌아오지 않자 걱
정하면서 사방으로 찾아다녔다. 그러다 마침내 지중해 연안에서 오시리스
의 관을 찾아냈다. 이시스는 오시리스를 나일 강 삼각주에 있는 숲에 묻

죽은 자의 여행

이집트 인들은 죽은 자
의 영혼이 신을 따라서
지하 세계로 간다고 믿
었다. 그들은 지하 세계
가 아름답고 안락하며
즐거운 곳이라고 생각
했다.

고, 신비로운 힘으로 남편을 다시 살아나게 했다. 그러나 세트가 이 사실을 알고 와서 오시리스를 다시 죽이고 이번에는 살아날 수 없도록 오시리스의 몸을 열네 조각으로 찢어서 사방에 버렸다. 이에 이시스는 몹시 슬퍼하며 이집트 전국에 흩어진 남편의 시신 조각을 찾아다녔다. 그런 노력 끝에 열세 조각을 찾아냈지만, 나머지 한 조각은 강에 던져져서 이미 물고기가 먹어 버렸기 때문에 찾을 수 없었다. 이시스는 남편의 시신 조각을 앞에 두고 하염없이 눈물을 흘렸다. 그 마음이 통했는지, 그녀는 남편의 영혼과 교감하여 아들 호루스를 낳았다.

세트는 오시리스의 아들이 있다는 사실을 알고 호루스를 죽이려고 온갖 방법을 썼다. 그러나 신들의 도움으로 호루스는 무사히 건강하게 자랐다. 성인이 된 호루스는 아버지의 복수를 하고 세트에게서 왕위를 되찾아오겠다고 결심하고, 용감하게 세트와 전쟁을 벌였다. 장장 80년에 걸친 기나 긴 전쟁 끝에 호루스는 결국 세트의 고환과 한쪽 다리를 뜯어냈다. 이때 호루스도 왼쪽 눈이 뽑히는 대가를 치러 이후 '외눈박이 신'이라고 불렸다. 그러나 얼마 후 토트의 도움으로 호루스는 왼쪽 눈을 찾아 다시 넣었고, 마침내 세트와 벌인 전쟁에서 승리해 이집트의 왕이 되었다.

이후 오시리스는 아내 이시스와 아들 호루스의 도움으로 부활했지만 그는 더 이상 인간 세상에 살고 싶지 않았다. 그래서 호루스에게 세상을 맡기고 자신은 지하 세계의 왕이 되어 죽은 자들을 심판하는 신이 되었다.

오시리스, 세트, 호루스 사이의 전쟁 신화는 고대 이집트 인의 정서에 큰 영향을 미쳤다. 마치 인간 세계의 권력 투쟁 같은 신들의 전쟁은 이집트 인에게 정의가 승리하고 사악한 자는 반드시 패한다는 것을 알려 주었다. 또 남편에게 헌신적인 아내와 아버지를 위해 복수하는 아들의 이야기는 이집트 인들에게 큰 감동을 주었다. 그러나 이보다 중요한 것은 오시리스의 부활이었다. 이집트 인들은 오시리스의 부활에 근거하여 영혼은 다시 살아날 수 있으며 이는 인간뿐만 아니라 자연의 모든 만물이 그러하다고 굳게 믿었다. 그리고 시신이 없으면 영혼이 돌아올 곳이 없으므로 부활하려면 반드시 시신을 잘 보존해야 한다고 생각했다. 이것이 바로 고대 이집트 인들이 미라를 만들고 이를 잘 보존하려고 한 근거가 되었다.

신이 된 왕

고대 이집트에서 오시리스는 정의를, 세트는 악을 상징했다. 정의와 평화를 사랑한 이집트 인들은 아버지 오시리스의 복수를 위해 세트와 힘겨운 전쟁을 치른 호루스를 동정하고 사랑했다. 호루스는 세트를 물리치고 이집트의 왕이 되었다. 이후 이집트의 왕들은 자신도 호루스처럼 이집트를 다스리는 신이라는 의미로 모두 자신의 이름 앞에 호루스의 이름을 붙였다. 이렇게 해서 신의 화신이 된 이집트 왕은 신과 인간을 연결하는 유일한 통로였고, 이집트는 왕을 통해 번영을 유지할 수 있었다.

'파라오Pharaoh'는 고대 이집트에서 왕을 가리킨 말로, 신왕국 시대 제18왕조의 투트모세 3세부터 이 명칭을 사용했다. 제22왕조 이후 파라오라는 이름은 왕의 이름 앞에 붙이는 말이 되었고 왕권, 군사 지휘권, 신권神權을 의미했다. 파라오, 즉 이집트의 왕들은 언제나 자신이 신의 아들이며 신 대신에 인간 세상에 내려온 신의 대리인이자 화신이라고 말했다. 신과 동일한 존재인 그들은 인간 세상에서 최고의 권력을 누렸다.

'왕은 신이다.'라는 믿음은 왕을 주인공으로 하는 많은 신화를 만들어 냈다. 신화 속에서 왕들은 절대 적에게 패하지 않고 좌절하지 않는다. 또 언제나 용감하게 무기를 휘두르며 적을 공격해 곧 그의 주위에는 적의 시체가 쌓인다. 이집트 인들은 정기적으로 왕과 그의 신성함을 찬양하는 축제를 벌였다. 그리고 왕이 죽으면 이집트 전 지역에 왕을 찬양하고 숭배하는 종교적 분위기가 가득했다.

이집트 신화와 그리스 신화

고대에 이집트 문화와 그리스 문화는 서로 많은 영향을 미쳤다. 이집트 신화에 등장하는 몇몇 신은 그리스 점성학의 영향으로 그리스의 신으로 변화했다. 고대 그리스의 역사가 헤로도토스는 그리스 신들의 기원에 대해 연구한 후 "많은 신이 이집트에서 전해져 왔다."라고 말했다. 그리스 인들은 이집트의 신들을 다양하게 변화시켜 자신들의 신으로 만들었다. 예를 들어 아몬은 그리스 신들의 왕인 제우스Zeus로, 호루스는 그리스의 태양신 아폴론Apollon으로 바꾸었으며, 토트는 그리스에서 전령傳令의 신 헤르메스Hermes가 되었고, 프타는 대장장이 신 헤파이스토스Hephaestos가 되었다. 이집트의 여신 하토르는 그리스 신화의 사랑과 미의 여신 아프로디테Aphrodite의 기원이 되었다. 또 베스는 키가 작고 외모도 추했지만 나중에 고대 이집트와 그리스에서 모두 사랑받는 신이 되었다. 그가 북을 치거나 하프를 타면서 사람들의 걱정거리를 없애 주었기 때문이다. 학자들은 베스를 그리스 신화에 등장하는 사티로스Satyr의 기원으로 여기고 있다.

EGYPT

3 고대 이집트의 천문역법

고대 이집트 인들은 경험에 비추어 나일 강이 365일 간격으로 범람한다는 것을 발견했다. 또 매년 7월의 어느 날 아침, 시리우스 별이 태양과 동시에 지평선에서 떠오른다는 것도 알아냈다. 이집트 인들은 이를 토대로 세계 최초로 태양력을 만들었다.

시기 : 기원전 4000년
사건 : 태양력의 발명

태양력

농사를 지으며 살았던 고대 이집트 인들은 아주 오래전부터 이미 나일 강의 수위를 조사하고 천체 현상을 관측했다. 그 결과, 시리우스 별이 태양과 동시에 뜨는 날로부터 50~60일이 지나면 나일 강이 범람하기 시작한다는 것을 알아냈다. 그래서 이집트 인들은 시리우스 별이 태양과 함께 뜨는 날을 한 해의 시작으로 정했는데, 계산해 보면 이날은 7월 19일이었다. 이렇듯 고대 이집트 인들은 기원전 4241년에 이미 세계 최초로 시간을 구분하고, 날짜의 순서를 매겨 나가기 시작했다. 그들은 일 년을 열두 달로

한눈에 보는 세계사
기원전 2500년경 : 황허, 인더스 문명 시작

나누고, 이것을 다시 세 등분해서 범람기, 파종기, 수확기로 구분했다. 한 달은 30일이며, 각 달은 다시 10일씩 나누어 큰 주, 5일씩 나누어 작은 주로 나누었다. 가장 마지막 달은 5일이 많은 35일이어서 일 년은 총 365일이었다. 이것은 인류 역사상 가장 처음 만들어진 태양을 이용한 역법曆法, 바로 태양력Solar calendar, 太陽曆이다.

고대 이집트 인에게 나일 강의 범람을 예고해 주는 시리우스 별은 매우 신성한 존재였다. 그래서 그들은 이집트 각지에 신전을 짓고 시리우스 별에 제사를 지내며 풍년을 기원했다. 시리우스 별은 여신 이시스를 상징하는 별이기도 했다. 그래서 이집트 남쪽의 이시스 신전은 시리우스 별이 뜨는 방향을 마주하고 지어졌다. 또 피라미드가 시리우스 별을 관측하기 위해 지어진 것이라고 생각하는 사람도 있다. 이와 관련하여 시리우스 별을 뜻하는 이집트의 상형 문자가 피라미드처럼 삼각형이라는 점도 흥미롭다. 고대 이집트 인들은 시리우스 별이 동쪽 하늘에서 뜨는 날부터 다음번에 뜰 때까지를 일 년이라고 생각했고, 이를 시리우스 해라고 불렀다. 시리우스 해는 총 365.25일로 오늘날의 365.2422일과 거의 같고 매우 정확하다고 할 수 있다. 이집트의 태양력에서 정해진 일 년은 지구가 태양을 한 바퀴 도는 시간보다 겨우 0.25일 부족할 뿐이었다. 기원전 1세기에 이집트를 점령한 로마인은 태양력에 기초하여 자신들만의 역법인 율리우스력Julian calendar을 만들었다. 이후 16세기에 율리우스력을 고쳐 그레고리력Gregorian calendar을 만들었고, 이것이 오늘날의 태양력이다.

역사가 헤로도토스는 이집트 인들이 태양력으로 날짜를 계산하는 것을 보고 감탄하며 말했다. "이집트 인들은 세계 최초로 태양을 이용해서 날짜를 계산하는 방법을 만들었다. …… 그들의 계산 방법은 그리스의 것보다 더욱 정확하다. 그리스의 역법은 2년에 한 번씩 윤달을 넣어야만 계절과 맞지만……."

태음력

고대 이집트 인들은 달이 차고 이지러지는 모습으로 날을 계산하는 법인 태음력Lunar calendar, 太陰曆도 만들었다. 이 방법은 일 년을 열두 달로 나누고 한 달은 29.53일이며, 일 년은 354.36일로 태양력의 1년보다 10.88일이 적다. 이집트 인들은 중요한 종교 축제일을 정할 때 주로 태음력을 사용했다.

태양력과 태음력은 모두 하루를 24시간으로 나누었으며, 별이나 항성이 출현할 때는 따로 표시해 두었다. 고대 이집트 인들은 일출에서 일몰까지와 일몰에서 다음 일출까지를 각각 열두 시간으로 나누었다.

그들이 시간을 나누는 방법은 매우 다양했다. 낮에는 땅에 세워 놓은 막대기의 그림자 길이나 벽에 튀어나온 물체의 그림자 길이를 보고 나누기도 했는데 모두 꽤 정확한 편이었다. 이집트 인들은 막대기나 추를 이용해서 태양의 고도를 관찰하고, 이를 통해 낮의 시간을 측정하는 '그림자 시계'를 만들기도 했다.

기원전 16세기가 되자 태양이 없는 밤의 시간은 물시계를 이용해서 측정했다. 물시계는 윗부분의 지름이 아랫부분의 지름보다 큰 화분처럼 생긴 용기에 물을 채우고, 밑부분에 작은 구멍을 하나 뚫어서 물이 한 방울씩 떨어지게 한 것이다. 용기의 안쪽 벽에 미리 선을 새겨 놓아서 수면이 내려가는 것과 비교해 밤이 지나간 시간을 알 수 있었다. 그리스인들은 나중에 이 물시계를 개량해서 클렙시드라Clepsydra라는 물시계를 만들기도 했다.

천문역법

고대 이집트 인들은 매우 일찍부터 천문학을 연구했고 또한 상당히 발전시켰다. 중요한 종교 축제일을 정하거나 건축물을 세울 때, 그리고 피라미드의 방향을 정할 때 등에 천체 관측 기술은 필수적이었다.

매일 밤하늘을 올려다보며 별을 관찰하던 이들은 대부분 각 신전의 성직자였다. 천문대는 따로 없었고, 신전의 높은 지붕에서 관찰했다. 테베에 있는 유명한 카르나크^{Karnak} 신전도 원래는 별자리를 관찰하기 위해서 지은 건물이다. 아몬-라 신전에서는 검은 벽을 지나 깊은 내실까지 들어오는 태양빛을 관찰해서 낮의 길이가 가장 긴 하지夏至를 정확하게 계산해 내기도 했다. 또 밝게 빛나는 시리우스 별이 신전의 기둥을 통과하면 나

연못에서 노니는 새들과 물고기, 연꽃 등이 매우 선명하고 생생하게 표현된 그림

일 강이 범람할 시기가 왔다는 의미였다.

신전, 무덤의 천장, 관 뚜껑 위에 새겨진 별자리에서 알 수 있듯이 고대 이집트 인들은 태양, 달, 금성, 화성, 목성, 토성, 큰곰자리, 백조자리, 오리온자리, 목동자리, 카시오페이아자리 같은 주요 별자리의 움직임과 이동에 대해서 알고 있었다. 용자리, 양자리, 황소자리, 전갈자리는 신이나 동물의 모습으로 표현하기도 했다. 용자리는 북쪽 하늘의 여신 타와렛^{Tawaret}, 양자리는 아몬을 의미했다. 황소자리는 부활을 돕는 신성한 소를 상징했다. 또 이집트 인은 전갈자리의 전갈이 오시리스를 공격한다고 여겼다. 이집트는 별자리를 관찰할 때 메르케트^{Merkhet}라는 천체 관측용 과학 기구를 사용했다. 메르케트는 L자형 막대로 한쪽 끝에 갈라진 부분이 있고 반대쪽 끝에는 추가 달린 줄이 직각으로 떨어지도록 만든 것이다. 별자리를 관찰할 때에는 성직자 두 명이 신전 지붕으로 올라가 서로 마주 보고 앉았다. 그중 남쪽에 앉은 사람이 메르케트의 갈라진 부분에 눈을 대고 줄을 바라보면 어느 별이 자오선子午線을 지나가는지 알 수 있었다. 두 사람

은 파피루스에 별의 이름과 관찰한 시각, 별의 움직임 등을 기록해서 별자리 지도를 완성해 나갔다.

　고대 이집트 인들은 우주를 거대한 사각형의 상자라고 생각했다. 상자의 아랫부분은 약간 오목한 대지이고 이집트는 바로 이 오목한 부분에 들어가 있다. 또 상자의 윗부분은 하늘이며, 거대한 산이 기둥처럼 하늘의 네 귀퉁이를 받치고 있다. 상자의 양쪽 끝에는 커다란 강이 흐르는데 이 강에는 태양을 실은 거대한 배가 오간다. 이집트 인들은 나일 강이 이 거대한 강의 한 지류라고 생각했다.

4 메네스 왕, 이집트를 통일하다

EGYPT

미노스Minos 왕이 크레타 섬에 크노소스 궁전을 세운 것보다 천 년 전에, 이스라엘 인들이 모세를 따라 이집트를 떠나 노예의 신분을 벗어 버리기 몇백 년 전에, 이집트는 이미 고대의 강국이었다. 이탈리아 반도의 부락들이 테베레Tevere 강 유역에서 짚으로 집을 짓기 시작했을 때 이집트는 이미 태평성대를 누리고 있었다. 현대인들이 그리스와 로마의 유적을 경탄하며 보듯이, 2000년 전 그리스와 로마 인들은 이집트를 그렇게 바라보았다.

— 역사학자 라이어넬 카슨Lionel Casson

시대 : 기원전 3100년
인물 : 메네스

많은 씨족 집단이 유럽 대륙에서 거주지를 찾아 떠돌 때, 중국에서 아직 문자가 만들어지기 전에, 아프리카 대륙의 동북부를 흐르는 나일 강 하류에는 이미 문명이 시작되고 있었다. 약 기원전 5500년, 나일 강 유역에 살던 사람들은 강을 따라 농사를 짓기 시작했다. 기원전 4000년에 이르러 그들은 이집트라는 나라를 세웠고 화려한 문명을 꽃피웠다.

상이집트와 하이집트

나일 강 유역에서 농사를 짓던 사람들은 나일 강물을 농지 곳곳에 끌어오

한눈에 보는 세계사
기원전 2500년경 : 황허, 인더스 문명 시작

기 위해서 수로를 만들어야 했다. 가까운 촌락들은 수로를 파기 위해 힘을 합치기도 하고, 반대로 자신들 쪽에 유리하게 수로를 만들려고 전쟁을 벌이기도 했다. 이렇게 연합과 전쟁을 반복하면서 여러 촌락을 합친 부락이 생겼고, 이것은 인류 최초의 왕권으로 발전했다.

기원전 4000년에 나일 강 유역에 비교적 큰 부락들이 등장했고 기원전 3500년에 이르자 작은 규모의 나라가 출현했다. 노모스라고 불리던 이 작은 나라들 가운데 북쪽의 나카다Naqada와 히에라콘 폴리스Hierakonpolis 등이 유명하다. 각 노모스는 외부의 침략을 막기 위해 군대를 갖추었고 왕에 해당하는 통치자도 있었으며, 각기 토템과 휘장, 그리고 숭배하는 수호신이 있었다. 여러 노모스가 존재하던 이 시기를 고대 이집트의 '선왕조 시대'라고 한다.

전쟁은 삶의 터전을 파괴했지만 문명을 진화시키는 가장 큰 힘이기도 했다. 각 노모스는 영토를 확장하기 위해서 전쟁을 벌였다. 큰 노모스는 작은 노모스를 계속 침략해서 합병했고, 작은 노모스들은 살기 위해 서로 연합하기도 했다. 노모스들은 각자의 이익을 위해 나일 강을 피로 물들이며 싸웠다. 그들은 사자, 매, 따오기 등을 표현한 각각의 토템을 앞세우고 돌도끼를 들고서 적을 공격했다.

전쟁이 계속되면서 멤피스를 경계로 노모스보다 규모가 큰 두 나라가 형성되었다. 바로 이집트 남쪽의 상이집트와 북쪽의 하이집트였다. 상이집트와 하이집트의 왕조는 서로 숭배하는 신이 달랐고 왕이 쓰는 왕관 모양도 달랐다. 상이집트는 등심초를 국가의 상징으로 사용했고 왕은 흰색의 원추형 왕관을 썼는데, 이는 매의 신 호루스가 왕을 보호한다는 의미였다. 하이집트는 국가의 상징으로 파피루스 풀을 선택했고 코브라를 숭배했다. 하이집트의 왕이 쓰는 붉은색 왕관은 뱀의 신이 왕을 보호한다는 의미였다. 훗날 메네스Menes가 등장해 상·하이집트를 통일할 때까지 이집트에는 두 명의 왕이 존재했다.

메네스 왕, 이집트를 통일하다

상이집트와 하이집트는 서로 상대를 정복할 기회를 호시탐탐 노렸지만 두 나라의 군사력이 거의 비슷해서 섣불리 공격하지 못했다. 얼마 후 상이집트의 메네스 왕이 뛰어난 군사력과 전략으로 팽팽한 긴장 상태를 깼다. 메네스는 하이집트와 전쟁을 벌여 잇달아 승리했고 계속해서 북쪽으로 전진했다. 나일 강 삼각주까지 정복한 그는 마침내 이집트 통일을 이루어 냈다.

메네스 왕은 고대 이집트 역사상 가장 신비로운 인물이다. 상이집트의 티니스Thinis에서 태어난 그는 이집트의 가장 남쪽 지역을 통치하는 가문 출신이었다. 이집트 남부의 국경을 지키던 그의 집안은 국경을 넘보는 외

메네스는 왕의 지팡이를 들고 흰색과 붉은색의 왕관을 쓰고 있다. 이는 그가 상이집트와 하이집트를 통일했다는 것을 의미한다.

부 세력과 여러 번 전쟁을 치렀다. 메네스는 어린 시절의 이러한 경험을 통해 군대를 통솔하고 전략을 수행하는 능력을 길렀고, 이는 훗날 그가 이집트를 통일하는 데 큰 힘이 되었다. 결단력 있고 과감했던 메네스는 기원전 3100년경에 상이집트의 왕이 되었다. 그 후 바로 강력한 군대를 조직해서 가까운 거리에 있는 작은 노모스들부터 차근차근 합병하며 천천히 통일의 꿈을 키웠다.

오랜 전쟁에 불만이 쌓인 상이집트의 백성이 전쟁을 반대하며 반란을 일으키기도 했지만, 메네스는 과감하고 잔혹한 방법으로 반란자들을 처단했다. 이렇게 해서 상이집트 내부의 분열을 확실히 제압한 그는 군대를 통솔하고 나일 강을 따라 하이집트로 진격했다. 하이집트의 군대는 나일 강 삼각주까지 후퇴하면서 끝까지 반격했으나 연이어 패배했다. 하이집트의 왕은 결국 메네스에게 왕관을 바쳤다. 상이집트와 하이집트의 왕관을 모두 손에 넣은 메네스는 자랑스럽게 왕관 두 개를 한꺼번에 썼다. 이때부터 이집트에는 단 한 명의 왕만 존재했고 메네스가 제1왕조의 첫 번째 왕이 되었다.

통일 직후, 메네스는 강한 왕의 면모를 보여주어야 했다. 이집트를 통일했지만 삼각주 지역의 몇몇 노모스와 일부 귀족은 여전히 그를 반대하며 복종하려고 하지 않았고, 상황은 여전히 불안했다. 메네스는 그들을 잠재적인 적으

로 생각하고 내버려 두었다가는 나중에 큰 문제가 될 것이라고 판단했다. 그래서 저항하는 귀족들을 잔혹한 방법으로 처형했다. 히에라콘 폴리스에서 발견된 의식용 팔레트에 이에 관한 내용이 다음과 같이 매우 상세하게 묘사되어 있다. 상이집트의 왕관을 쓴 메네스는 왕의 권위를 상징하는 지팡이를 들고 있으며, 적은 무릎을 꿇은 채 고통스럽게 죽어가고 있다. 여기에는 나일 강 삼각주의 상징인 작살이 등장하고, 상이집트의 수호신인 매가 삼각주의 파피루스 풀 위에 앉아 있는 모습도 표현되어 있다. 매는 또 예리한 발톱으로 하이집트 사람의 머리를 묶은 밧줄을 단단히 잡고 있다. 팔레트의 가장 윗부분에는 나르메르^{Narmer}라고 적혀 있는데, 이는 메네스의 다른 이름이다. 가장 아랫부분에는 전쟁에 진 하이집트 사람들이 허둥지둥 도망가는 모습이 부조^{浮彫}되어 있다. 이 팔레트는 전체적으로 매의 신 호루스의 보호를 받은 메네스가 적들을 물리치고 이집트의 왕이 된 것을 표현한다.

팔레트의 뒷부분에 남아 있는 부조도 흥미롭다. 나일 강 삼각주 지역에서 왕권을 상징하는 소의 뿔은 공격을 이겨 내지 못하고 휘어졌으며, 적들은 모두 쓰러져 죽어 있다. 또 하이집트의 왕관을 쓴 메네스가 장군들과 함께 적들의 시체 사이를 득의양양하게 걷는다.

메네스는 스스로 '상·하이집트의 왕'이라 불렀고, 후대 왕들도 수천 년 동안 이 칭호를 사용했다. 그는 상·하이집트의 경계가 되었던 지역에 새로운 도시 멤피스를 건설해서 수도로 삼았다. 중왕국 시대에 수도를 테베로 옮기기 전까지 멤피스는 통일 이집트의 수도로서 크게 발전했다.

메네스의 통치

메네스는 오랜 전쟁을 승리로 이끌었고 잔혹하게 적들을 처단했다. 그런 동시에 온화한 포용 정책을 펼치며 민심을 안정시키고 자신을 거부하는 귀

대칭의 아름다움이 돋보이며 생동감 넘치는 이 부조는 상·하이집트의 통일을 묘사했다. 상·하이집트의 신 호루스와 세트가 각각 두 지역을 상징하는 식물을 '통일'의 기둥에 묶고 있다.

족 세력을 포용하고자 노력했다. 이때 사용한 효과적인 방법이 결혼이었다. 하이집트의 붉은 왕관을 쓴 메네스는 높은 왕좌에 앉아 나일 강 삼각주 지역 노모스의 공주를 맞이했고, 가마를 타고 온 아리따운 공주는 메네스의 아내가 되었다. 이런 결혼은 저항 세력을 잠재우는 데 효과적인 동시에 왕권의 정당성을 공고히 하는 데에도 유리했다. 메네스 이후 새로운 왕조를 세운 왕들도 대부분 새 왕조의 정당성을 얻기 위해 이전 왕조의 왕비나 공주와 결혼했다. 예를 들어 네브카Nebka 왕은 제2왕조의 마지막 왕 카세켐위Khasekhemwy의 딸과 결혼해서 기반을 다진 후 제3왕조를 열었다.

고대 이집트의 메네스는 중국 고대 하夏 나라의 시조인 우禹 임금과 흡사하다. 우 임금도 자신의 뜻에 반대하는 사람을 가차 없이 죽였다. 그런 동시에 그는 사람들의 삶에 관심을 기울이고 효과적으로 통치하기 위해 최선을 다했다. 우 임금은 중국을 아홉 개 주로 나누어 관리하고 관개 사업에 힘써 백성이 편히 살도록 힘썼다. 마찬가지로 메네스도 나일 강을 효과적으로 이용하기 위해 많은 사업을 벌였다. 그는 우선 제방을 세워서 나일 강이 범람할 때 수도 멤피스가 영향을 덜 받도록 했고, 물이 수로에서 넘쳐흐르지 않도록 멤피스 이남의 나일 강 양 기슭에도 높은 제방을 쌓았다. 이렇게 하니 홍수를 방지할 수 있었고 농지에 물을 대는 것도 효과적이었다.

메네스가 이집트를 통일한 후 이집트 인들은 창조력과 적극성을 더욱 발휘했다. 사회와 문화는 빠른 속도로 발전했고, 당시에 세운 정치, 사회 기구는 2000년 동안이나 별다른 변화 없이 계속 유지되었을 정도로 매우 체계적이고 효율적이었다. 이 시기에는 상형 문자도 더 많이 만들어졌고 건축과 그 밖의 다양한 기술도 발전해서 이후 2000년 동안 이집트는 경제와 문화 방면에서 세계 최고의 발전을 이룩했다.

　메네스 시대에 발생한 많은 변화는 모두 메네스가 직접 추진하고 실현해 낸 것이다. 그가 상·하이집트를 통일한 후 이집트는 문명을 더욱 발전시켜 고대 문명의 발상지 중 한 곳이 되었다.

고대 이집트의
상형 문자

고대 이집트에는 크게 두 가지 문자가 있었다. 하나는 각종 건물이나 기념비 등에 그림처럼 새기는 문자인 히에로글리프Hieroglyph이고, 다른 하나는 파피루스 위에 쓰며 히에로글리프보다 훨씬 간단하고 빠르게 쓸 수 있는 데모틱 문자Demotic script이다. 이집트 인들에게 문자는 지혜의 신 토트의 선물이었다. 그래서 그들은 문자를 '신의 말씀'이라고 불렀다.

토트의 선물

따오기나 비비원숭이의 머리에 인간의 몸을 한 것으로 표현되는 지혜의 신 토트는 세상의 모든 지식과 마법의 주인이다. 그는 인간들이 문자가 없어서 매우 불편하게 사는 것을 보고 불쌍히 여겨 문자를 만들어 주어야겠다고 생각했다. 얼마 후, 토트는 나일 강변을 산책하다가 모래밭에 새의 발자국이 찍힌 것을 보고 그와 닮은 문자를 발명했다. 그리고 인간들에게 이 문자를 사용해서 글을 쓰는 방법을 가르쳐 주고 수를 계산하는 법과 날짜를 세는 역법도 가르쳐 주었다. 그러자 인간은 점차 똑똑해졌고 생활도 편리해졌다. 그들은 문자를 이용해서 사냥, 전쟁, 결혼, 장례 등의 다양한 활동뿐만 아니라 복잡한 감정까지

프랑스의 장 프랑수아 샹폴리옹Jean-Francois Champollion은 고대 이집트의 상형 문자를 해독해 '이집트학의 아버지'로 불린다.

표현할 수 있게 되었다. 고대 이집트 인들은 문자라는 멋진 선물을 준 지혜의 신 토트에게 진심으로 고마워했다. 토트의 문자는 시간이 흐르면서 조금씩 변화해 상형 문자가 되었다. 상형 문자는 주변에서 흔히 볼 수 있는 동물, 식물, 건축물, 각종 도구, 가구, 그리고 사람이나 신의 모습을 본떠 만든 각종 기호로 구성되었다. 글자 하나가 한 개의 그림으로, '고양이'라는 글자는 고양이의 모습을 간단하게 그리는 식이다.

최초의 상형 문자는 단순한 선 몇 개로 그린 매우 단순한 그림과 부호였다. 이집트 인들은 무덤 안의 벽이나 관, 팔레트, 조각상, 동굴 벽 등에 이런 문자를 새겼고 도자기 조각이나 나무, 파피루스에도 그렸다. 이런 단순한 상형 문자는 시간이 흐르면서 점점 발달해 기원전 3100년 즈음에는 비교적 완벽한 그림이 되었다. 이후로 상형 문자는 그 수가 끊임없이 늘어났고 시간이 지나면서 뜻보다는 소리에 중점을 두기 시작했다. 기원전 600년 무렵에는 단자음 24개, 대량의 복자음과 보조 부호 3개로 음을 표시하는 체계적인 표음表音 부호가 등장했다. 이때의 단자음은 오늘날 세계에서 사용되는 각종 알파벳의 가장 원초적인 형태이다. 복자음은 한 문자에 단자음이 두 개 이상 들어가는 것을 의미한다. 또 이집트 문자에는 모음이 따로 없었고, 대신 필요에 따라서 보조 부호를 자음의 위, 아래에 붙여 표시했다.

표의 부호와 표음 부호

고대 이집트의 상형 문자는 그 문자가 표시하는 대상물을 의미하는 표의表意 부호와 음만 표시하는 표음 부호로 구성되었다.

표의 부호는 특정한 사물 혹은 그 사물과 관련된 다른 사물을 표현하는 것으로 그 형태와 뜻이 상당히 밀접한 관계가 있다. 예를 들어 물을 표시할 때에는 구부러진 선 세 개로 표기하고, 별을 나타낼 때에는 오각형의 별 모양 '☆'을 그리는 식이다. 이집트 인들은 상형 문자를 되도록 간결하게 만들려고 했다. 머리, 눈, 입, 유방, 다리, 어깨 같은 신체 부위를 표현할 때에는 직접적으로 그 모양을 그렸고, 치아처럼 그리기 어려운 신체 부위는 코끼리의 상아를 그려서 표현했다. '뱀'은 뱀의 혀로 나타냈고, 소의 귀 모양을 그리면 '귀' 또는 '듣는다'라는 뜻이었다. 표의 부호는 나중에 동작까지 의미하게 되었는데, 예를 들어 '먹다'라는 의미를 표현할 때에는 입 안에 손을 넣은 사람을 그렸다.

일부 표의 부호가 음을 표시하게 되면서 따로 표음 부호가 생겼다. 예를 들어 고양이 머리를 한 매의 그림을 [m] 음으로 읽게 되자 원래 그 그림, 즉 표의 부호의 뜻인 '고양이 머리를 한 매의 신'이라는 뜻은

상폴리옹은 오랫동안 상형 문자를 연구한 끝에 《이집트 어 문법학Grammaire Egyptienne》이라는 저서를 썼고, 이 책은 고대 이집트의 문자를 연구하는 중요한 자료가 되었다. 사진은 《이집트 어 문법학》 중 두 쪽의 내용이다.

사라졌다. 또 '문빗장'을 뜻하던 표의 부호가 나중에 [s] 음
으로, '언덕'을 의미하는 것이 [k] 음으로 읽히게 되었다.

하늘 높이 솟은 오벨리스크
에는 아름다운 상형 문자가
가득 새겨져 있다.

　그런데 표의 부호에 표음 부호가 첨부됨으로써 피할
수 없는 문제가 발생했다. 바로 동음이의어의 경우였
다. 이집트 인들은 이 문제를 해결하고 말의 뜻을 정
확하게 전하기 위해 한정 부호를 사용하기 시작했다.
한정 부호는 따로 발음하지 않았으며, 완전히 새로
운 그림 부호였다. 한정 부호는 한 단어의 끝에 자리
해서 그 단어가 어느 종류 또는 성질의 사물인지를
표현했다.

　이집트 인들은 표의 부호와 표음 부호, 그리고
한정 부호를 적당히 결합해서 하나의 완전한 문
장을 만들었다. 예를 들면 돛단배를 그려서 '바
람'이나 '거센 바람'을 나타냈고, 허리가 구부러
진 노인을 그려 '늙다'라는 의미를 표현했다. 또
동물의 뼈로 만든 작살은 '뼈'를, 화살이 뚫고 나간 동물의 가죽은 '사격'을
표현했고 아무것도 그리지 않은 공백은 '은폐'를 의미했다.

　글을 쓸 때에는 세로나 가로 방향 모두 사용했다. 세로로 쓸 때에는 위
에서 아래로, 가로로 쓸 때에는 왼쪽에서 오른쪽으로 쓰는 것과 오른쪽에
서 왼쪽으로 쓰는 것 모두 가능했다. 이때 글을 쓰는 방향에 따라 상형 문
자의 그림 방향도 바뀌었다.

이집트 문자의 변화

고대 이집트에서 상형 문자를 가장 먼저 사용한 사람은 바로 성직자이다. 그들은 신을 찬양하고 숭배하기 위해 신전의 벽이나 종교 기념물 등에 상형 문자를 새겼다. 이런 상형 문자를 '히에로글리프'라고 불렀다. 그리고 이집트 인들은 이 문자에 생명을 부활시키는 마력이 있다고 믿어서 '신성 문자神聖文字'라고도 불렀다. 시간이 흐르면서 역사 기록, 종교 의식, 시나 노래, 법률, 기도문 등 문자를 사용할 곳이 점점 많아졌다. 문자는 더이상 성직자들의 전유물이 아니었고 무덤의 벽, 비석, 관, 조각상, 파피루스 등에 널리 쓰였다.

제5왕조 시대가 되자 이집트 인들은 등심초로 만든 붓을 사용해서 파피루스에 글을 썼다. 복잡한 히에로글리프는 좀 더 실용적으로 간단하게 쓰는 히에라틱 문자Hieratic script로 변화했다. 히에라틱 문자는 계산서, 보고서, 재산 목록, 종교 서적 및 문학과 과학 서적 등에 광범위하게 사용되었다. 기원전 700년이 되자 히에라틱 문자를 풀어서 쓴 민중 문자民衆文字, 즉 데모틱 문자가 등장해 일상적인 기록, 간단한 공문 등에 사용되었다. 히에라틱 문자와 데모틱 문자는 모두 오른쪽에서 왼쪽으로 썼다. 이후 기원전 332년에 마케도니아의 알렉산드로스

최초의 상형 문자는 간단한 선으로 사물의 기본 특징만을 표현했다.

Alexandros 대왕이 이집트를 정복하면서 이집트의 공식 언어는 그리스 어가 되었다. 이때 이집트 어와 문자가 그리스 어의 영향을 많이 받아 콥트 어 Coptic language라는 새로운 언어가 탄생했다. 콥트 어는 그리스 어의 단어를 많이 포함하며, 그리스 어의 영향을 받은 이집트 문자로 구성되었다.

오랜 세월 동안 고대 이집트의 문자는 복잡한 것에서 간단한 것으로, 어려운 것에서 쉬운 것으로 계속해서 변화했다. 그러나 641년에 이슬람 제국이 이집트를 점령하면서 콥트 어는 사용이 금지되었고, 16세기가 되어서는 완전히 자취를 감추었다.

상형 문자를 해독하는 가장 좋은 방법은 바로 이집트의 역대 왕과 왕비의 이름을 연구하는 것이다. 이집트 인들은 왕과 왕비의 이름을 카르투슈 Cartouche라고 부르는 타원형 안에 써서 귀하게 여기며 보호했다. 쓰는 방향은 매우 자유로워서 위에서 아래로, 오른쪽에서 왼쪽 혹은 그 반대로 쓰는 것도 가능했고, 심지어 중간에서 왼쪽과 오른쪽 양방향으로 쓰기도 했다. 왕과 왕비의 이름은 언제나 사람과 동물의 모습을 그린 부호로 시작했고, 가지런하고 아름답게 썼다. 상형 문자는 처음에 무덤이나 종교 시설에 쓰기 시작한 까닭에 언제나 존중과 아름다움을 우선시했다.

로제타석Rosetta stone

로제타석은 고대 이집트의 상형 문자를 해독하는 데 열쇠가 되는 유물이다. 1799년에 나폴레옹의 이집트 원정군이 나일 강 하구의 마을에서 이것을 발견하면서 상형 문자는 비로소 그 신비로운 모습을 드러냈다.

Ancient EGYPT

맥을 잡아주는 세계사

The flow of The World History

제 2 장 | 피라미드의 시대

1 건축가 임호텝

고대 이집트의 신화에 따르면 인류 역사상 최초의 과학자는 바로 임호텝Imhotep이다. 그는 제3왕조의 죠세르Djoser 왕 시대에 재상이었으며, 동시에 성직자이자 의사였다. 또 이집트의 천문학과 건축학의 기틀을 세운 학자이기도 하다. 그가 죽은 후 이집트 인들은 임호텝을 신으로 찬양하고 숭배했다. 임호텝은 고대 이집트에서 왕 외에 신으로 추앙받은 유일한 사람이다.

시대 : 기원전 2686년 ~ 기원전 2667년

죠세르는 제3왕조의 왕이다. 그가 통치하는 동안 이집트의 농업과 무역이 크게 발전했고 기아 문제도 해결되었으며, 도시 건설도 활발하게 이루어졌다. 고대 이집트의 번영을 이끈 죠세르는 인재 발굴의 중요성을 이해한 왕이었다. 그는 언제나 좋은 인재를 찾고 적당한 직위를 주어서 국가 발전에 이바지하도록 했다. 죠세르는 특히 건축물을 세우는 데 열심이었다. 그 덕분에 건축에 재능이 있는 많은 사람이 능력을 발휘할 기회를 잡았으며, 임호텝도 그중 한 명이었다.

임호텝의 출신은 명확하지 않다. 처음에 낮은 직급의 관리였던 그는 해

한눈에 보는 세계사
기원전 2500년경 : 황허, 인더스 문명 시작

56

박한 지식과 놀라운 지혜로 많은 일을 해냈고 곧 왕의 신임을 받았다. 어려운 일들을 하나씩 해 나가면서 임호텝은 차츰 권력의 중심에 다가섰고, 마침내는 이집트의 수석 건축가, 제사장, 농업 대신을 거쳐 재상의 자리까지 올랐다.

피라미드를 세우다

임호텝의 명성이 널리 퍼진 것은 그가 수도 멤피스 근처의 사카라^{Saqqara}에 계단식 피라미드를 세우면서부터였다. 죠세르 이전의 왕들은 죽으면 모두 흙벽돌을 쌓아 올린 거대한 사각형 무덤에 매장되었고, 귀족도 마찬가지였다. 왕의 무덤과 귀족의 무덤을 구별하는 기준은 크기와 배치뿐이었다. 이에 임호텝은 어떻게 하면 왕의 위엄을 더욱 효과적으로 나타낼 수 있을까 고민했다. 완전히 다른 새로운 무덤을 만들어서 왕의 권력과 권위를 드러내고 싶었던 것이다. 그는 설계를 수없이 변경하고 다듬은 끝에, 마침내 위로 올라갈수록 좁아지는 6층짜리 피라미드를 세우기로 했다.

임호텝이 설계한 피라미드는 인류 역사상 온전히 돌로 세운 첫 번째 건축물이며, 오늘날 일반적으로 알려진 피라미드의 초기 형태라고 볼 수 있다. 그는 흙벽돌과 나무는 사용하지 않고 오로지 돌만 이용해서 무덤을 쌓는 방법을 고안했다. 그가 세운 피라미드는 높이가 60m, 동쪽에서 서쪽까지의 길이가 120m, 남쪽에서 북쪽까지의 너비가 108m이며, 겉으로 드러나는 벽은 매우 아름다운 하얀색의 석회암으로 마무리했다. 피라미드의 아랫부분에 자리한 왕의 묘실은 여러 개의 통로로 다른 방에 연결되었다. 각 통로의 벽에는 멋진 벽화가 그려져 있어서 신비로움과 장엄함을 더한다. 피라미드 안에 들어서면 가장 먼저 둥근 기둥과 건축물을 지탱하는 버팀벽을 볼 수 있는데, 모두 매우 웅장하고 아름다워서 지금 보아도 감탄하게 된다.

임호텝이 설계한 6층짜리 피라미드는 왕의 영혼과 태양이 결합하는 장소를 의미했다. 태양이 피라미드를 비추면 왕의 영혼이 천천히 떠올라 신성한 태양빛과 하나가 되어서 영원히 이집트를 보살필 것이다. 이런 생각은 이집트 인의 관념과 신앙에 큰 영향을 주었을 뿐만 아니라 이후 전 세계의 건축 역사에도 큰 영향을 미쳤다. 임호텝의 이름은 이집트 전 지역으로 널리 퍼졌고, 이집트 인들은 그를 지혜로운 신으로 추앙했다. 당시 임호텝의 명성은 왕인 죠세르를 능가할 정도로 대단했다.

의사 임호텝

고대 이집트 인들은 모든 질병이 악마를 숭배한 결과이며 악마가 독약같이 나쁜 무언가를 사람의 몸에 넣어서 고통이 생긴다고 믿었다. 고대 이집트에서 병을 치료하는 것은 곧 악마를 처치하는 것을 의미했고, 의사는 병을 고치는 것과 동시에 환자의 심리적인 문제까지 해결해야 했다. 다재다능한 임호텝은 숙련된 의료 기술로 환자의 고통을 줄여 주어 이집트 인들의 존경을 한몸에 받았다.

임호텝은 환자를 치료할 때 약물을 사용하면서 동시에 고통을 없애는 주문을 외우기도 했다. 악마에게 저주의 말을 퍼붓고 부적을 붙이는 등의 행동을 하는 그를 보면서 환자는 심리적으로 안정을 되찾고 병을 이길 수 있다는 믿음이 생겼다.

임호텝은 폭넓은 지식과 과학 외에 사람들에게 믿음을 줄 수 있는 '마법' 같은 것에도 관심을 기울였다. 그는 학문이 실제 생활에 도움이 될 수 있어야만 비로소 가치가 있다고 생각했기 때문에 대중에게 행복을 가져다주는 지식을 추구했다. 임호텝은 의사로서 실제로 마법을 부리지는 않았지만, 마법이나 주술을 과학이나 기술 같은 것만큼 중요하게 생각했다. 당시 이집트 인들에게는 그런 것들이 주는 안정감이나 신뢰가 매우 큰 영향을 미쳤기 때문이다. 임호텝은 또 환자의 꿈을 해석해 주면서 그들을 심리적으로 안정시켰다. 그의 이야기를 듣고 마음의 안정을 찾은 환자들은 정말로 고통이 줄어드는 것 같다고 느꼈고, 임호텝을 '신과 인간 모두의 의사'라며 존경했다.

고대 이집트의 문헌에 등장하는 임호텝은 천재로 묘사된다. 프톨레마이오스 시대에 이르러 그는 불의 신 프타의 아들이자 의학의 신으로 추앙되었고, 사카라에 있는 그의 무덤은 병자들이 찾는 성지가 되었다. 성직자의 차림을 한 임호텝의 조각상은 언제나 파피루스 한 묶음을 들고 있다. 왕의 재상이자 피라미드의 설계자이고 이집트 역사에서 왕 외에 신으로 추앙받은 유일한 사람인 임호텝은 훗날 과학의 신으로까지 그 지위가 올라갔다. 훗날 그에 관한 전설은 더욱 확대되어 임호텝은 프타의 아들이면서 동시에 여신 누트나 세크메트의 아들이 되었다. 또 기적적으로 병이 완치된 사람들은 그것을 임호텝의 은총이라고 생각했다. 그리스 인들도 임호텝을 찬양하며 그리스 신화 속 의술의 신인 아스클레피오스^{Asclepius}와 동일시했다. 임호텝은 수많은 저서를 남긴 것으로 전해지며, 그 덕분에 서적의 수호신이라는 지위도 얻었다.

고왕국 시대는 피라미드의 시대였다. 죠세르 왕의 계단식 피라미드가 출현한 후 후대의 왕들은 경쟁적으로 더 높고 더 큰 피라미드를 만들기 시작했다.

2 성스러운 왕 스네프루

죠세르 왕 이후, 이집트의 왕들은 자신이 죽은 후 영혼이 머무를 피라미드를 세우는 데 열중했다. 스네프루Snefru 왕도 그중 한 명이다. 그는 생전에 '굴절 피라미드'와 '붉은 피라미드'를 건설했고, 죽은 후에 그중 북쪽에 있는 붉은 피라미드에 매장되었다.

시대 : 기원전 2613년 ~ 기원전 2589년
인물 : 스네프루

스네프루는 고대 이집트의 제4왕조를 시작한 왕이다. 그는 24년 동안 이집트를 통치하면서 왕권을 강화하고 남북 지역의 교류를 확대했으며 영토도 넓혔다. 스네프루가 다스리던 시절, 이집트는 번영을 누려 사람들은 그를 '성스러운 왕'이라고 불렀다.

재상의 권력

스네프루는 왕위에 오르자마자 왕권을 강화하는 데 주력했다. 그는 우선 자신의 아들들을 재상으로 임명하고 재상의 권한을 확대했다.

한눈에 보는 세계사
기원전 2500년경 : 황허, 인더스 문명 시작

재상은 이집트 전 지역의 행정을 담당하고 정부 기관을 관리, 감독했으며, 종교, 토지 및 모든 국가의 재산을 관리하면서 왕 다음으로 많은 권력을 누렸다. 그 덕분에 재상은 많은 재물과 토지를 가지게 되었다. 스네프루 시대부터 왕의 아들이 재상에 임명되었고, 재상은 왕과 함께 공동으로 이집트를 통치하면서 많은 경험을 쌓았다. 이를 통해 왕자들은 훌륭한 왕이 되기 위한 자질을 길렀다. 스네프루는 아들들에게 많은 권력을 주고 수많은 국가 사무, 예를 들어 건설 사업, 군대의 훈련과 정복 전쟁, 자원 채취 등을 그들과 나누어서 처리했다. 그는 아들들이 이집트를 다스릴 지혜와 능력을 기르기를 바랐다. 특히 정복 전쟁을 떠날 때면 언제나 아들들에게 군대의 지휘를 맡겼다. 이는 그들이 자신의 능력과 용맹함을 증명할 좋은 기회였다. 왕자가 재상을 맡는 것은 제4왕조의 전통이었고, 그 후에는 왕자가 아닌 사람도 재상이 될 수 있었다.

영토 확장

스네프루의 아버지인 제3왕조의 마지막 왕 후니Huni는 남쪽 지방에 대한 영향력을 강화하기 위해 요새를 건설했다. 스네프루는 아버지가 벌인 이 사업을 완성하고자 강력한 군대를 조직하여 이집트 남쪽의 누비아Nubia로 원정을 떠났다. 그의 군대는 가는 곳마다 승리를 거두며 누비아의 저항 세력을 제압했다. 고대 이집트의 연대기가 기록된 돌조각인 '팔레르모석Palermo Stone'에는 스네프루가 누비아 원정에서 포로 7,000명과 가축 20여만 마리를 전리품으로 가지고 돌아왔으며, 남쪽 지역의 골칫거리를 해결했다고 적혀 있다. 그는 남쪽 지역의 국경에 '스네프루 가문'이라고 불리는 두터운 성벽을 쌓아 이집트의 국경을 확실히 표시했다.

누비아 지역을 정복하고 남쪽 국경을 확보한 스네프루는 이제 북쪽으로 원정을 떠나기 위해 다시 군대를 조직했다. 그의 군대는 동북쪽으로 진격하여 시나이Sinai 반도의 구리 광산 지역을 점령했다. 경제적으로 의미가 매우 큰 이 정복 전쟁에서 스네프루는 승리했고, 이어서 곳곳에 정복자 '스네프루'의 이름이 붙은 광산과 도로가 생겼다. 그는 정복 지역의 국경을 명확히 하기 위해 이곳에도 '스네푸르 가문'이라는 성벽을 쌓았으며, 삼각주 지역에는 따로 방어 시설을 건설했다. 스네프루는 자신의 업적을 매우 자랑스러워하며 이렇게 말했다. "북쪽을 점령한 것은 나이고, 아시아와 베두인Bedouin의 침략을 막기 위해 성벽을 쌓은 것도 나이다. 이 모든 것이 나의 업적이다."

피라미드 건설

스네프루는 통치하는 동안 정치를 안정시키고 국력을 확대했으며, 백성이 풍족하게 살 수 있도록 하여 훗날 이집트가 오랫동안 번영하는 기초를 다졌다. 나라가 번영하자 스네프루는 이제 자신의 사후에 영혼이 머무를 곳, 바로 피라미드를 건설하는 것에 관심을 보였다. 스네프루의 아버지 후니 왕은 카이로에서 남쪽으로 75여km 떨어진 메이둠Meidum에 계단식 피라미드를 세웠지만, 미처 완성되기 전에 사망했다. 스네프루는 미완성된 이 계단식 피라미드에 돌을 더 보충해서 쌓아 올리게 해, 높이가 92m에 달하는 피라미드를 완성했다. 그리고 바로 사카라에서 남쪽으로 10km 떨어진 곳인 다흐슈르Dahshur에 101m 높이의 피라미드를 하나 더 세웠다. 이 피라미드는 54° 34'의 경사로 짓다가 중간쯤에서 43° 21'로 경사각을 바꾸어 쌓아 올

피라미드를 세울 때 사용한 거대한 돌 중에는 그 무게가 수십 톤에 달하는 것도 있다. 돌과 돌 사이에는 접착을 위한 어떠한 물질도 사용하지 않았으며, 그저 매우 조밀하게 쌓았을 뿐이다.

렸다. 아래쪽은 가파르고 위쪽은 완만한 이 굴절 피라미드는 계단식 피라미드에서 한 단계 발전한 형태라고 볼 수 있다. 그러나 스네프루는 이 피라미드가 마음에 들지 않았는지 금세 새로운 피라미드를 짓기 시작했다. 97.5m 높이로 새로 지은 피라미드는 옅은 붉은색 석회암을 사용해서 지었기 때문에 붉은 피라미드로 불린다. 이 피라미드는 굴절 피라미드를 지은 경험을 반영해서 처음부터 43°의 경사각으로 짓기 시작해 끝까지 완성했다. 붉은 피라미드는 현대인들이 일반적으로 피라미드라고 말하는 형태를 최초로 갖추었다는 점에서 큰 의미가 있다.

잇달아 피라미드 세 개를 짓다 보니 여기에 사용할 건축 자재를 공급하는 것이 가장 큰 문제였다. 피라미드 건설에 필요한 자재를 구하기 위해서 스네프루는 배 40척으로 구성된 거대한 함대를 조직했다. 배 가운데 가장 긴 것은 50m가 넘는 것도 있었다. 함대는 위풍당당하게 레바논으로 가서 아주 비싼 삼나무를 사서 돌아왔다. 이 삼나무는 매우 튼튼해서 일부는 지금까지도 붉은 피라미드 내부에 보존되어 있다.

스네프루는 또한 이전에는 생각지도 못한 곳까지 이집트의 영토를 넓혔다. 넓어진 영토는 곧 경제적 번영으로 이어졌고 그는 '법의 수호자', '이집트의 관리자', '서부의 지도자' 등 다양한 이름을 얻었다. 그가 사망한 지 600년이 지난 제12왕조 시대에도, 이집트 인들은 그를 기억하며 '성스러운 왕' 스네프루가 이집트를 지켜 주고 있다고 믿었다.

3 불가사의한 피라미드

피라미드는 어떻게 만들어졌을까? 고대 이집트 인들은 대체 무슨 방법을 사용해서 그렇게 큰 돌덩이를 자르고 다듬었으며 또 높이 쌓기까지 했을까? 당시의 이집트 사람들은 도르래의 원리를 몰랐으므로 오로지 사람의 힘으로만 피라미드를 쌓아 올렸을 것이다. 그들은 어쩌면 우리가 생각지도 못한 아주 단순한 방법으로 이 불가사의한 건축물을 탄생시켰을지도 모른다.

시기 : 기원전 2686년 ~ 기원전 1786년
인물 : 임호텝, 죠세르, 스네프루, 쿠푸

피라미드는 고대 이집트 문명의 상징이며 전 세계 인류 역사를 통틀어 가장 뛰어난 문화유산 중 하나이다. 고대 이집트 인들은 왕이나 왕비, 그리고 왕실 가족들을 매장하기 위해서 피라미드를 건설했다. 피라미드는 사각뿔형의 건축물로 어떤 각도에서 봐도 완벽한 이등변 삼각형의 모습을 갖추고 있다. 피라미드는 한자어로 금자탑金字塔이라고도 불리는데, 이는 한자 '금金'과 그 모양이 유사하다고 해서 생긴 말이다.

한눈에 보는 세계사

기원전 2500년경 : 황허, 인더스 문명 시작
기원전 2000년경 : 아리아 인, 인도 침입

기원전 2333년 : 한반도, 고조선 건국
기원전 2000~1500년경 : 한반도, 청동기 문화 시작

피라미드 시대

피라미드는 제3왕조 시대에 처음 등장한 후 여러 왕조를 거치며 오랫동안 계속 지어졌다. 각 왕조의 왕들은 피라미드를 건설하는 데 필요한 막대한 자금과 노동력을 조금도 아끼지 않으며 자신이나 이전의 왕을 위해서 끊임없이 피라미드를 세웠다. 고대 이집트 인들은 왜 그토록 피라미드를 짓는 데 열중했을까? 피라미드 내부에 새겨진 장례 문서인 '피라미드 텍스트 Pyramid text'의 한 구절에서 그 이유를 엿볼 수 있다. "만약 신께서 왕을 위해 피라미드를 지어 주지 않는다면 그 왕은 저세상으로 갔을 때 먹을 빵도, 쉴 수 있는 그늘도 얻지 못할 것이다. 또 씻을 물도 없을 것이며 고기도 먹기는커녕 냄새조차 맡을 수도 없을 것이다. 아무도 그를 위해 토지를 개간하지 않을 것이고, 그를 위해 제사를 지내는 자도 없을 것이다."

관광객들이 쿠푸 왕의 피라미드에 들어갈 때는 원래 입구보다 아래쪽에 있는 입구를 사용해야 한다. 이 입구는 이슬람 아바스 왕조의 칼리프 알 마문(Al-Ma'mun)이 보물을 찾기 위해 뚫은 곳으로, 그의 이름을 따서 '마문 입구'라고도 불린다.

왕의 무덤을 처음부터 피라미드로 지었던 것은 아니다. 제2왕조 시대에 지어진 왕의 무덤은 경제적 제약이 많았던 탓에 흙벽돌을 쌓아서 그다지 크지 않은 규모로 만들었다. 이런 무덤을 '마스타바Mastaba'라고 부르는데, 윗면이 평평한 직사각형이고 지상과 지하의 두 부분으로 구성되었다. 보통 지상 부분은 크고 지하 부분은 작았으며, 간혹 그 반대인 경우도 있었다. 제3왕조 시대에 '계단식 피라미드'가 나오기 전까지 왕의 무덤은 모두 마스타바였다.

제3왕조 초기에 평민 출신의 임호텝은 죠세르 왕을 위해 새로운 형태의 무덤을 세웠다. 이 무덤은 흙벽돌 대신 커다란 바위를 사용해서 모두 6층을 올렸으며, 위로 갈수록 크기가 점점 작아져서 마치 계단처럼 보였다. 이 계단식 피라미드는 오늘날 우리가 알고 있는 피라미드의 초기 형태였다. 제4왕조 시대의 왕 스네프루는 피라미드를 최소 세 개 이상 지었는데, 그중 세 번째 피라미드는 높이가 97.5m에 이르는 각뿔 형태였다. 이때부터 제12왕조 시대까지 세워진 피라미드가 모두 이 형태를 따랐기 때문에 스네프루의 피라미드는 최초의 피라미드로 여겨지고 있다.

스네프루 이후 고대 이집트의 정치와 사회는 매우 안정되게 발전했고 국력도 강해졌다. 그러자 후대 왕들은 피라미드도 더욱 높고 크게 짓기 시작했다. 스

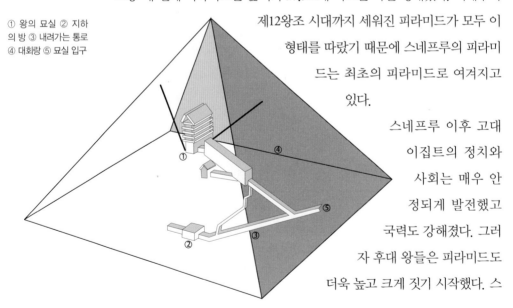

① 왕의 묘실 ② 지하의 방 ③ 내려가는 통로 ④ 대회랑 ⑤ 묘실 입구

네프루의 뒤를 이은 그의 아들 쿠푸Khufu 왕, 그리고 그 후의 카프레Khafre 왕과 멘카우레Menkaure 왕은 모두 같은 지역에 피라미드를 지었다. 그곳은 사막과 녹지가 만나는 곳으로 오늘날의 이집트 카이로에서 남서쪽으로 13km 떨어진 기자Giza 지역이었다. 이 세 명의 왕은 자신들을 위한 거대한 피라미드 세 개와 왕비나 다른 왕족들을 위한 작은 피라미드를 여러 개 세웠다. 기자 지역에 있는 이 피라미드 단지는 고대 이집트의 피라미드 건축 예술에서 최고 걸작으로 손꼽힌다. 제3왕조와 제4왕조는 고대 이집트의 왕조 구분에서 고왕국 시대에 속한다. 이 시대에 피라미드를 세우기 시작했고 또 최고의 걸작도 나왔기 때문에 '피라미드 시대'로 부르기도 한다. 그리고 수도였던 멤피스를 중심으로 왕실

쿠푸 왕의 피라미드 내부의 이 어두운 통로를 지나면 왕의 묘실에 도착할 수 있다.

가족들의 묘지가 대규모로 형성되면서 사카라와 기자 지역 외에도 다흐슈르, 아리안Arrian, 아부 라와시Abu Rawash 등지에 피라미드 단지가 여러 개 세워졌다. 기자 지역에서 시작해 헤라클레오폴리스Herakleopolis까지 크고 작은 피라미드가 100개도 넘게 건설되었다.

제5왕조에 들어서면서 피라미드 건축은 점점 쇠퇴하기 시작했다. 규모도 훨씬 줄어들었고 건축 수준도 뒤떨어졌다. 또 당시에 태양신 숭배가 널리 퍼지며 이집트 인들은 이제 피라미드보다 태양신을 위한 신전을 짓는데 더욱 열중했다. 그리고 제1중간기에 극심한 가뭄과 기근이 시작되면서 피라미드는 더 이상 지어지지 않았다. 반세기 후 잠시 부활하기도 했으나 신왕국 시대가 되면서 왕의 무덤은 모두 석굴을 파서 만들었다.

오늘날 우리가 알고 있는 피라미드의 형태는 무려 천여 년에 걸쳐 완성

되었다. 피라미드마다 그 높이, 한 변의 길이, 각도가 모두 다르지만 모두 4면이 이등변 삼각형인 사각뿔의 형태이다. 왕조가 바뀌면서 피라미드가 세워지는 장소는 점점 남쪽으로 내려갔다. 또 고대 이집트 인들은 태양이 지는 서쪽을 죽은 자의 세계로 생각해서 피라미드는 모두 나일 강의 서쪽에 세웠다.

쿠푸 왕 피라미드

지금까지 이집트에서 발견된 피라미드는 모두 80개이다. 그중 기자 지역에 있는 쿠푸 왕의 피라미드, 카프레 왕의 피라미드, 멘카우레 왕의 피라미드가 가장 널리 알려져 있다. 이 중에서 가장 높고 규모가 큰 쿠푸 왕의 피라미드는 세계 7대 불가사의로 손꼽힌다. 1889년에 프랑스 파리의 에펠탑이 세워지기 전까지 쿠푸 왕의 피라미드는 무려 4000년 동안 전 세계에서 가장 높은 건축물이었다.

쿠푸 왕의 피라미드는 원래는 146.5m 높이로 지어진 것으로 추정되지만 꼭대기 부분이 10미터가량 파손되어 현재 높이는 136.5m이다. 돌 230만 개를 정교하게 쌓아 올려 만들었으며, 겉으로 드러난 바위만 11만 5,000개이다. 돌의 평균 무게는 2.5톤이며 가장 무거운 것은 15톤을 넘는 것도 있어서 피라미드 전체의 무게는 684톤에 달한다. 지금까지 발견된 피라미드 중 가장 거대해서 대大피라미드로 불리기도 한다. 1789년에 프랑스가 이집트를 침공하자 터키와 이집트 군대는 나폴레옹이 이끄는 프랑스 군대를 맞아 기자 지역에서 격렬한 전투를 벌였다. 당시 나폴레옹은 처음으로 쿠푸 왕의 피라미드를 가까이에서 볼 수 있었다. 왜소한 몸집의 나폴레옹은 거대한 피라미드에 압도되어 '5000년의 시간이 자신을 내려다보는 느낌'을 받았고, 이후 프랑스에 돌아가서도 그 감동을 잊지 못했다고 전해진다. 피라미드의 웅장함에 매료된 나폴레옹은 재미있는 계산을 하기도 했다. 그는 기자 지역에 있는 피라미드 세 개를 짓는 데 사용된 돌로 높이 3m, 두께 1m의 성벽을 쌓는다면 프랑스 국경 전체를 둘러쌀 수도 있겠다고 생각했다.

쿠푸 왕의 피라미드는 원래 밑변 길이가 230m이지만 오랜 세월을 거치며 파손되어 현재는 227m이다. 네 변은 정확하게 동서남북의 네 방향을 향해 있다. 피라미드 전체가 차지하는 면적은 5만 2,900㎡이며 부피는 약 260만㎥에 달한다. 고대 이집트 인들은 피라미드의 입구를 거대한 화강암으로 막아 놓았다. 그리고 피라미드에 사용된 돌들은 울퉁불퉁했지만 겉면에 드러나는 부분에는 석회암을 쌓아 매끈해 보이도록 했다. 지금은 석회암 부분이 모두 훼손되어 울퉁불퉁한 돌들이 그대로 드러나 있다. 돌들이 매우 정교하게 쌓여서 돌과 돌 사이에는 아주 얇고 작은 칼날조차 들어가지 않을 정도이다. 쿠푸 왕의 피라미드 내부에는 대大회랑과 묘실 세 개, 올라가는 통로, 내려가는 통로, 환기통 등이 있다. 왕의 묘실에는 위쪽으로 향해 있는 환기통이 두 개 있는데, 그 중 하나는 시리우스 별을 직선으로 가리키고 있다. 고대 이집트 인들은 왕이 죽으면 그 영혼이 이 환기통을 통해 하늘로 간다고 믿었다. 피라미드 텍스트에는 이런 기록이 있다. "오! 파라오여! 하늘의 빛이 당신을 비추면 당신은 하늘로 갈 것입니다. 당신은 태양신 라의 눈처럼 하늘의 위대한 별이 되어 태양신과 함께 하늘을 횡단할 것입니다."

피라미드 에너지

피라미드의 특수한 형태는 고대 이집트 인의 종교와 밀접한 관계가 있다. 피라미드 텍스트 중 '왕의 영혼이 하늘로 올라갈 수 있도록 계단을 만들었다.'는 기록이 이를 보여 준다. 즉 피라미드는 죽은 왕의 영혼을 하늘로 보내기 위해 만든 것이다. 고대 이집트 인들은 태양 빛을 태양신 라가 겉으로 드러난 것이라고 생각하여 숭배했다. 피라미드의 모양은 구름 사이로 태양 빛 한 줄기가 세상 만물을 비추는 것을 상징했다.

　4000여 년 전 바퀴 달린 수레나 심지어 쇠망치도 없었던 시대에 이렇게 엄청난 규모의 피라미드를 세우면서 고대 이집트 인들은 우리가 감히 상상할 수 없는 대가를 치렀을 것이다. 그들은 그 거대한 돌들을 어디에서 가져왔으며 어떻게 쌓아 올렸을까? 이것은 지금까지도 풀리지 않는 수수께끼이다. 피라미드에 관련된 수수께끼는 이것만이 아니다. 또 다른 풀리지 않는 수수께끼가 있는데 바로 '피라미드 에너지'에 관한 것이다.

　피라미드에는 신비한 힘이 있다고 전해진다. 피라미드 안에 시신을 놓으면 빠른 속도로 체내의 수분이 빠져나가 미라가 되어서 오랫동안 보존된다. 또 얼룩덜룩하게 녹슨 오래된 동전을 피라미드 안에 놓아두었다가 얼마 후 꺼내면 반짝거리는 새 동전으로 변해 있고 신선한 우유를 피라미드 안에 넣어 두면 24시간 후에도 여전히 신선함을 유지한다고 한다. 피라미드는 사물을 처음 만들어진 상태로 돌려놓고 또 그것을 오랫동안 유지시키는 에너지가 있다고 전해진다. 피라미드 에너지의 효과는 사람에게도 영향을 준다. 몸이 아픈 사람이 피라미드 안에 들어가면 금세 모든 증상이 사라지고 아주 심한 두통이나 치통이 있는 사람도 피라미드 안에서 한 시간만 있으면 통증이 말끔하게 사라진다고 한다. 몹시 피곤하고 신경이 예민해진 사람이 피라미드 안을 한 바퀴만 돌면 정신이 맑아지고 상쾌한 기분을 느낄 수 있다.

피라미드 에너지는 대체 어디서 나오는 것일까? 이 문제에 관심을 느낀 과학자들은 피라미드 모형을 만들어 반복해서 실험했고 비밀을 풀어 보려고 수많은 방법을 동원했다. 그러한 노력 끝에 그들은 이런 가설을 세웠다. 우주에서 오는 태양의 극초단파 빛이 피라미드 내부에 모인 지구의 자기장을 통과하면서 진동파를 발생시키고, 이것이 피라미드 내부에 있는 사물들에 미묘한 변화를 만들어 낸다는 것이다. 즉 피라미드 에너지는 우주와 지구의 인력引力, 전기장, 자기장이 태양빛과 혼합되어 발생한다.

과학자들은 피라미드의 모형을 만들고 그 안에 고기, 채소, 우유 등을 넣은 후 이 식품들이 오랫동안 신선함을 유지하는지 지켜보았다. 또 씨앗을 모형 안에 넣고 싹을 틔우는지 관찰했으며, 뿌리를 잘라 낸 농작물을 모형 안의 흙에 심고 자라는지 살펴보기도 했다. 또 어떤 과학자는 피라미드처럼 사각뿔의 형태로 온실을 짓고 그 안에서 자라는 식물의 성장 속도와 생산량을 관찰했다. 아직 피라미드 에너지에 관해 정확하게 증명된 바는 없지만, 프랑스와 이탈리아의 유제품 회사에서는 이 가설을 응용해서 피라미드 모양의 우유팩을 만들기도 했다.

기자 고원의 사막에 일렬로 세워져 있는 쿠푸 왕의 피라미드, 카프레 왕의 피라미드, 멘카우레 왕의 피라미드는 이집트 최고의 관광 명소가 되었다. 각 피라미드 앞에는 언제나 피라미드를 올려다보는 수많은 여행객이 있다.

피라미드 에너지에 관한 이야기는 사람들의 호기심과 상상력을 자극했다. 어떤 사람은 24시간 동안 피라미드 모형 안에 넣어 둔 물을 '피라미드 물'이라고 부르며 아주 신비한 힘이 있다고 주장했다. 그의 말로는 이 물로 차나 커피를 끓이고 요리를 하면 보통 물로 만든 것보다 그 맛이 훨씬 좋다. 또 매일 이 물을 마시면 위가 건강해져서 소화가 잘 되고 몸이 저절로 건강해진다. 이 물로 세수를 하면 피부가 몰라보게 깨끗해지며 이 물을 마신 관절염 환자는 병을 고칠 수도 있다. 여드름, 반점, 티눈, 사마귀, 욕창 등 피부병에도 탁월한 효과가 있다. 이뿐만이 아니다. 밭에 이 물을 뿌리면 농작물이 빠르고 탐스럽게 자란다. 또 이 물을 뿌려 준 나무는 색이 아름답고 향이 좋은 꽃과 과일을 맺는다. 꽃을 꽂아 둔 꽃병에 이 물을 부으면 꽃이 쉽게 시들지 않는다.

'피라미드 물'에 관한 이 주장들은 처음 나왔을 때 사람들의 큰 관심을 불러 일으켰다. 어떤 사람은 이것이 획기적인 발견이며 고대 이집트 연구에서 얻은 가장 큰 성과라고 흥분했다. 그러나 한편에서는 이것이 과학적이지 않은 미신 같은 것이며, 이런 주장을 하는 사람은 허무맹랑한 말로 다른 사람들을 현혹하는 '현대판 주술사' 같다고 비난하는 사람도 있었다.

피라미드 에너지는 정말 존재할까? 대체 어떻게 만들어지는 것일까? 또 어떤 영향을 미칠까? '피라미드 물'이라는 것이 정말 그렇게 대단한 힘이 있는 것일까? 지금도 전 세계의 많은 과학자가 이 수수께끼를 풀기 위해 노력 중이다. 대다수 과학자는 피라미드 에너지가 현대 과학으로는 해결할 수 없는 일종의 자연 현상이라고 여기고 있다. 현대인들은 직사각형이나 정사각형의 건물 안에서 생활하는 데 익숙하다. 그렇다 보니 어쩌면 익숙하지 않은 피라미드의 사각뿔 형태가 사람들의 잠재 능력을 자극하는지도 모른다. 그래서 피라미드 안에 있으면 몸이 건강해지거나 기분이 좋아지는 느낌이 들면서 일이나 학습 같은 일상생활에도 영향을 주는 것이 아닐까?

4 쿠푸 왕의 태양선

EGYPT

나일 강 유역에 살던 이집트 인들에게 배는 가장 중요한 교통수단이었다. 그들은 강을 건너기 위해 일찍부터 배를 만들고 이용했다. 그 밖에 배는 이집트 인에게 종교적으로도 매우 큰 의미가 있었다. 이집트 인은 땅에 나일 강이 있듯이 하늘에도 나일 강이 있다고 믿었기 때문이다. 하늘의 나일 강을 오갈 수 있는 '태양선船'은 죽은 왕의 영혼이 저세상으로 가거나 다시 이승으로 돌아올 때 타는 배였다. 그래서 고대 이집트 인들은 피라미드 안에 배의 모형을 넣고 벽에 배를 만드는 모습과 강물을 그려 넣기도 했다. 1954년에 쿠푸 왕의 태양선이 발견되면서 고대 이집트 인들이 4600년 전부터 배를 만들었다는 사실이 증명되었다.

시기 : 기원전 2613년 ~ 기원전 2566년
인물 : 스네프루, 쿠푸

태양선의 전설

나일 강은 이집트 인들의 삶의 터전이었고, 배는 그 강을 건너 양쪽 기슭을 오가는 가장 중요하고 유일한 교통수단이었다. 이집트 인은 태양신 라가 자연 만물을 창조하고 움직인다고 믿었다. 라는 태양선을 타고 매일 아침 동쪽에서 떠올라 드넓은 하늘을 여행한 후 저녁이 되면 서쪽으로 졌다. 낮에는 맘제트Mamdjet라고 불리는 태양선을 타고 동쪽에서 서쪽으로 이동하고, 밤에는 메스케트Mesket라는 태양선을 타고 서쪽에서 동쪽으로 이동했다. 이렇게 태양신 라는 낮 동안 여행하면서 온 세상에 햇빛을 비추어

한눈에 보는 세계사

기원전 2500년경 : 황허, 인더스 문명 시작   기원전 2333년 : 한반도, 고조선 건국

만물을 자라게 하며 사람들에게 안정된 삶을 주었다. 또 밤에는 저세상에서 어둠에 시달리는 영혼들에게 희망의 빛을 비추어 부활할 수 있도록 도왔다.

고대 이집트 인들은 왕이 죽으면 그 영혼이 태양선을 타고 하늘로 가서 태양신 라와 함께 여행한다고 믿었다. 이때 왕의 영혼이 탈 태양선에 달린 노는 여행 중에 만나는 악귀를 물리칠 무기가 되기도 했다. 그래서 이집트 인들은 피라미드 근처에 태양선을 만들어서 묻으며 왕의 영혼이 무사히 여행할 수 있기를 바랐다.

쿠푸 왕의 태양선

1954년 5월, 이집트 고고학자들은 쿠푸 왕의 피라미드에서 남쪽으로 18m 떨어진 곳에서 모래와 돌을 정리하다가 커다란 지하 구덩이 두 개를 발견했다. 같은 해 11월 23일, 발굴 대원들이 그 두 군데의 구덩이 중 동쪽 구덩이에서 석판 하나를 들어 올리자 지하 구덩이에서 기묘한 냄새가 번져 나왔다. 그들은 이것이 오랜 역사의 향기이며 지하 구덩이 안에 뭔가 대단한 것이 있다고 직감했다. 처음에 그들의 눈에 보인 것은 폭과 길이가 모두 다른 나무토막과 갈대, 밧줄 같은 것들이었다. 나무토막은 4500여 년의 시간이 흘렀는데도 여전히 처음의 모습을 그대로 유지하고 있는 듯했다. 고증을 거쳐 보니 이 나무토막들은 4500여 년 전에 쿠푸 왕이 생전에 사용한 배에서 나온 것이었다. 쿠푸 왕의 아들은 그 배로 쿠푸 왕의 미라를 멤피스에서 기자 지역으로 운반했다. 그 후 배를 650부분으로 나누고 다시 1,224조각으로 분해해서 지하 구덩이에 묻었다.

조각들을 모두 맞춰 복원한 태양선은 매우 아름답고 정교했다. 마치 대추씨처럼 생긴 이 유선형의 배는 길이가 43.4m, 너비가 5.9m이며 꽃과 풀이 새겨진 뱃머리는 6m 높이로 높게 솟았다. 높이가 7.5m에 달하는 배꼬리는 추켜올려 안쪽으로 살짝 말은 형태였다. 배의 가운데 부분에는 길이 9m, 너비 4m의 나무로 만들어진 선실 두 개가 있다. 뱃머리에는 갈대로 위를 덮은 천막이 있는데 이곳은 선장의 지휘실로 보인다. 배의 양쪽 측면에는 길이가 8.5m에 달하는 노가 다섯 개씩 있다. 배꼬리에도 따로 노를 두 개 놓았는데, 이것은 배의 방향을 잡는 데 사용했다. 노 하나에 선원 두 명이 배치되어 항해할 때 필요한 선원은 모두 스물네 명이었다. 배 안에는 수심을 측량할 때 사용하는 나무 기둥과 정박할 때 밧줄을 걸기 위해 사용한 나무망치, 나무못이 있었다.

쿠푸 왕의 태양선은 몇 가지 특징이 있다. 첫째, 배의 중심선을 따라 뱃머리에서 배꼬리까지 배 밑을 받치는 용골龍骨이 없다는 점이다. 배는 전체적으로 낮고 평평하게 만들어졌으며, 폭이 아주 좁다. 둘째, 배에 사용한 나무들은 못을 사용하지 않고 전부 끼워 맞추었으며 각종 부속품은 모두 밧줄로 묶어서 고정했다. 셋째, 뱃머리가 높이 솟아 있어서 마치 코끼리가 기다란 코를 위로 추켜올린 것 같은 모양이다.

복원에 성공한 쿠푸 왕의 태양선

고대 이집트 인들과 배

고대 이집트 인들은 고기를 잡거나 전투할 때에도 신성함을 상징하는 태양선을 사용했다. 그들은 하늘의 신들도 태양선을 타고 다닌다고 여겼다. 그래서 태양신 아몬은 태양선을 타고 땅으로 내려와 제물을 받고, 태양신 라는 태양선을 타고 하늘의 나일 강을 여행하며 낮과 밤을 나누어 주고 계절을 만든다고 생각했다.

왕은 태양신 라의 아들이었기 때문에 그도 하늘의 나일 강에서 탈 배가 필요했다. 쿠푸 왕 피라미드 부근에서 발견된 또 다른 태양선은 죽은 쿠푸 왕의 영혼이 태양신 라와 함께 하늘을 여행할 때 탈 배였다.

쿠푸 왕의 피라미드 근처에는 지하 구덩이가 모두 다섯 개 있고, 그 안에서 모두 태양선 다섯 대가 발견되었다. 그런데 쿠푸 왕은 왜 태양선이 다섯 대나 필요했을까? 고고학자들은 이에 대해 각 태양선이 모두 용도가 다르며, 쿠푸 왕이 이렇게 사후에 탈 태양선을 많이 만들 수 있었던 것은 그의 권력이 그만큼 막강했음을 보여 주는 증거라고 생각했다. 그들은 태양선 다섯 대 가운데 한 대는 하늘에서 대관식을 거행할 때 사용하는 것이고, 세 대는 하늘을 여행할 때 사용하며, 처음 발견된 나머지 한 대는 쿠푸 왕의 미라를 운송한 배로 추측했다.

쿠푸 왕의 태양선이 발견되면서 고대 이집트 인들의 생활에 대해 많은 것이 밝혀졌다. 수많은 작은 강과 호수가 조밀하게 분포하는 나일 강 유역의 평원에서 배는 아마 가장 중요한 교통수단이었을 것이다. 이집트 인들은 크고 작은 배를 타고서 강과 호수를 건너다니며 각종 물건을 운반했고, 커다란 배에 물건을 가득 싣고 지중해로 나아가 무역하기도 했다.

쿠푸 왕의 태양선은 20세기에 발굴된 가장 중요한 유물로 꼽힌다. 지금까지 발견된 배 중에서 가장 오래된 것인 쿠푸 왕의 태양선은 고대 이집트의 조선 기술, 항해 기술, 그리고 당시의 사회 및 경제 연구에 매우 중요한 가치가 있다.

　태양선은 피라미드 건설 과정에서도 많은 역할을 한 것으로 밝혀졌다. 기록에 따르면 고대 이집트의 왕들은 거대한 피라미드를 만들기 전에 우선 태양선 수백 대를 만들라고 명령했고, 이를 위해 전국에서 목수 10만 명이 모였다. 그 후 이들이 만든 태양선은 나일 강 상류나 아스완 지역에서 좋은 바위들을 운반해 왔다. 아시아까지 가서 피라미드 내부를 장식할 튼튼한 나무를 가져오기도 했다. 쿠푸 왕의 아버지 스네프루 왕이 태양선 40대를 레바논으로 보내 삼나무를 가져왔다는 기록도 있다. 태양선을 이용해서 피라미드를 짓는 데 쓸 바위와 나무를 운반하는 데만도 20년이 걸렸다. 이런 사실은 당시 이집트 왕의 권력이 얼마나 절대적이었는지 알려준다.

5 사자의 서

신왕국 시대에 이르러 이집트 인들은 왕이나 귀족이 죽었을 때 글을 써서 그들의 무덤이나 관에 시신과 함께 넣었다. 이것이 바로 '사자의 서死者—書'이다. 사자의 서에는 각종 주문과 기도문, 그리고 신을 향한 찬양과 악령을 향한 저주가 적혀 있다. 또 죽은 자에게 사후 세계를 안내하는 내용도 있는데, 이는 영혼이 순조롭게 저세상으로 가서 그곳에서도 행복하기를 바라는 것이다. 사자의 서는 주로 파피루스에 썼고, 돌로 만든 아름다운 관 윗면에 도장처럼 찍은 것도 있다.

관련문서 : 피라미드 텍스트, 코핀 텍스트
용도 : 신을 향한 찬양, 죽은 자를 위한 지침서

유래

고대 이집트 인은 인간이 죽어도 그 영혼은 '카Ka'와 '바Ba'의 형태로 영원히 존재한다고 생각했다. 카는 '생명력, 재물, 번영, 효력, 영원함, 창조, 신비함' 등을, 그리고 바는 '자유롭게 떠도는 영혼'을 의미했다. 고대 이집트 인은 미라를 넣은 관의 아랫부분에 사람의 머리와 손을 가진 새의 모습으로 표현된 바를 새겨 넣었다. 이 새가 양손을 길게 뻗은 모양의 상형 문자는 영혼이 하늘로 올라가는 것을 의미했다. 고대 이집트 인은 영혼이 하늘로 무사히 가려면 미라 위에서 카와 바가 만나야 한다고 생각했다. 그래서 카와 바의 순조로운 만남을 위해 상당히 복잡한 장례 의식을 거행하며 이런 의식을 통해서 미라의 각 신체 기관이 다시 작동하고 심지어 부활도 가능하다고 믿었다. 복잡한 장례 의식 중에서 가장 중요한 것은 죽은 자가 부활

할 때를 대비해 정성스럽게 미라를 만들고 이를 잘 보존하는 것이었다.

하지만 모든 사람이 아무 조건 없이 영원한 삶을 얻고 행복한 사후 생활을 하거나 부활하는 것은 아니었다. 사람이 죽으면 그 영혼은 죽은 자의 세상인 지하 세계에서 얼마 동안 생활하게 되는데, 이 기간에 다양한 시험에 통과해야만 천당으로 들어가서 영원한 삶을 얻을 수 있다. 그중 대표적인 것이 '심장 무게 달기' 시험이었다. 고대 이집트의 신화에서 무덤을 수호하는 신은 자칼의 머리를 가진 아누비스이다. 그는 영혼을 죽음과 부활의 신 오시리스 앞으로 데려가 심판받게 한다. 아누비스의 감독 아래 오시리스는 저울의 한쪽에 죽은 자의 심장을 올려놓고 다른 한쪽에는 정의와 진리의 여신 마트의 깃털 하나를 올려놓는다. 만약 죽기 전에 나쁜 일을 한적이 없다면 심장의 무게는 깃털의 무게와 같거나 더 무거울 것이다. 반대로 생전에 악한 일을 해서 저울이 깃털 쪽으로 기울면, 괴수 암무트Ammut가 뛰어와서 저울 위에 올려진 심장을 뜯어 먹는다. 그러면 이 영혼은 천당으로 들어갈 기회를 영원히 잃는다.

천당으로 들어갈 수 있는 시험은 사람마다 달랐다. 특히 생전에 잔혹한 통치자였거나 도덕적이지 않았던 사람은 다른 사람보다 어렵고 힘든 시험을 여러 번 거쳐야 했다. 고대 이집트인들은 죽은 후에 자신이 이런 상황에 처하게 될까 봐 항상 걱정했다. 그들은 살면서 저지른

신화에 따르면 죽음과 부활의 신 오시리스는 대지의 신 게브의 아들이며 원래 이집트의 왕이었다. 오시리스가 다스리던 시절에 이집트는 평화와 번영을 누렸다.

악행의 흔적을 없애 지하 세계의 시험을 피할 방법을 찾으려 많은 돈을 썼다. 그래서 성직자들은 천당으로 가는 시험을 피하거나 무사히 통과할 방법을 적어서 부적과 주문을 만들었다. 그들은 심지어 '모범 답안'을 제시하기도 했다. 고대 이집트 인은 이 내용들을 파피루스에 적어서 미라와 함께 묻었는데 이것이 바로 '사자의 서'이다. 사자의 서는 고대 이집트 인의 사후 세계에 대한 생각을 알 수 있는 중요한 문서이다. 성직자들이 만든 부적과 주문은 거의 200장에 달했는데, 어떤 사람들은 이를 베껴 쓰고 때로는 화려한 삽화도 그려 넣어서 장례를 치르는 사람들에게 팔았다고 한다. 지금까지 발견된 사자의 서는 모두 그런 이들이 쓴 사본이며, 성직자들이 직접 쓴 원본 200장은 아직 발견되지 않았다. 고대 이집트 인들은 사자의 서를 '죽은 자를 위한 지침서'라고 생각했다. 그들은 영혼이 이 '지침'을 따라서 지하 세계 여행을 잘 마치고 돌아오기를 간절히 바랐다.

재미있는 것은 지하 세계의 시험을 통과할 수 있는 '모범 답안'에 주술적인 내용이 포함되었다는 점이다. 예를 들어, 신이 생전의 악행을 꿰뚫어

지하 세계의 심판을 그린 이 그림은 저울, 괴수 암무트, 그리고 엄숙한 배심원단까지 매우 정확히 표현했다. 그림을 보고 있으면 마치 신화가 아니라 실제로 있었던 일인 듯 느껴진다.

보지 못하도록 신을 겁주거나 속이는 주문 같은 것이다. 고대 이집트 인은 주술이 비록 신이 인간에게 준 선물이지만 그 주술로 신을 속일 수도 있다고 생각했다.

사후 세계

고대 이집트 인은 육체가 죽어도 영혼은 살아 있다고 믿었고, 사후 세계는 영원한 것이라고 생각했다. 사자의 서도 이러한 생각에서 나온 것이다. 그들은 태양이 뜨고 지는 것과 태양신 라의 여행이 열두 시간이라는 점에 근거해서 사후 세계도 열두 세계로 나누었다. 각 세계는 뱀과 마귀가 그 앞을 지킨다.

첫 번째 세계는 이승과 저승의 중간 지역이다. 죽은 자는 이곳에서 세상의 모든 동물 사이를 아슬아슬하게 가로질러 가야 한다.

두 번째 세계부터 지하 세계에 해당하며, 죽은 자는 먼저 강가에 도착한다. 그리고 강의 양 기슭에서 태양신 라에게 환호를 보내고 손을 뻗어서 태양선의 밧줄을 만진다. 그러면 머리는 양, 몸은 인간인 태양신이 뱀으로 온몸을 휘감은 채 나타난다. 태양신을 만난 영혼들은 태양선을 타고 하늘로 가는데 도중에 조상을 만나기도 한다.

세 번째 세계는 '파괴의 땅'이다. 이곳은 태양의 빛과 에너지가 닿지 않아서 생명이 없는 지옥이다. 생전에 악행을 많이 저지른 사람은 죄인으로 분류되어 밧줄로 묶이고 도끼로 온몸을 찍힌 후에 불 속에 던져졌다. 그들은 몸이 타는 고통을 끝없이 견뎌야 한다. 또 심장은 모두 갈기갈기 찢기고, 잘려진 머리는 두 발 사이에 끼워진다. 이 영혼들은 죽음과 부활의 신 오시리스 앞에서 심장의 무게를 달아야 하는데, 이때 심장이 마트의 깃털보다 가볍다는 결과가 나오면 괴수 암무트에게 다시 한 번 모진 고통을 받는다. 암무트는 그들의 심장을 뜯어 먹고, 머리를 물어 반으로 쪼개며, 뱃속의 장기를 모두 파헤친 후 고기는 먹고 피로 목욕한다. 또 이때 입안에 불을 머금은 뱀이 나와서 악한 영혼에게 불을 내뿜어 온몸을 태운다.

나머지 아홉 개 세계에는 혼돈의 강이 있다. 푸른 강 위에는 벌거벗은 채로 축 늘어진 시체들이 떠 있다. 그들은 생전에 자신의 사후 세계를 위해 아무런 준비를 하지 않은 사람들이다. 영혼이 돌아갈 미라가 없고 장례 물건도 없기 때문에 영원히 혼돈의 강에서 유령으로 외롭게 떠다닐 수밖에 없다. 고대 이집트 인들은 이런 일을 방지하기 위해 생전에 미리 자신의 사후 세계를 철저히 준비했다. 미라를 만드는 사람에게 자신이 죽으면 미라로 만들어서 관에 잘 넣어 달라고 주문하고, 자신의 관에 같이 넣을 부적과 문서 등을 준비했다. 그렇게 모든 준비를 끝내면 길고 험난한 저승길이 조금 순조로워질 것 같아 마음을 놓았다. 영혼은 저승에서 생활할 때에도 견고하고 확실한 거주지가 필요했는데, 피라미드와 석굴 무덤 등이 바로 영혼을 위해 준비한 거주지였던 셈이다.

사자의 서

행복한 사후 세계와 부활을 위한 장례 문서는 원래 왕이나 왕실 가족만 만들었다. 그들은 이 내용을 피라미드 안쪽 벽에 새겼고, 이것이 바로 피라미드 텍스트이다. 중왕국 시대에 이르러 귀족이나 고위 관리들은 또 사후 세계의 시험을 무사히 통과하고 형벌을 피할 수 있게 해 주는 부적과 주문을 관에 새겼다. 이것을 '코핀 텍스트 Coffin text'라고 한다. 시간이 흘러 기원전 1400년이 되자 파피루스가 널리 보급되어서 일반 사람들도 파피루스에 부적과 주문을 써서 죽은 자와 함께 무덤에 넣었다. 이것이 사자의 서이다. 처음에는 죽음과 부활의 신인 오시리스의 조각상 발밑에 숨겨 두다가 나중에는 그냥 무덤 안 한쪽에 두었다. 고대 이집트 인은 신이 산 자와 죽은 자에게 똑같이 생명과 기쁨을 주므로 생전에도 신을 찬양하고 죽어서도 신을 찬양해야 한다고 생각했다. 또 그래야만 오시리스가 자신들에게 영원한 삶을 준다고 굳게 믿었다.

다시 말해, 피라미드 텍스트와 코핀 텍스트가 일반 사람들에게 널리 보급된 것이 사자의 서라고 볼 수 있다. 파피루스에 적힌 사자의 서는 지금까지 모두 27편이 발견되었다. 모두 길이는 각각 다르지만 내용은 대부분 태양신 라와 죽음과 부활의 신 오시리스를 엄숙하게 찬양하는 것이다. 사자의 서에 그려진 화려하고 생동감 있는 삽화도 굉장히 흥미로운데, 주로 영혼이 지하 세계에서 심판받는 모습이나 부활한 후의 생활 등을 표현했다. 또 여기에는 고대 이집트 신화와 민간에서 유행하던 노래도 많이 기록되

고대 이집트 인은 죽은 자가 부활할 수 있다고 굳게 믿었기 때문에 부활에 필요한 물건들을 시신과 함께 관에 넣어서 묻었다. 물건 중에는 죽은 자를 찬양하는 글이나 사후 세계의 생활을 그린 그림도 있었다. 이집트 인은 영혼이 부활하면 사자의 서에 그려진 그림과 같은 삶을 살 것이라고 생각했다. 그림과 내용으로 볼 때 이것은 한 여성 성직자를 위한 사자의 서로 추정된다.

어서 사자의 서는 인류 역사상 최초의 문학 작품 중 하나로 볼 수도 있다. 사자의 서는 고대 이집트의 사회 생활, 종교 의식, 예술 수준, 그리고 당시 이집트 인의 생각을 엿볼 수 있는 귀중한 자료이다.

카노포스 호
————
사망한 왕이나 왕비의
장기를 보관하기 위한
저장 용기이다.

맥을 잡아 주는 **이집트사 중요 키워드**

카노포스 호

고대 이집트 인은 미라를 만들 때 시체에서 꺼낸 장기를 함부로 버리지 않았다. 장기는 하나씩 정성스럽게 방부 처리를 해서 카노포스 호 Canopic jar 라고 불리는 저장 용기에 담았다. 카노포스 호는 네 개가 한 세트를 이루었는데 각각 태양신 호루스의 네 아들인 이메스티 Imesty, 하피 Hapy, 두아무테프 Duamutef, 케베흐세누프 Qebhsenuf를 상징했다. 이메스티는 인간의 모습을 한 수호신으로 그의 단지에는 시체에서 꺼낸 간을 넣었다. 비비 원숭이의 얼굴을 가진 하피의 단지에는 폐를 넣었다. 자칼의 모습을 한 두아무테프와 매의 모습을 한 케베흐세누프의 단지에는 각각 위와 창자를 넣어 보관했다.

모든 단지의 겉에는 미라의 주인이 부활할 때까지 네 수호신이 미라와 단지에 담긴 장기를 잘 지켜 주겠다는 내용의 주문이 새겨져 있다.

6 신비의 스핑크스

기자 지역에 있는 카프레 왕의 피라미드 앞에는 사자의 몸에 인간의 얼굴을 한 거대한 괴물 스핑크스가 엎드려 있다. 이 스핑크스는 자신이 지키는 피라미드보다 유명해져서 그 명성이 쿠푸 왕의 피라미드와 맞먹을 정도가 되었다. 몇천 년의 세월이 흐르면서 많이 훼손되었지만, 이 스핑크스는 여전히 말없이 엎드린 채로 광활한 사막을 내려다본다. 충직하게 피라미드를 지켜 온 스핑크스는 이집트 역사의 흥망성쇠를 모두 지켜본 증인이면서 이집트 역사의 상징이다. 스핑크스를 보면 다시 한 번 고대 이집트 문명의 찬란함에 감탄하게 된다.

시기 : 기원전 2500년
크기 : 높이 25m, 길이 57m

이집트의 여러 스핑크스 중 가장 유명한 카프레 왕의 스핑크스는 이집트에서 가장 크고 가장 오래된 실외 조각상이다. 이 스핑크스는 카프레 왕 피라미드의 북서쪽에서 서쪽을 향해 엎드려 있다. 무엇보다 놀라운 것은 이 거대한 조각상이 한 덩어리의 천연 암석이라는 점이다. 고대 이집트 인은 이 엄청난 크기의 바위에 직접 조각했고, 그렇게 해서 만들어진 스핑크스는 마치 수호신처럼 카프레 왕의 피라미드 옆에 우뚝 솟아 있다. 19세기 이전까지 이 스핑크스의 몸통 부분은 모두 모래로 덮여 있고 머리 부분만 밖으로 나와 있었다. 그래서 당시에는 스핑크스가 그렇게 거대한 모습인지

한눈에 보는 세계사
기원전 2500년경 : 황허, 인더스 문명 시작

그 누구도 알지 못했다.

스핑크스? 세스프앙크?

프톨레마이오스 왕조 시대에 많은 그리스 인이 지중해를 건너 이집트로
왔다. 그들은 웅장한 카프레 왕의 피라미드와 그것을 지키는 거대한 스핑
크스를 보고 압도되었다고 전해진다. 고대 이집트 인은 원래 이 조각상을
'세스프앙크'라고 불렀는데, 그리스 인은 '스핑크스'라고 불렀다.

　고대 그리스 신화에 등장하는 스핑크스는 그리스의 도시국가 테베로
들어가는 길목에 앉아서 오가는 사람들에게 수수께끼를 내는 괴물이다.
스핑크스는 항상 똑같은 수수께끼를 냈고 대답하지 못한 사람은 꼼짝없
이 스핑크스의 제물이 되었다. 그러던 어느 날, 테베로 가던 오이디푸스
Oedipus가 스핑크스와 맞닥뜨려 수수께끼를 들었다. "아침에는 네 다리로
걷고 점심 때에는 두 다리로 걷고 황혼녘에는 세 다리로 걷는 동물이 있다.
아침에는 발이 가장 많지만 속도와 힘은 가장 적다. 이것은 무슨 동물인
가?" 오이디푸스는 수수께끼를 듣자마자 바로 대답했다. "사람입니다. 아
기일 때는 네 발로 기어다니고, 자라서는 두 발로 걸으며, 노인이 되어서는
지팡이를 짚고 다니지요." 오이디푸스의 대답에 깜짝 놀란 스핑크스는 수
수께끼가 풀린 것에 굴욕을 느끼고 스스로 낭떠러지에서 뛰어내려 죽었다.
이 그리스 신화는 아주 널리 퍼졌기 때문에 세스프앙크도 그리스 어인 스
핑크스라는 이름으로 전 세계에 알려졌다.

　고대 이집트에서 스핑크스는 권력의 상징으로서 최고 통치자를 의미했
다. 스핑크스의 얼굴은 통치자의 인자하면서도 엄한 모습을 표현한 것으
로 보인다. 다시 말해, 스핑크스는 자신이 지키는 피라미드보다 명확하고
직접적으로 왕권을 상징한다. 스핑크스의 몸통 부분을 사자로 조각한 것
은 인간과 동물의 결합이 왕의 권위와 지혜, 권력 등을 상징하는 데 매우

효과적이었기 때문일 것이다. 그러므로 부르는 이름은 같더라도 단순한 괴물의 모습으로 묘사된 그리스 신화 속의 스핑크스와 고대 이집트의 스핑크스는 조금 다른 개념이라고 할 수 있겠다.

카프레 왕의 스핑크스는 높이가 20여m이고 전체 길이는 57m이다. 돌을 쌓아서 만든 두 개의 앞발까지 포함하면 총 길이는 72m에 달한다. 이 스핑크스는 수천 년 동안 피라미드 옆에 엎드려 역사가 흐르는 것을 묵묵히 지켜보았다.

다양한 스핑크스

카프레 왕이 스핑크스를 제작한 후 많은 왕이 이를 따라 했다. 이집트의 왕들은 자신을 닮은 스핑크스를 만들어서 명성을 널리 전하고자 했다.

제5왕조와 제6왕조 시대가 되자 왕들은 스핑크스를 따로 만들지 않고 아예 피라미드의 동쪽 벽에 자신의 얼굴을 새겼다. 그리고 전쟁에서 승리하면 적들을 끌고 와서 그 앞에 엎드리고 머리를 조아리게 했다. 신왕조 시대에는 신전 입구로 들어가는 길 양쪽에 마치 줄을 세우듯이 스핑크스 여러 개를 나란히 세워 놓는 것이 유행했다. 이때의 스핑크스는 머리 부분이 사람뿐만 아니라 매나 양인 것도 있었다. 시간이 흐르면서 스핑크스의 규모는 카프레 왕의 스핑크스보다 훨씬 줄어들었지만, 그 독특함은 계속해서 이어졌다.

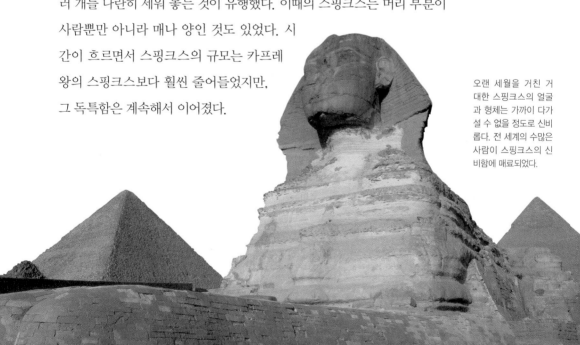

오랜 세월을 거친 거대한 스핑크스의 얼굴과 형체는 가까이 다가설 수 없을 정도로 신비롭다. 전 세계의 수많은 사람이 스핑크스의 신비함에 매료되었다.

스핑크스의 수수께끼

몇 천 년이 흐르면서 카프레 왕의 스핑크스는 모습이 조금씩 바뀌었다. 이마 위에 조각되었던 뱀, 아래로 늘어뜨렸던 기다란 수염, 그리고 코 부분이 모두 사라졌다. 특히 사라진 코에 대해서는 여러 가지 설이 있다.

첫 번째 설은 피라미드 노동자들이 파손했다는 설이다. 피라미드를 세우기 위해 동원된 이집트 인들은 고된 노동을 했는데도 아무런 대가가 없자 화가 나서 반란을 일으켰다. 분노한 이집트 인들은 스핑크스에 화풀이했고, 이때 스핑크스의 코와 수염이 모두 파손되었다.

두 번째는 17세기에 오스만튀르크족이 이집트에 침입했을 때 한 부족장이 파손했다는 설이다. 스핑크스 특유의 신비한 미소를 보기 싫어한 그가 스핑크스를 향해 캐넌포를 쏘았고, 그 바람에 코 부분이 떨어졌다.

세 번째 설은 이슬람교 신자가 파손했다는 설이다. 역사가 알마크리지 Al maqrizi의 기록에 의하면 고대에는 이집트 인, 아랍 인, 심지어 그리스 인까지도 스핑크스를 항상 우러러보며 맹목적으로 숭배했다. 그러나 우상 숭배를 반대하는 사람들은 이 행동을 매우 불쾌해했다. 그중에 이슬람 수피Sufi파 교도인 사임 알 다르Sa'im al-Dahr는 우상 숭배를 강력하게 반대하던 사람이었다. 그는 이집트 농부가 스핑크스 앞에서 풍년을 기원하며 기도 드리는 것을 보고 몹시 화가 났다. 그래서 스핑크스의 머리 부분까지 기어 올라 가서 도끼로 스핑크스의 코를 내리찍어 훼손했다.

네 번째 설은 1798년에 나폴레옹이 이집트를 침공한 일과 관련이 있다. 나폴레옹은 가는 곳마다 함락하며 거침없이 나아갔다. 그런데 스핑크스를 보고 나폴레옹은 감히 고개를 높이 들고 자신의 군대를 거들떠보지도 않는다는 느낌을 받아 화가 치밀어 올랐다. 그는 스핑크스가 거만하게 보인다며 대포를 쏘라고 명령했고, 그때 포탄에 맞아 스핑크스의 코 부분이 떨어졌다. 이 밖에 나폴레옹 군대의 병사 한 명이 사격 연습을 하면서 스핑크스의 코를 과녁으로 삼았기 때문에 파손되었다는 설도 있다.

다섯 번째 설은 왕이 강제로 스핑크스를 향해 머리를 조아리게 하자 이에 반대하던 한 용감한 이집트 인이 과감하게 스핑크스의 얼굴 부분을 훼손했다는 것이다.

위의 몇 가지 설은 모두 어느 정도 근거는 있지만 정확하지 않다. 특히 고대 이집트의 문명에 매료된 것으로 알려진 나폴레옹이 스핑크스를 훼손했다는 설은 조금 앞뒤가 맞지 않는 듯하다.

이에 관해 현대의 과학자들은 지질, 수질, 풍력, 기후 등 여러 방면에서 종합적으로 연구했다. 그 결과, 그들은 스핑크스의 코가 사람에 의해 떨어진 것이 아니라 저절로 떨어졌다고 결론을 내렸다. 스핑크스의 몸통과 머

왕권을 상징하는 스핑크스는 이집트 곳곳에 세워졌다. 사진은 룩소르 신전 앞에 엎드려 있는 스핑크스이다.

리 부분은 커다란 하나의 자연석을 조각한 것인데, 머리 부분은 아주 단단한 반면에 코 부분은 돌이 상대적으로 무르고 약했다. 스핑크스의 코는 아마 오랜 세월 뜨거운 태양과 큰 일교차, 강한 모래 바람의 영향으로 결국 떨어졌을 것이다. 그러므로 나폴레옹도, 오스만튀르크의 부족장도 아닌 무정한 자연의 힘이 바로 스핑크스의 얼굴을 훼손한 범인인 것이다.

카프레 왕의 스핑크스는 비록 코가 사라졌지만 그 몽롱한 신비감과 기이한 웃음은 여전히 그대로 남아 있다. 오늘날 '스핑크스의 미소'라는 말은 '신비한 표정' 또는 '우울함을 띤 미소'라는 뜻으로 해석된다.

새로운 학설

카프레 왕의 스핑크스는 왕의 장례와 매장을 위해 피라미드와 동시에 건설되었다는 것이 일반적인 학설이었다. 그러나 최근 과학적 연구 결과를 근거로 하는 새로운 학설이 등장했다.

증명되지 않은 수많은 학설이 난무하지만, 신비롭고 웅장한 스핑크스가 고대 이집트 조형 예술의 기념비적인 작품이라는 데에는 이견이 없다.

미국의 학자 존 앤서니 웨스트John Anthony West는 스핑크스의 머리 부분을 제외한 나머지 부분이 물에 잠겨 침식된 적이 있다는 확실한 증거를 찾아냈다. 고대 이집트에서는 바닷물이 육지로 넘어오거나 나일 강이 범람해 대홍수를 일으키는 일이 잦았다. 매년 정기적으로 발생한 나일 강의 범람 외에 대홍수는 기원전 1만 년 즈음에 발생한 것이 마지막이었다. 스핑크스이 몸통이 정말로 물에 잠기고 침식된 적이 있다면 이는 스핑크스가 대홍수가 일어나기 전에 세워졌다는 것을 의미한다.

미국 보스턴 대학교의 지질학자 로버트 쇼흐Robert M. Schoch도 카프레 왕의 스핑크스가 기원전 1만 년 전에 만들어졌다는 가설을 지지했다.

피라미드를 비롯한 주변 건축물들과 침식 정도를 비교해 보아도 스핑크스의 침식이 더 오래되었다는 것이 밝혀졌다. 이 가설에 따르면 카프레 왕의 스핑크스는 기원전 1만 년 전에 이미 존재했다. 카프레 왕은 이전부터 존재하던 스핑크스를 보수하면서 원래 있던 얼굴 대신 자신의 얼굴을 조각하고 등 부분을 보완해서 지금 남아 있는 모습으로 만들었을 것이다. 그 후 그 근처에 피라미드를 세워 스핑크스를 자신의 장례 건축물 중 하나로 만든 것으로 보인다. 만약 이 가설이 맞는다면, 이 스핑크스의 가치는 상상할 수 없을 정도로 높아질 것이다.

7 태양의 아들 우세르카프

고대 이집트 역사에서 우세르카프Userkaf는 그리 대단한 업적을 남긴 왕은 아니다. 그는 정치나 경제 분야에서 업적을 세우는 것보다 태양신의 지위를 높이는 데 열중했다. 이는 그 후 수천 년 동안 이집트의 정치와 종교, 그리고 그 둘의 관계에 큰 영향을 미쳤다.

시기 : 기원전 2465년 ~ 기원전 2458년
인물 : 우세르카프

태양신 라의 지위는 제4왕조 시대에 가장 높이 올랐다. 쿠푸의 뒤를 이어 왕이 된 제데프레Djedefre는 스스로 '라의 아들'이라고 말한 첫 번째 왕이다. 그를 계승한 카프레도 형 제데프레를 따라서 자신을 '라의 아들'이라고 선언했으며, 라를 위해 거대한 신전을 세웠다. 제5왕조 시대가 되자 우세르카프는 태양신 숭배를 더욱 확대해서 하나의 국가 제도로 만들었고, 이는 후대 왕들에게도 큰 영향을 주었다.

한눈에 보는 세계사
기원전 2500년경 : 황허, 인더스 문명 시작

우세르카프의 탄생 신화

고대의 통치자들은 신비하고 화려한 탄생 신화로 자신의 권력을 강화하는 경우가 많았다. 기원전 25세기에 고대 이집트의 왕이었던 우세르카프도 이 방법을 적극적으로 사용했다.

옛날에 어느 주술사가 이렇게 예언했다고 한다. "얼마 후에 쿠푸 왕의 혈통이 무너지고 새로운 왕이 나올 것이다. 그는 하이집트에 있는 태양신전에서 태양신 라를 위해 일하는 자의 후손이다." 그러나 이 이야기는 사실 우세르카프가 자신이 태양신 라의 아들이며 라가 정한 왕이라고 주장하기 위해서 지어낸 것이다.

우세르카프는 제5왕조의 첫 번째 왕이다. 우세르카프가 만들어 낸 이야기는 이러하다. 어느 날 하이집트에 있는 태양신전의 성직자가 아들을 얻게 해 달라고 간절히 기도했다. 여신들은 그의 기도에 감동해 성직자에게 태양신 라의 신성함을 지닌 아이를 내려 주었다. 이 아이가 바로 우세르카프이다. 그러나 사실 그는 쿠푸 왕의 후손으로, 제데프레의 딸 네페르헤테프Neferhetepes의 아들이다. 그는 자신의 왕위 계승에 합법성을 더하고 권력 기반을 확실히 다지기 위해 왕족인 켄트카우스Khentkaus와 결혼했다. 하지만 이러한 많은 노력에도 그가 이집트를 통치한 기간은 7년밖에 되지 않는다.

태양신 숭배

고대 이집트 인은 많은 신을 섬겼다. 지역마다 각각의 수호신이 있고 심지어 왕들도 저마다 숭배하는 신이 달랐다. 이 모든 신 가운데 태양신 라의 지위가 가장 높았다. 고대 그리스 인이 그들의 태양신 아폴론을 우러러보는 것과는 비교도 할 수 없을 정도로 태양신 라는 최고의 찬양과 숭배를 받았다.

태양신 라는 원래 이집트 북부의 헬리오폴리스에서 섬기던 지방 신이었다. 헬리오폴리스는 태양의 도시라는 뜻으로, 이 지역 사람들은 라가 만물을 밝게 비추고 하늘과 대지, 그리고 지하 세계의 생명까지 관리한다고 믿었다. 또 우주가 탄생할 때 태양신 라가 연꽃에 생명을 불어넣었다고 믿어 연꽃을 태양의 기운을 내뿜는 꽃으로 신성하게 여겼다. 시간이 흐르면서 태양신 라는 지위가 점점 높아졌고 마침내는 이집트 전역에서 숭배하는 신이 되었다. 태양신 라는 시간, 날, 월, 계절, 연도를 정하고 우주의 질서를 지휘하는 신이며, 모든 힘의 근원이고 생명을 만들어 내는 존재였다.

우세르카프는 자신이 그러한 태양신 라에게서 왕권을 받았다는 것을 널리 알려 통치를 강화하고 백성의 지지를 얻고자 했다. 그러려면 우선 출생에 관한 이야기에 한층 신비로운 색채를 더할 필요가 있었다. 그는 자신의 출생에 관해 신화적인 요소를 계속해서 덧붙였고, 이야기가 과장될수록 이집트 인은 더욱 그를 우러러보았다. 왕권이 신성화되자 그 왕권을 부여한 태양신 라의 지위도 계속 올라갔고, 라는 이집트에서 지위가 가장 높은 신이 되었다. 그리고 이야기는 점점 확대되어 우세르카프는 태양신 라의 아들이 되었다. 우세르카프는 고대 이집트 역사상 처음으로 백성이 태양신 라를 향해 무릎 꿇고 절하게 한 왕이다. 이때부터 태양과 태양신은 그 자체로 신앙이 되었다. 우세르카프가 시작한 제5왕조는 왕이 모두 아홉 명인데 그중 다섯 명의 이름에 '라' 자가 들어간다. 이들은 모두 자신이 태양신 라의 아들이며 그의 지지를 받아서 왕위에 올랐다고 주장했다. 신하들과 백성은 태양신 라와 같은 신성함을 지닌 왕에게 충성을 다했다. 이 시기 어느 고급 관리의 무덤에는 이런 글이 새겨져 있었다. "왕은 태양신의 아들이다. 그는 예리한 지혜로 만물을 통찰하고 신과 닿아 있다. 그러므로 왕의 명령을 수행하는 데에 절대로 태만해서는 안 된다." 신하들은 왕에게 복종하며 왕을 만날 때에는 반드시 그의 발밑에 머리를 조아렸다. 그리고 죽어서도 왕의 피라미드 근처에 매장되어 영원히 왕을 보필했다.

태양신전 건설

제4왕조의 왕들은 거대한 피라미드를 건설하는 데 나라의 모든 힘을 쏟았
고, 제5왕조의 왕들은 피라미드와 태양신의 신전을 건설하는 데에 나라의
힘을 분산시켰다. 스스로 태양신 라의 아들이라고 주장한 우세르카프는
화려한 태양신전을 세웠고, 그곳에서 태양신에게 올리는 제사는 정치 활

태양신 라를 표현한 기
원전 13세기의 무덤 벽화

동의 일부가 되었다.

　나라의 역량이 태양신의 신전을 건설하는 데 일부 나뉘다 보니 제5왕조 시대에 건설된 피라미드는 제4왕조 시대의 피라미드보다 그 규모가 확실히 줄어들었다. 대신 태양신에게 제사를 올리는 태양신의 신전은 점점 웅장하고 화려해졌다. 우세르카프가 통치한 7년 동안 대규모의 태양신 신전이 여섯 개나 세워졌다. 이 신전의 앞에는 태양신 신앙을 의미하는 상형 문자가 가득 새겨진 거대한 기념비, 바로 오벨리스크가 세워졌다. 그리고 이집트 인은 태양신을 숭배하는 의미로 많은 토지를 신전에 바쳤다. 나일 강 삼각주 지역에서만 무려 1,704세타트^{1Setat=약 2,756㎡}의 토지를 태양 신전에 바쳤다고 한다.

　우세르카프 이후의 왕들은 모두 이름 앞에 '라의 아들'이라는 칭호를 붙였다. 그리고 자신의 피라미드를 모두 아부시르^{Abusir}에 세우고 그와 가까운 곳에 태양신전을 세웠다. 아부시르에 남아 있는 당시의 피라미드와 태양신전 유적은 당시 이집트 건축 예술이 새로운 형태로 전환되었다는 것을 보여 준다.

　그러나 태양신 숭배는 양날의 검과 같은 것이었다. 그것은 왕권을 공고히 다져 주기도 했지만, 거꾸로 왕권을 박탈할 수도 있었다. 실제로 이집트의 전체 역사를 살펴보면 태양신 숭배가 가장 고조되었을 때 곧이어 왕권이 쇠락하는 경우가 많았다.

8 니토크리스의 복수

EGYPT

고대 이집트 신화에서 이시스는 남편을 사랑하는 아내이자 지혜롭고 선량한 여신이다. 그녀는 남편 오시리스가 위험에서 벗어나도록 여러 차례 도왔고, 남편을 살해한 세트의 위협에도 굴복하지 않았다. 고대 이집트의 역사에도 이런 여성이 있었다. 그녀는 남편의 복수를 위해 분노를 숨기고 적들을 속였다. 모든 수모와 슬픔을 견뎌 낸 후, 마침내 적들을 지하 궁전에 밀어 넣고 몰살했다. 그녀는 바로 이집트 전체를 통치한 첫 번째 여왕 니토크리스Nitocris이다.

> **시기** : 기원전 2332년 ~ 기원전 2181년
> **인물** : 페피 2세, 메렌레 2세, 니토크리스

번영을 지속하던 이집트는 제6왕조 시대에 들어서면서 서서히 쇠락하기 시작했다. 제6왕조의 왕이었던 페피 2세Pepi II는 여섯 살에 왕위에 올라 무려 94년 동안 이집트를 통치했다. 그러나 그는 오랜 통치 기간 내내 이전의 왕들이 이루어 놓은 번영에 안주하려고 했다. 그 결과 이집트는 점차 국력이 약해지기 시작했고, 이와 함께 왕권도 약해졌다. 그러자 귀족들이 서로 정권을 차지하려고 끊임없이 싸웠고 정국은 극도로 불안해졌다. 페피 2세는 이 상황을 해결하지 못한 채 100년에 가까운 통치를 마무리했다. 뒤이어 페피 2세의 아들 메렌레 2세Merenre II가 이런 혼란한 상황을 해결해야 하는 부담을 안고 왕위에 올랐다.

페피 2세의 딸인 니토크리스는 오빠인 메렌레 2세와 결혼해 왕비가 되었다. 그녀는 아름답고 우아하며 백옥같이 하얀 피부의 여성이었다. 메렌

레 2세가 즉위할 당시 왕권은 이미 땅에 떨어져 있었고, 귀족들은 왕의 정책뿐 아니라 모든 행동에 사사건건 트집을 잡았다. 1년 후 왕과 귀족들 사이에 심각한 충돌이 발생했다. 사태는 좀처럼 해결되지 않았고 시간이 흐를수록 갈등이 더욱 심해져서 메렌레 2세는 결국 암살당했다.

니토크리스는 그동안 남편과 귀족들의 갈등을 모두 지켜보았다. 남편이 오만한 귀족들을 물리치고 왕권을 회복하기를 간절히 바랐는데, 그가 허망하게 암살당하자 그녀는 절망에 빠졌다. 그러나 그녀는 곧 자신이 해야 할 일이 있다는 것을 깨닫고, 비통한 감정을 숨긴 채 다시 일어섰다. 도움을 요청할 사람이 없던 그녀는 귀족들과 사이좋게 지내며 신뢰를 얻었다. 그리고 얼마 후, 니토크리스는 남편의 뒤를 이어 왕위에 올라 고대 이집트 역사상 첫 번째 여왕이 되었다.

고대 이집트의
귀족 여성

니토크리스는 강한 여성이었다. 왕위에 오른 그녀의 마음 속 깊은 곳에는 여전히 분노와 복수심이 불타올랐지만 겉으로는 전혀 내색하지 않았다. 여왕 니토크리스는 백성의 생활을 세심히 살피고 나라의 경제를 발전시키기 위해 노력했다. 나일 강의 범람이 끝나면 그녀는 직접 농지로 나가서 씨를 뿌렸고, 백성은 이러한 니토크리스를 찬양했다.

메렌레 2세를 암살한 귀족들은 매일 거만하게 궁전으로 들어왔고, 여왕은 담담하게 그들과 나라의 중요한 일들을 논의했다. 그런 한편으로 그녀는 비밀스럽게 복수를 준비했다. 어느 날, 니토크리스는 호화로운 지하 궁전의 완공을 기념하여 귀족들을 불러 연회를 열었다. 귀족들이 술과 음식을 배불리 먹으며 지하 궁전을 구경할 때 니토크리스는 홀로 궁전을 빠져나왔다. 그리고 미리 장치해 둔 수도관을 열자 순식간에 엄청난 양의 물이 지하 궁전으로 밀려들어 갔다. 귀족들은 자신들을 덮치는 물을 보면서도 어찌 된 일인지 모른 채 그 자리에서 모두 죽었다.

　니토크리스는 복수에 성공했지만 적의 세력이 여전히 크다는 것을 알고 있었다. 귀족 몇 명은 죽였지만 여전히 남아 있는 세력이 그녀를 죽이려고 하거나, 어쩌면 상상할 수도 없는 치욕을 줄지도 몰랐다. 여왕으로서, 그리고 메렌레 2세의 아내로서 니토크리스는 귀족들의 오만방자한 행위에 분노를 느꼈다. 하지만 혼자 힘으로는 나라를 구할 수 없다는 사실이 몹시 슬펐다. 얼마 후, 그녀는 여왕의 옷을 갖춰 입고 왕관을 썼다. 그리고 주변 사람들에게 작별을 고하고 의연하게 궁전 깊은 곳의 방으로 들어갔고, 다시는 밖으로 나오지 않았다.

옷깃처럼 생긴 이 목걸이는 아주 화려하고 정교하다.

　2년에 걸친 니토크리스의 짧은 통치 기간이 끝나면서 고대 이집트의 중앙 집권 정치는 완전히 막을 내렸다. 그 후 이집트는 귀족들의 파벌에 따라 여러 갈래로 나뉘었고 500여 년 동안 계속되던 고왕국 시대는 막을 내렸다.

고대 이집트의
예술가들

고대 이집트의 예술가들은 인류 역사상 가장 아름다운 작품들을 창조했다. 이집트 인들은 마치 보물 창고에 수집한 보물들을 채워 넣듯이 뛰어난 예술품을 끊임없이 만들어 냈다.

예술가들은 자신의 작품에 신성함이 깃들기를 바랐다. 그래서 그들은 최선을 다해 신의 뜻을 해석하고자 했고, 그렇게 만들어진 예술품은 종교적 색채가 더해져 매우 신비로웠다. 고대 이집트의 예술가들은 최고의 기술을 발휘해 평범함을 독특함으로, 세속적인 것을 성스럽게 재창조해 냈다.

조각가

고대 이집트에서 조각가의 지위는 매우 높았다. 그들은 '생명의 모방자', '육신肉身을 만드는 자'라는 멋진 별명으로 불렸다.

고대 이집트 인은 인물 조각상이 죽은 자의 영혼을 담는 보관함이라고 생각했다. 조각가 자신도 영혼이 부활할 수 있는 육신을 만든다고 믿으며 자부심을 느꼈다. 그들은 조각상에 생명의 기운이 깃들게 하기 위해서 항상 정성스럽게 의식을 올린 후에 작업을 시작했다.

조각가들은 언제나 몇 가지 원칙에 따라 작업했기 때문에 고대 이집트의 조각상은 모두 같은 특징을 보인다. 앉아 있는 인물상을 만들 때에는 언제나 머리가 어깨 위에 수직으로 놓이게 하고, 눈은 정면을 바라보게 했으며, 양손은 두 다리 위에 똑바로 올려놓았다. 고대 이집트의 많은 인물상 중에서 〈카프레 왕의 석상〉은 특히 유명하다. 왕좌에 앉아 있는 카프레 왕의 머리는 호루스의 매로 장식되어 매우 신성한 기운이 흐른다. 양손은 무릎 위에 올려놓았고, 얼굴에도 몇 가지 장식을 더해서 그의 힘과 위엄, 그리고 비할 데 없이 숭고한 지위를 표현했다.

고대 이집트의 조각가들은 군상群像도 많이 조각했으며 주로 부부나 가족 전체의 모습을 제작했다. 그중에는 앉아 있는 사람도 있고 선 사람도 있는데, 어떤 경우든 얼굴은 모두 앞을 향했다. 또 인물들을 서로 연결해서 제작하지 않아 조각들은 각각 분리되어 있다. 이집트의 군상 중에는 〈라호테프와 네페르트의 상〉이 아주 유명하며 부부 모두 등받이가 높은 의자에 앉았고 오른팔을 굽혀서 가슴에 대고 있다. 라호테프는 왼손을 무릎 위에 올려놓았고, 아내인 네페르트는 오른쪽 팔꿈치 밑에 왼손을 두는 자세이다. 그리고 라호테프는 온몸이 갈색으로 칠해졌고 네페르트의 풍만한 몸은 하얗게 칠해져서

람세스 2세의 딸이자 아내였던 메리타멘Meritamen의 조각상이다. 신분이 매우 높았던 그녀는 코브라와 태양으로 머리를 장식했고, 목에는 '아름다움'을 의미하는 상형문자가 새겨진 장신구를 했다.

대비를 이룬다. 특히 두 사람의 눈은 수정을 박아 만들어서 화려하게 빛나며 신성함이 느껴진다.

조각 작품들은 주로 왕이나 왕족, 그리고 신들을 표현한 것이었기 때문에 이집트 인들의 일상생활을 표현한 것은 아주 드물다. 그중 고왕국 시대 말기의 〈난쟁이 세네브와 그의 가족〉은 고대 이집트 예술 역사상 가장 기교가 넘치는 작품이다. 세네브와 그의 아내가 함께 있는 모습을 자연스럽게 표현하는 것은 당시 조각가들의 큰 고민거리였을 것이다. 그러나 조각가들은 행복한 부부의 모습을 표현하는 기발한 방법을 생각해 냈다. 그들은 남편이 가부좌를 틀고 앉게 하고 아내는 남편에게 기대어 서 있게 해서 전체 구도를 매우 안정적으로 만들었다. 당시는 남성이 다리를 내밀고 있는 것이 일반적이었지만 이 조각은 아내가 자연스럽게 다리를 뻗게 했다. 또 남편의 다리 앞에 귀여운 아이 두 명을 배치해서 조각했다.

이런 배치는 전체적으로 아주 생동감 있고 친근한 느낌이 들지만, 이렇게 조각하는 과정은 아주 복잡했을 것이다. 그래서 현대 학자들은 이 군상이 한 사람의 작품이 아닐 것이며 조각가 여러 명이 함께 조를 이루어 작업했을 것으로 보고 있다. 조각가들은 망치로 돌을 쳐서 깨뜨려 대략적인 형태를 만들었다. 그리고 다시 작은 망치와 청동으로 만든

고대 이집트의 귀족상

끌로 조각의 윤곽을 다듬고, 자귀 같은 연장으로 깎고 다듬어서 조각상을 마무리했다. 이어서 조각상 위에 모래를 뿌리고 둥근 돌로 문질러 광을 냈다. 이런 모든 과정이 끝나면 화가가 와서 조각상에 색을 칠했다.

가죽 장인

가죽 장인의 작업실에는 언제나 각종 짐승의 가죽이 높이 쌓여 있었다. 이 가죽들에서 나오는 냄새는 너무 지독해서 일반 사람들은 견디기 힘들 정도였다.

고대 이집트 인은 인류 역사상 최초로 짐승의 가죽을 이용해서 물건을 만들었다. 시간이 흐르면서 사냥 도구가 발달해 인간이 잡을 수 있는 짐승이 많아졌다. 이와 함께 더욱 다양한 가죽 제품이 등장했고 기술도 훨씬 정교해졌다. 가죽 장인들은 짐승의 가죽에 기름을 바르고 백반을 사용해서 부드럽게 하거나 방수 처리를 했다. 그들이 만드는 것은 주로 커다란 주머니나 각종 덮개, 술을 담는 포대, 불을 지필 때 쓰는 바람 주머니 등이었다.

가죽 장인들의 작업실 냄새는 너무 지독했다. 그러나 가죽 장인들은 이런 작업실에서 오랫동안 일했기 때문에 가죽 냄새는 이미 아무렇지도 않았다. 중왕국 시대의 유명한 문서인 '직업의 풍자'에는 가죽 장인을 "마치 시체 속에서 생활하는 사람 같았다."라고 표현했다. 그만큼 열악한 환경에서 고된 노동을 하며 가죽 장인이 만들어 낸 물건은 당시 이집트 인의 생활을 더욱 풍요롭고 편리하게 해 주었다. 이렇게 가죽 장인은 조각가, 화

큰 뿔을 가진 양으로 장식된 나무 빗

가와 마찬가지로 고대 이집트 문명을 빛나게 했다.

목수

고대 이집트에서 목수는 언제나 중요한 사람이었다. 그들은 일상생활뿐만 아니라 무덤을 만들 때에도 가장 필요한 사람이었다.

목수는 고대 이집트 사회에서 중요한 역할을 했다. 이집트에는 나무가 많지 않았고, 있다고 하더라도 상당히 무른 편이어서 목수들이 일하는 데 어려움이 많았다. 이집트의 목수들은 주로 종려나무를 사용해서 물건을 만들고 금합환나무로 배와 관, 그리고 나무 상자의 모퉁이를 끼워 맞추는 사개 등을 만들었다. 상자나 탁자 등을 만들 때에는 무화과나무를 사용했다. 또 조각 작품에는 용수나무, 무화과나무, 종려나무 등과 수입해 온 흑단목이나 삼나무를 사용했다. 다만, 수입해 온 나무는 아주 귀했기 때문에 왕이나 신에게 바치는 물건을 만들 때에만 썼다.

목수들이 사용하는 도구는 아주 간단했다. 그들은 주로 도끼, 톱, 자귀, 청동으로 만든 끌, 구멍을 뚫을 때 사용하는 송곳, 구부러진 송곳, 광을 낼 때 사용하는 표면이 거친 봉 등을 사용했다. 조금 더 세심하게 만들어야 할 때는 식물에서 얻은 접착제를 사용하기도 했다.

솜씨가 뛰어난 목수들은 왕궁이나 신전 또는 각 지역의 정부에서 관리하는 작업실에 배치되어 일했다. 목수들은 여러 명이 함께 일했기 때문에 협동이 아주 중요했다. 상형 문자로 쓰인 기록 중에는 한 목공 작업실을 묘사한 부분이 있다. 그곳에는 흑단목을 문질러 광을 내는 사람도 있고, 나무를 잘라 상자를 만드는 사람도 있다. 그중 한 목수가 동료에게 말했다. "이봐! 그 톱 좀 줘 봐! 여기가 좀 이상한 것 같아!" 그러자 다른 목수가 당부한다. "손가락 조심해!" 이렇듯 목수들은 각자 잘하는 일을 나누어 했던 것으로 보인다. 그들은 서로 가족처럼 지내며 후세에 남을 멋진 작품들을 만들어 냈다.

금 공예가

그리스도교에서 빵과 포도주를 예수의 몸
과 피라고 여기듯이 고대 이집트의 종교에서
금은 '신의 살점'이라고 불렸다.

고대 이집트의 황금 신발. 곡선의 아름다움에 실용성이 멋지게 결합한 작품이다.

금 공예가들도 작업실에서 조를 이루어 가루
형태의 금을 가공하는 일을 했다. 그들은 먼저
온도가 약 1,800도까지 올라간 작은 도가니에
서 금가루를 녹였다. 녹인 금이 식어서 딱딱해지면 여러 번 세게 내려쳐서 아주 얇게 만들었다. 이 얇은 금박은 제사 용품, 조각상의 표면을 장식하거나 신전의 문 위에 붙였다.

화가

화가는 팔레트, 커다란 솔, 붓 등을 사용해 그림을 그렸다.

화가들은 등심초로 만든 붓을 주로 사용했는데 이것은 양쪽 끝에 모두 붓
털이 달려 있었다. 화가들은 먼저 커다란 솔에 끈적이는 물감을 묻혀서 대
강의 형체를 크게 그렸고, 음영이나 테두리 같은 것은 따로 그리지 않았다.
팔레트 위에는 여섯 가지에서 여덟 가지 정도의 물감을 올려놓고 그중에서
필요한 색을 선택하거나 섞어서 사용했다.

황토색은 주로 남성의 얼굴색을 표현하는 데 사용하고, 붉은색은 폭력적이거나 사악한 인물의 얼굴을 표현하는 데 썼다. 푸른색은 하늘과 밤을 나타내는 데 썼으며, 초록색은 젊음과 활기를 상징했다. 더욱 실감 나는 표현을 위해 화가들은 물감을 완벽하게 갖추어야 했다. 노란색과 붉은색은 산기슭의 황토에서 얻었고, 푸른색은 규산동珪酸銅으로 만들었다. 또 푸른색과 노란색을 섞어서 녹색을 만들고, 흰색은 백토白土로 만들었으며, 검은색은 목탄으로 만들었다.

메이둠의 네페르마아트Nefermaat 마스타바 무덤에서 출토된 벽화이다. 풀밭을 거니는 오리 여섯 마리를 그린 것으로, 아주 정밀하고 생동감 있다.

Ancient EGYPT

맥을 잡아주는 세계사

The flow of The World History

제3장 | 여명의 시기

1 국가 행정의 중심, 재상

재상은 고대 이집트에서 가장 높은 관리였다. 재상은 왕을 도와 국가를 운영하고, 왕실의 다양한 사무를 처리했으며, 나아가 종교적인 역할까지 맡으면서 고대 이집트의 발전에 큰 영향을 미쳤다.

주요 직책 : 행정, 경제, 건축, 제사

고대 이집트에서 왕은 모든 토지의 소유자이며 다양한 종교 행사를 거행하는 대사제였고 정의로운 대법관이자 용맹한 전사였다. 그러나 이렇게 많은 일을 왕이 혼자서 도맡아 하는 것은 현실적으로 불가능했다. 그래서 왕은 자신의 일을 여러 신하에게 나누어 맡겼고, 그중에서 가장 믿는 이를 재상으로 임명해 다른 신하들이 하는 일을 감독하게 했다.

왕의 오른팔

고대 이집트의 재상은 모든 국가 행정을 책임졌고, 종교 행사까지 직접 거행했다. 이렇게 중요하고 많은 권력을 아무에게나 줄 수는 없기에 제4왕조의 스네프루 왕은 가장 믿을 수 있는 자신의 아들을 재상에 임명했다. 제4왕조의 다른 왕들도 대부분 왕위를 계승할 왕자나 가까운 왕족을 재상으로 삼았다. 재상은 전쟁, 경제 개혁, 대규모 건설 공사 등을 지휘하는 총책임자 역할을 했다. 그런 만큼 그들은 고대 이집트에서 왕을 제외하고 가장 중요한 사람이었다. 따라서 왕위 계승자를 재상으로 임명하는 것은 그가 나중에 이집트를 잘 통치할 수 있을지 검증하는 한 방법이기도 했다. 재상으로 임명된 왕위 계승자는 가장 먼저 이집트의 인근 지역에서 이집트에 필요한 다양한 자원을 운반해 와야 했다. 이 일을 훌륭히 해내면 왕위를 계승할 자격과 능력을 인정받았다. 첫 번째 임무를 수행해서 능력을 인정받은 재상은 그때부터 나라의 다양한 사업을 지휘하며 왕의 부담을 덜어 주었다. 일례로 군대를 훈련해서 멀리 원정을 떠나거나 대규모 건축 공사가 순조롭게 진행되도록 하는 일 등을 했다.

재상의 명예

대부분 왕자 또는 왕족이었던 재상은 나라의 사업을 성공적으로 완수하기 위해 개인의 모든 능력을 쏟아부었다. 제5왕조의 재상이었던 웨시프타흐Weshptah의 묘비에는 다음과 같은 기록이 있다. "웨시프타흐는 피라미드 건설을 성공적으로 지휘해 왕의 축복을 받았다. 나중에 웨시프타흐가 병이 들자 왕은 왕실에서 가장 뛰어난 의사를 보내 그를 치료하게 했고, 성직자에게는 그를 위해 신에게 기도를 드리라고 명령했다. 그러나 이런 노력에도 불구하고 웨시프타흐가 끝내 사망하자 왕은 무척 슬퍼했다. 그는 흑단나무로 만든 관을 보내며 장례식을 성대하게 치르라고 분부했다." 이 기록은 고왕국 시대에 재상의 지위가 아주 높았으며 왕에게서 깊은 신뢰를 받았다는 사실을 보여 준다.

재상들은 죽으면 왕의 피라미드 근처에 매장되었다. 그래서 기자나 사카라의 피라미드 단지 부근에는 재상의 마스타바가 많이 묻혀 있다. 이들의 마스타바는 대부분 매우 화려한 조각과 그림으로 장식되어 있다. 특히 사카라에 있는 재상 프타호테프Ptahhotep의 묘는 잘 보존된 아름다운 색채와 세련된 예술 감각으로 아주 유명하다. 또 아부시르에 있는 니우세르Nyuserre 왕의 피라미드 근처에는 재상이자 왕의 사위였던 프타세프세스Ptahshepses의 마스타바가 있는데, 이 역시 매우 화려하고 독특해서 당시에 그가 누린 권력을 짐작할 수 있다.

재상의 직무

재상이 해야 할 일은 무척 많았다. 그는 양식의 공급, 세무, 재정을 관리하고 건축과 채석 사업을 지휘하며, 사법, 농업, 관개, 공공 치안 및 토지의 분배 등도 책임졌다.

신왕국 시대로 접어들면서 재상의 일은 종교로까지 확대되었다. 왕에게서 받은 정치 권력에 종교적 권력까지 더해져 재상의 지위는 더욱 높아졌다. 나중에는 재상과 성직자의 지지를 받지 못하는 왕은 백성의 존경과 사랑도 얻지 못할 정도였다.

전해지는 고대 이집트의 기록 중에 재상과 관련한 내용을 소개한다. 새로 임명된 재상이 본격적으로 일을 시작하기 전에 먼저 왕에게 훈계를 듣는 장면이다. 왕은 재상에게 정의를 구현하고 나라와 백성의 어려움을 해결하라고 말하면서 "재상이 되어 백성의 지지를 받고 많은 일을 처리하는 것은 고된 일이다. 맛으로 비유하자면 그것은 절대 달콤하지 않으며 담즙처럼 쓴맛이다." 왕은 왜 이렇게 비유했을까? 그것은 아마 재상이 해결해야 하는 복잡한 일이 끊임없이 나타났기 때문일 것이다. 그래서 가끔은 두세 명이 공동으로 재상이 되어서 행정 구역이나 업무의 성격에 따라 일을 나누어 하기도 했다.

신왕국 시대의 재상들은 상이집트와 하이집트를 모두 관리했다. 그러나 재정을 관리하는 부서는 상하 이집트에 따로 설치해서 운영했다. 그래서 재정부는 상이집트와 하이집트를 상징하는 색에 따라 하얀 재정부와 붉은 재정부로 불렸다. 재정부는 각 지역의 재정과 예산에 관한 일을 처리했다. 또 세금을 거둬 들여 국고를 관리하고, 이 돈을 필요한 곳에 나누어 사용해서 수입과 지출의 균형을 맞추는 일도 재정부의 일이었다. 그리고 재상이 그 위에서 두 재정부를 관리했다.

테베의 묘에서 발견된 이 벽화는 고대 이집트인들의 풍요로운 생활을 표현했다.

2 왕국의 분열

제6왕조가 끝나고 고대 이집트는 제1중간기에 접어들었다. 제6왕조 말기부터 지방 귀족들의 세력이 왕의 권위를 위협할 정도로 커지면서 이집트에는 극심한 혼란기가 시작되었다. 고대 이집트의 역사가 마네토Manetho는 당시의 상황을 "제7왕조 시대에는 왕 70명이 70일을 통치했다."라고 기록했다. 각 지방의 귀족들이 끊임없이 반란을 시도했고, 불안해진 백성들은 폭동을 일으켰다.

시기 : 기원전 2181년 ~ 기원전 2040년
사건 : 정권 투쟁, 왕국의 분열, 국민의 봉기

고대 이집트의 왕들은 나라를 효율적으로 통치하기 위해 귀족들에게 권력을 나누어 주고 각 지역에 총독으로 파견했다. 총독들은 한 지역을 맡아 관리하면서 차츰 많은 부와 권력을 쌓았다. 그리고 지방의 유력한 귀족 세력과 손을 잡거나 스스로 큰 세력을 이루었다. 이런 지방 세력들은 점차 왕의 영향력을 벗어날 정도로 성장했다. 이런 상황이 길어지자 왕의 권력은 서서히 줄어들었고 귀족들은 왕에게 도전하기 시작했다. 제7왕조에 들어서면서 왕권의 약화와 권력의 분산은 더욱 심해졌다.

왕권의 약화

고대 이집트의 왕들은 자신의 권력을 굳건히 다지고 유지하는 것을 매우 중요하게 생각했다. 이를 위해 왕은 자신은 신에게서 왕권을 받았으며 신

전의 성직자는 단지 '신의 하인'에 불과하다고 강조했다. 그리고 왕족은 혈통의 순수성을 유지하기 위해 왕족끼리만 결혼했고 높은 직책은 전부 왕족이 독차지했다. 왕의 오른팔인 재상의 자리에도 대부분 왕자 또는 왕위 계승자가 임명되었다.

제4왕조의 마지막 왕 세프세스카프Shepseskaf는 이런 전통을 깨고 자신의 딸을 귀족에게 시집보냈다. 그는 이 결혼으로 귀족의 세력 확장을 막고 왕권을 강화할 생각이었으나 결과는 정반대였다. 귀족들은 왕족과 결혼하여 더 높은 직책에 올랐고 더욱 부유해졌다. 이후 그들의 부와 권력은 대대로 계승되었고, 귀족의 세력이 점점 커지면서 왕자나 왕위 계승자가 아닌 사람이 재상에 임명되기 시작했다.

제6왕조가 끝나고 고대 이집트는 제1중간기에 접어들었다. 제7왕조는 8년밖에 지속되지 않았는데 왕은 무려 9명이나 되었다. 고대 이집트의 역사가 마네토는 당시의 상황을 "제7왕조 시대에 왕 70명이 70일을 통치했다."라고 기록했다. 물론 과장된 표현이지만, 이는 당시의 치열한 권력 투쟁과 정국의 혼란함을 보여 준다. 제7왕조와 제8왕조의 왕들에 대한 구체적인 기록은 남아 있는 것이 없다. 제9왕조를 연 케티 1세Keti는 반란을 일으켜 왕이 된 자로 잔혹한 통치를 한 것으로 전해진다. 이후 제10왕조가 들어섰는데, 이때 이집트 남부의 테베 지역 귀족들도 세력을 키우고 있었다. 테베 지역의 힘은 어느덧 중앙 정부에 맞먹을 만큼 강해졌다. 그러자 테베의 귀족들은 왕권에 도전하기 시작했고, 이후 크고 작은 분쟁이 끊이지 않으면서 왕권과 이집트의 국력은 급격히 약해졌다.

황금으로 만든 왕의 단검과 칼집. 칼자루의 끝은 사방에 사람의 얼굴을 조각해서 장식했고, 칼자루와 칼날이 연결된 부분에는 손을 보호하고 장식성을 더하기 위해 소의 머리를 조각했다.

권력 분산의 결과

각 지방에 파견된 총독이나 지방 귀족들은

지역을 기반으로 계속해서 권력을 키웠다. 그들의 권력은 왕권에 도전할 수 있을 정도로 커졌고, 원래 중앙 정부에서 파견했던 총독은 점차 세습되는 것으로 굳어졌다. 총독들은 한 지방의 행정, 사법, 재정, 군사 및 종교에 관련된 모든 일을 결정할 수 있는 막대한 권력을 누렸다. 또 그들은 죽은 후 왕의 무덤 근처에 매장되는 것을 거부하고 생전에 자신을 위한 호화로운 무덤까지 미리 지어 놓았다. 온화한 정치를 펴는 총독은 왕에 버금가는 권력을 누릴 뿐만 아니라 지역 주민들의 존경과 사랑까지 받을 수 있었다.

귀족 세력의 성장, 총독의 세습화로 시작된 권력 분산은 점점 심해졌고, 그럴수록 왕권은 더욱 약해졌다. 마침내 더 이상 두고 볼 수 없는 상황이 되자 왕들은 갖은 방법을 동원해 상황을 바꿔 보려고 애썼다. 먼저 그들은 상이집트 지역 전체를 관할하는 총독을 임명했다. 그리고 새로운 총독이 각 지역에서 왕실에 바치는 진상품, 부역 및 그 밖의 모든 사무를 관리하도록 했다. 이를 통해 지방 총독과 귀족의 권력을 약화시키려는 목적이었다. 그러나 제6왕조 시대에 임명된 모든 상이집트 총독은 지방 귀족의 세력을 이겨 내지 못했다. 그들은 그저 이름만 유지했으며 왕권도 좀처럼 회복되지 않았다.

제1중간기에 들어서자 귀족들은 더 많은 재물과 영토를 차지하려고 서로 싸우기 시작했다. 수도 멤피스에 중앙 정부가 있으나 이집트는 각각의 지방으로 쪼개진 것이나 마찬가지였다. 이로써 한동안 각 지역에서는 실질적으로 무정부 상태가 계속되었다. 나약한 중앙 정부와 강해진 반¾자치 상태의 지방들은 서로 대립했고, 지방 귀족들은 슬슬 중앙 정부까지 넘보기 시작했다. 각 지방은 이제 중앙 정부의 지시를 따르지 않았으며 여러 세력이 각기 난립했다.

그래서 후대 사람들은 이 혼란한 시기를 '암흑시대'라고 부르기도 한다.

옷을 입지 않은 여종이 화려한 옷을 입은 귀부인의 화장을 돕고 있다. 인물의 표현이 매우 정확하며 사실적이다.

대기근

엎친 데 덮친 격으로, 그 후 무려 십몇 년 동안 심각한 가뭄이 이어졌다. 나일 강의 수위가 낮아져서 농지에 물이 충분히 공급되지 않았고, 그렇다 보니 수확량은 현저하게 줄었다. 배고픔을 참지 못한 사람들은 결국 살던 곳을 버리고 이곳저곳으로 떠돌기 시작했다.

가뭄으로 나일 강의 모든 지류와 수로가 말라 버렸고, 사람들은 물이 있는 곳을 찾아 이동했다. 평소 물이 풍족하던 나일 강 유역은 흡사 거대한 사막처럼 변했다. 이런 상황에 관리들은 크게 당황했다. 특히 가뭄이 더욱 심각했던 상이집트의 관리들은 식수만 겨우 제공할 뿐이었고 상황을 해결할 방법은 찾지 못했다.

심각한 가뭄은 대규모 기근으로 이어졌다. 농사를 지어도 수확할 수 있는 것이 없었고, 사람들은 배고픔에 시달렸다. 화려한 생활을 하던 부자들도 절약의 필요성을 느낄 정도였고 가난한 이들은 살아남기 위해 온갖 방법을 사용했다. 당시의 비문 중에 "죽음의 그림자가 드리웠다."라는 기록이 남아 있다. 상이집트에서는 심지어 사람이 사람을 먹는 처참한 상황까지 벌어졌으며, 그 속에서 아이들은 가장 손쉬운 '사냥감'이 되었다.

사람들은 죽는 것보다 못한 상황에 빠졌다. 부패한 관리들은 그 와중에도 이런 상황을 오히려 부와 권력을 쌓을 기회로 삼아 가난한 사람들을 더욱 못살게 굴었다. 땅이 갈라져 수확할 것이 없어도 세금을 줄여 주지 않았고, 가난한 사람들을 구제한다는 핑계를 대고 국고를 개인적으로 흥청망청 썼다. 나날이 힘든 삶이 계속되면서 탐욕스러운 관리들에 대한 불만이 높아진 끝에 이집트 인들은 결국 폭동을 일으켰다.

폭동

사람들은 최소한의 생존권을 보장받기 위해 무기를 들고 관리들을 공격했다. 그들은 관리들에게 무섭게 폭력을 휘두르고 참혹하게 죽였다. 당시 이집트 인의 눈에 관리들은 국가의 재정을 갉아먹고 자신들의 피와 땀을 빨아먹는 존재였다. 성직자 네페르티 Neferti는 이 폭동을 예언하고 기록으로 남겼다. "보라! 공포를 느낀 자들이 일어날 것이다. 높은 자들은 자신이 태어난 곳에서 죽을 것이다. 무기가 없던 자들이 무기를 들게 될 것이다." 분노한 이집트 인은 무리지어 귀족의 집으로 쳐들어가서 재물을 빼앗고 귀족들을 죽였다. 그러자 귀족과 중앙 정부는 폭동을 일으킨 이들을 '반역자', '과격한 자' 등으로 규정하고 "반역자들에게는 신이 생명을 빼앗는 벌을 내리실 것이다."라며 목소리를 높였다. 그들은 폭동을 잔인하게 진압했고, 이집트 민중의 폭동은 결국 실패했다.

이 폭동으로 여러 정부 기관이 파괴되고 수많은 부패한 관리가 죽임을 당했다. 이 일은 고대 이집트 사회에서 처음으로 일어난 '사회 혁명'으로, 신에 대한 믿음까지 흔들리게 한 사건이었다.

고왕국 시대의 지방 행정 단위

고왕국 시대의 지방 행정 단위는 노모스였으며, 각 노모스를 관리하는 자는 노마르크Nomarch라고 불렀다. 노마르크는 왕이 임명하거나 세습되었는데, 세습할 경우 왕의 승인을 받아야 했다. 노마르크 한 명이 노모스 두 개를 담당하기도 했다. 노마르크는 각 노모스의 행정과 지방 군대의 훈련, 치안, 세금 징수 등을 책임졌고 각 노모스에 있는 국가 재산과 신전, 관개 수로 등을 관리했다.

3 영혼이 돌아오는 곳, 미라

고대 이집트 인은 모든 자연 만물에 영혼이 있으며 그 영혼은 생명과 죽음을 넘나든다고 믿었다. 그래서 사람이 죽으면 죽은 자의 영혼이 돌아올 때를 대비해 정성을 다해서 미라를 만들었다.

처리 기술 : 탈수, 방부
의미 : 영혼이 돌아오는 곳, 죽은 자의 부활

'미라'는 고대 페르시아 어에서 온 말이다. 원래는 밀랍을 의미했는데 나중에 '말라 버린 시체'로 그 뜻이 확대되었다. 이후 유럽에서는 고대 이집트 인이 사람이나 고양이, 원숭이, 악어 등의 시체를 방부 처리한 것을 표현할 때 '미라'라는 말을 사용했다. 이집트 인은 육체를 잘 보호해서 영혼이 다시 돌아올 곳을 준비해 놓기만 하면 죽은 자가 부활할 수 있다고 믿었다. 그래서 미라 제작은 이집트 인에게 아주 신성한 일이었다.

영원히 죽지 않는 영혼

이집트 인은 생명이 영혼과 그 영혼을 담는 껍데기인 육체로 이루어졌고 사람이 죽으면 육체는 남고 영혼은 하늘로 올라간다고 생각했다. 그 영혼은 언제든지 다시 돌아와서 무덤 안의 육체에 들어갈 수 있다. 영혼이 자신의 껍데기인 육체에 들어가면 부활할 수 있기 때문에 죽은 이의 육체를 잘 보호하는 것은 매우 중요한 일이었다. 이렇게 중요한 육체를 보호하기 위해 이집트 인은 많은 탈수제를 넣어서 부패를 방지했다.

역사가 거의 5000년에 달하는 미라 제작은 고대 이집트의 가장 독특한 전통이며 인류의 역사적 유산이다. 미라를 제작하는 기술은 오랜 기간 시행착오를 거쳐 점차 발전하며 그 수준이 점점 높아졌다.

이집트에서 서서히 왕권이 형성되기 시작하던 선왕조 시대에는 특별한 처리를 하지 않아도 자연스럽게 미라가 만들어졌다. 당시 사람들은 시체를 아주 얕게 묻고 짐승의 가죽이나 천으로 덮은 다음 그 위에 모래를 뿌려 두었다. 그러면 이집트의 뜨거운 태양이 모래를 달구었고 그 안에 있는 시체가 금세 말라서 그대로 보존될 수 있었다. 그러나 선왕조 시대 말기에 이르러 왕족이나 귀족이 무덤을 깊게 만들기 시작하면서 시체가 태양의 열기를 거의 받지 못해 탈수가 제대로 이루어지지 않았다. 당시 이집트 인들은 아마천으로 시체 전체를 단단히 감싸는 등 다양한 방법을 시도해 보았지만 여전히 시체의 부패를 막을 방법은 찾아내지 못했다.

여러 번 실패를 거듭하고 나서 고대 이집트 인은 시체의 부패는 그 안의 장기를 어떻게 처리하느냐에 달렸다는 것을 알았다. 시체에서 장기가 가장 빠르게 부패하고, 그 썩은 물이 시체의 다른 부분까지 부패시키기 때

죽은 자의 모습을 본 떠 만든 인형관. 귀부인의 것으로 보이는 이 인형관은 흰색 바탕에 상형 문자가 쓰인 노란색 띠로 장식되어 있다. 그 사이에 시신을 매장하는 장면이 그려져 있다.

문이다. 그래서 이집트 인들은 미라를 제작할 때 가장 먼저 장기를 꺼내서 따로 처리하고 각각 다른 용기에 넣어 보관하거나 다시 시체 안에 넣었다. 신왕국 시대가 되자 미라 제작 기술은 더욱 발전해서 시체의 탈수를 촉진하고 부패를 방지하는 새로운 방법이 고안되었다. 이때에는 전문적으로 미라를 만드는 사람이 생겨났고 미라를 제작하는 공방도 따로 있었다. 당시에 제작된 미라는 지금 봐도 마치 살아 있는 듯 잘 보존되어 있다. 신왕국 시대에는 왕이나 귀족뿐만 아니라 부유한 평민도 죽은 이의 미라를 만들기 시작했고, 미라 제작은 프톨레마이오스 왕조 시대까지 계속되었다.

제작 과정

고대 이집트 인들은 시체를 완전히 탈수시키기 위해 와디 나트룬Wadi Natrun에서 생산된 천연 탄산나트륨을 주로 사용했다. 미라 제작을 맡은 기술자는 시체의 왼쪽 옆구리를 칼로 갈라서 폐, 간, 위, 장 등을 모두 꺼내 각각 뚜껑이 있는 단지에 넣었다. 처음에는 간단한 단지였는데 중왕국 시대에 이르러서는 그 뚜껑에 사람의 머리를 조각해 장식했고, 제18왕조 초기에는 호루스의 아들들의 모습을 새겨 넣어 화려하게 장식했다. 이는 각 장기가 호루스의 네 아들에게서 보호받는다는 의미였다. 장기를 모두 빼낸 시체의 내부는 야자로 담근 술과 잘게 부순 향료, 나뭇진이나 나뭇진을 먹인 아마천, 톱밥 등을 넣어 채운 다음 갈라진 부분을 잘 꿰맸다. 이때 장기를 꺼내면서 심장은 그냥 두었다. 고대 이집트 인들은 심장이 생각을 담당한 기관이라고 생각했기 때문이다. 머리 부분을 처리할 때에는 아주 조심해야 했다. 미라 기술자들은 콧구멍을 통해서 뽑아 낼 수 있는 만큼 뇌를 뽑아냈다. 그리고 나서 특수 제작한 금속 갈고리를 콧구멍 안으로 깊숙이 넣어 비강에 작은 구멍을 뚫고, 그 안에 종려주를 부었다. 그런 다음 다시 가늘고 기다란 도구를 콧구멍으로 천천히 밀어 넣어서 비강에 뚫어 놓은 구멍을 통해 뇌까지 닿게 했다. 그러면 이 도구로 안을 휘저어서 아직 그 속에 남아 있는 뇌가 종려주에 녹도록 했다. 그리고서 시체를 뒤집으면 콧구멍을 통해 종려주에 녹은 뇌가 모두 흘러나와 머릿속은 아무것도 남아 있지 않은 상태가 된다.

여기까지 모든 처리가 끝나면 미라 기술자는 시체를 더욱 완벽하게 건조시키기 위해 천연 탄산나트륨에 담근다. 그리고 담근 지 70일이 지나면 시체를 꺼내서 깨끗하게 닦고 향료를 발랐다. 그런 후 아마천으로 시체 전체를 아주 단단하게 감싸고, 그 위에 나뭇진을 발랐다. 아마천으로 싸맬 때에는 손가락과 발가락부터 시작해서 양팔과 다리, 몸통의 순서로 진행했으며, 이 과정에서 손톱이나 발톱이 떨어지지 않도록 아주 조심했다. 이렇

자칼 머리를 한 무덤을 보호하는 신 아누비스가 미라를 제작하고 있다.

람세스 2세의 미라

두 눈을 감고 있는 그는 아주 평온한 표정이다. 새하얀 아마천으로 전신이 싸인 그는 두 손을 가슴 위에 교차해서 놓은 모습으로 관 안에 누워 있다.

게 많은 처리 과정을 거치지만, 그 후 시체의 모습은 죽기 전과 똑같았다.

여기까지 처리를 끝낸 시체에 연고와 소나무 향이 나는 용액을 바르고, 흰색 아마천으로 다시 한 번 손가락, 발가락, 손바닥, 발바닥을 감쌌다. 만약 뇌를 꺼내다가 코에 상처가 났다면 나무로 만든 가짜 코를 붙이기도 했다. 눈에도 아마천을 넣거나 가짜 눈을 붙였다. 모든 처리가 끝나면 시체의 두 손을 가슴 위에 교차하도록 올려놓고 관에 넣었다. 얼굴 위에 생전의 모습과 아주 흡사한 가면을 올려놓은 미라도 있었다.

미라를 천으로 감싸는 기술은 제22왕조 시대에 최고로 발달했다. 당시에는 그전에 사람들이 장기를 꺼내서 처리한 후 단지에 넣던 것과 달리 장기를 꺼내 처리한 다음 다시 시체 속에 넣었다.

미라를 제작하는 모든 과정은 무려 3개월이 걸렸고 비용도 아주 비쌌다. 각종 약품과 향료, 부적 외에도 시체를 감싸는 데에만 아주 좋은 아마천이 1km가 넘게 필요했기 때문이다. 그래서 왕족이나 귀족 같은 부유한 사람들만 미라를 완벽하게 제작할 수 있었고, 일반 사람들은 과정을 간소화해서 제작하거나 아예 제작하지 않기도 했다.

미라를 제작할 때 가장 마지막 단계는 시체와 아마천 사이에 부적과 쇠똥구리 조각을 넣는 것이었다. 이집트 인은 이 두 가지 물건이 미라를 보호하는 힘이 있다고 믿었기 때문이다. 쇠똥구리 조각에는 기도문을, 보석으로 만든 부적에는 죽은 자의 이름과 그를 도와 달라는 내용을 새겼다. 부적은 보통 몸은 사람이고 머리는 동물인 신의 형상으로 만들었다. 예를 들어 세트, 아몬, 오시리스, 연꽃 위에 앉아 손가락을 빠는 아기 호루스, 숫

양의 머리를 한 크눔^{Khnum} 등이 많았다. 또 호루스의 눈이나 쇠똥구리를 의미하는 상형 문자를 새기기도 했다.

죽은 자에게 가장 중요한 부적은 가슴 위에 올려놓은 쇠똥구리 모양의 보석이었다. 보석 위에 새겨진 글은 영혼이 지하 세계에서 심장의 무게를 잴 때 무사히 넘어갈 수 있기를 바라는 내용이 많았다. 이는 모두 고대 이집트 인의 종교와 밀접한 관계가 있었다.

파라오의
절대 권력

'파라오'라고 불리던 고대 이집트의 왕은 이집트를 대표하는 자였다. 이집트의 군사·정치·종교를 장
악했으며, 자신이 태양신의 아들이자 인간 세상에 내려온 신의 대리인이라고 주장했다. 이집트 인들
도 그가 인간 세상에 내려온 신이라고 믿어 의심치 않았다. 고대 이집트에서 왕은 통치자였을 뿐만
아니라 신이었으며, 절대적인 권력을 누렸다.

살아 있는 호루스

고대 이집트의 신화에 따르면, 아주 옛날에는 신들이 땅으로 내려와 인간
과 똑같이 생활하며 이집트를 통치했다. 원래는 오시리스가 왕이었는데
그의 동생 세트가 형을 죽이고 스스로 왕위에 올랐다. 오시리스는
아내 이시스의 도움으로 부활했으나 더 이상 인간들을 통치하고픈
마음이 없었다. 그래서 지하 세계로 가서 그곳을 통치하며 죽음과
부활의 신이 되었다. 오시리스의 아들 호루스는 다른 신들의 도움
을 받아 세트에게 복수하고 아버지의 뒤를 이어 이집트 왕위에 올
랐다.

　호루스는 이집트를 다스린 마지막 신이었다. 곳곳에 신전을 세우
고 평화롭게 이집트를 다스리던 호루스는 자신을 대신할 인간을 왕

쿠푸 왕의 조각상

쿠푸 왕의 피라미드 안에서 출토된 쿠푸 왕의 좌상坐像이다. 쿠푸 왕은 자신을 위해 고대 이집트 역
사에서 가장 큰 피라미드를 세웠다.

위에 올리고, 이집트 왕의 화신으로 영원히 이집트에 남았다. 그래서 이집트의 모든 왕은 '살아 있는 호루스'로 불렸다. 다시 말해, 그들은 인간과 신이 결합한 존재였다. 기원전 2000년에 살았던 한 역사학자는 다음과 같은 기록을 남겼다. "파라오! 그는 태어날 때부터 뛰어난 자이며, 신은 백만 명 중에서 그를 선택했다." 당시의 이집트 인들에게 신이 직접 선택한 왕은 감히 그 능력이나 신성함을 의심할 수 없는 존재였다.

다섯 개의 이름

왕은 이렇게 신성한 존재였기 때문에 사람들은 그의 이름을 함부로 부를 수 없었다. 왕은 제5왕조부터 '호루스', '황금의 호루스', '두 여신의 보호자', '상하 이집트의 왕', '라의 아들'과 같은 다섯 개의 이름을 가졌다. 오늘날 우리가 흔히 부르는 왕의 이름은 '라의 아들'이다.

신과 인간의 중개자

이집트의 왕은 상이집트를 상징하는 흰색 왕관과 하이집트를 상징하는 붉은색 왕관을 번갈아 썼으며 종종 두 개를 한꺼번에 쓰기도 했다.
　　왕은 정부와 군대의 최고 통치자였기 때문에

이집트 에드푸 시의 호루스 신전에 있는 화강암으로 만든 매. 매는 호루스를 상징하는 동물이다.

이 황금 부채는 왕이 제사를 올릴 때 사용한 물건이다. 앞면은 왕이 마차를 타고 타조를 뒤쫓는 장면을 표현했고, 뒷면에는 왕이 사냥에서 돌아오자 하인 두 명이 사냥감을 운반하는 장면을 새겼다.

백성을 보호하고 군대를 이끌고 원정을 떠나는 것 모두 그의 일이었다. 고대 이집트 인은 왕이 곧 신이라고 생각해서 왕의 뜻을 무조건 따르고 받아들였다. 왕은 만물의 중심이었고, 신의 세상과 인간 세상을 연결해 주는 존재였다. 왕들은 최선을 다해 우주의 질서를 유지하고 신과 인간 사이의 평화를 위해 노력했다. 그들은 언제나 신에게 자신의 업적을 과장해서 보고했다. 제18왕조의 왕이었던 투트모세 1세Thutmose I 는 다음과 같이 말했다.

"보아라! 나 이전에는 이렇게 풍요롭고 평화로운 적이 없었다. 이 모든 것은 내가 이룩했으며, 앞으로는 세상 전체를 이처럼 아름답게 만들리라."

왕의 권위는 신전의 권위보다 컸다. 왕은 가장 높은 성직자이기도 했기에 신전에서 거행되는 모든 종교 행사는 왕이 거행해야 했고, 신에게 바치는 제물 역시 왕의 확인을 거쳤다. 물론 이것은 현실적으로 어려운 일이었다. 그래서 왕을 제외한 가장 높은 성직자가 대신해서 행사를 진행했으며, 그럴 때에는 언제나 미리 왕의 허가를 받았다. 왕은 자신의 아버지인 태양신에게 올리는 제사에 반드시 참여해서 직접 제물을 올렸다.

또 왕은 매년 나일 강의 범람이 필요한 시기에 적절히 일어나게 해 달라고 신에게 기도를 드렸고, 나일 강이 범람할 때가 되면 한 번 더 기도를 올렸다. 얼마 후 나일 강이 범람하면 직접 배를 타고 운하로 나가서 넘친 물이 큰 해를 끼치지 않도록 다스리는 의식을 했다. 수확의 계절이 다가오면 왕은 직접 보리를 한 다발 베어서 풍요와 다산多産의 신인 민Min에게 바쳤다. 왕은 또 정기적으로 발코니에 나가 신하들이 올려다보는 가운데 몇 가지 마술을 선보였다. 이는 왕의 자리를 아무도 대체할 수 없다는 것을 보여 주는 것이었다.

왕권의 상징

고대 이집트의 유적에서 발굴된 조각과 그림을 보면 왕들은 언제나 손에 왕권을 상징하는 물건을 들고 있다. 그중 가장 자주 등장하는 것이 바로 갈고리와 도리깨이다. 목수가 사용하는 갈고리는 왕이 백성을 보호한다는 것을 나타내고, 적을 공격할 때 사용한 무기인 도리깨는 왕이 적을 응징한다는 것을 의미했다.

왕은 장소와 상황에 맞추어 상징물을 선택했다. 예를 들어 전쟁터에서는 도리깨를 들었고, 종교 행사를 거행할 때에는 생명을 의미하는 십자가 모양의 물건을 들었는데, 이는 신들이 그와 함께한다는 것을 의미했다.

신이 내린 왕권에 도전하는 것은 있을 수 없는 일이었기에 고대 이집트의 왕은 절대적인 권력을 누릴 수 있었다. 왕은 사람들에게 자신의 정통성과 신성함을 정기적으로 증명해서 왕권을 확고히 해야 했다. 고대 이집트의 부조와 벽화에는 왕의 탄생, 여러 신이 어린 시절의 왕을 키우는 모습, 신들이 왕에게 왕관을 씌워 주는 모습 등이 자주 등장한다.

왕을 신격화하는 것은 사람들의 의심을 없애는 가장 효과적인 방법이었다. 만약 새로운 왕이 이전 왕의 아들이 아니더라도 그가 이전 왕을 아버지로 여긴다는 것만 증명하면 왕위 계승의 정당성을 인정받았다. 그래서 불법적인 수단으로 왕위에 오른 왕은 이전 왕의 장례식에 아들의 자격으로 참여하거나 그를 위해 기념비를 세우는 등의 노력을 보였다. 제18왕조의 왕 아이Ay는 이전 왕 투탕카멘Tutankhamen이 젊은 나이에 죽자 그의 장례에 적극적으로 참여하고 성대하게 제사를 올리는 등의 방법을 통해 사람들에게 왕위 계승의 정당성을 인정받고 왕위에 올랐다.

권력의 상징

고대 이집트 인은 왕의 권력과 권위를 나타내기 위해 종종 그를 강하고 용맹한 동물로 표현했다. 그리고 왕을 상징하는 동물들을 보면서 왕은 신이며, 전쟁에서 절대 패하지 않고, 어떠한 모습으로도 나타날 수 있다고 굳게 믿었다. 예를 들어 제18왕조의 하트셉수트Hatshepsut 여왕은 자신을 사자의 몸에 사람의 머리를 한 모습으로 표현했다.

왕권을 강화하고 왕이 활력을 얻길 바라는 세드Sed 축제가 열릴 때면 왕들은 자신을 커다란 소로 표현했다. 재위한 지 30년이 되는 해에 세드 축제가 열리면 왕은 백성과 신하들의 찬양을 받으면서 국경을 둘러보았다. 이는 그가 이집트의 절대적인 주인이라는 사실을 이집트 전 영토에 알려 왕권을 더욱 공고히 하는 행사였다. 그래서 어떤 왕들은 재위한 지 30년이 채 되지 않았어도 세드 축제를 성대하게 열어서 왕권을 강화하려고 했다.

투탕카멘의 화려한 관

고대 이집트에서는 왕의 미라를 3단계로 구성된 인형 관 속에 넣었다. 인형관은 모두 왕의 모습과 비슷하게 만들었다.

4 힉소스 인의 지배

EGYPT

시기 : 기원전 1674년 ~ 기원전 1548년
인물 : 카모세, 아페피 1세

거대해진 귀족 세력의 난립과 정권 다툼으로 이집트는 40여 년 동안 혼란을 겪었다. 역사에서는 이를 제1중간기로 구분한다. 제1중간기 말에 테베 지역을 통치하던 귀족 가문 출신의 멘투호테프 2세Mentuhotep II가 정권 다툼과 대기근의 영향으로 분열된 이집트를 다시 통일했다. 그는 제11왕조의 첫 번째 왕이 되었고, 테베를 이집트의 새로운 수도로 삼아 51년 동안 이집트를 통치했다. 이로써 이집트는 잠시 안정을 되찾았다가 제13왕조에 이르러 다시 쇠락하기 시작했다. 백성이 폭동을 일으키고 사회는 혼란해졌다.

한편, 기원전 2000년부터 팔레스타인과 시리아 지역에서 많은 외부인이

한눈에 보는 세계사
기원전 2000~1500년경 : 한반도, 청동기 문화 시작
기원전 1600년경 : 에게 해 문명 시작

이집트로 이주해 왔다. 이들은 처음에는 국경 근처에 모여 살다가 이집트가 혼란해진 틈을 타서 이집트 사회 내부로 들어왔다. 이후 이집트 인의 종교와 생활 방식을 받아들인 이들은 나중에는 이집트 인들을 통치할 정도로 그 세력이 커졌다. 이들은 '이민족 통치자'를 의미하는 '힉소스'라고 불렸으며, 100여 년 후 아흐모세 1세^{Ahmose I}에 의해 추방되었다.

힉소스 인은 원래 기술자나 상인 또는 노예의 신분으로 이집트에 들어왔다. 국경 근처에 모여 살던 그들은 차츰 각 지역으로 흩어져서 이집트 인과 평화롭게 공존했다. 그렇게 시간이 흐르면서 점점 그 수가 많아져 동부 지역에서 하나의 세력을 형성했다. 군대를 조직할 만큼 세력이 커진 그들은 먼저 아바리스^{Avaris} 요새를 점령했다. 그리고 멤피스 일대까지 세력을 확장해 나일 강 동부의 삼각주 지역을 장악하기에 이르렀다.

힉소스 인이 이처럼 빠르게 세력을 확장할 수 있었던 것은 기술력 덕분이었다. 그들은 이집트에서 처음으로 바퀴가 두 개 달리고 지붕이 없는 전차를 만들었다. 이 전차를 탄 힉소스 병사들은 이집트 병사보다 훨씬 빠르게 이동할 수 있었다. 그들은 이집트를 정복하려는 야심을 숨기지 않고 차근차근 정복 지역을 확장했고, 마침내는 이집트의 동부 지역 삼각주에 자신들만의 왕조를 세웠다.

고대 이집트의 부조
〈파괴된 도시의 왕〉

이집트 정복

처음에 기술자나 상인의 신분으로 이집트에 들어온 힉소스 인은 점차 관리, 군인 등으로 활동하면서 이집트 사회 깊숙이 자리 잡았다. 나날이 세력이 커진 힉소스 인은 '아무 노력도 하지 않고 그저 왕자로 태어나서 왕권을 물러받은 왕이 이집트 전체를 통치하는 것이 정당한가?' 하는 생각을 하게 되었다. 의문이 점점 커지면서 왕권에 욕심이 생긴 힉소스 인은 우선 군대를 일으켜 나일 강 하류 지역을 차근차근 정복하고 멤피스를 점령했으며, 이어서 나일 강 상류의 제1폭포까지 장악했다. 기원전 1674년에 힉소스 인은 이집트의 통치자가 되었고 스스로 '위대한 파라오'라고 불렀다.

제13왕조 말기에 혼란이 심해지자 이집트는 다시 분열되었고 나일 강 삼각주 동쪽에 제14왕조가 들어섰다. 제14왕조에 대해 알려진 것은 많지 않으나 아마도 왕조 말기의 혼란한 틈을 타 지방 귀족들이 세운 것으로 보인다. 그때 힉소스 인이 제13왕조와 제14왕조를 차례로 평정하고 제15왕조를 시작했다. 최초의 힉소스 출신 왕인 살리티스Salitis가 등장한 이후 모두 여섯 명의 힉소스 인 왕이 100여 년 동안 이집트를 통치했다.

이집트를 통치하게 된 힉소스 인은 당시로써는 혁명에 가까운 새로운 군사 기술을 많이 도입했다. 그들이 사용한 조립식 활과 강한 화살, 전차, 다양한 형태의 전투용 검, 방패, 갑옷, 금속으로 만든 투구 등은 후에 이집트인들이 멀리 정복 전쟁을 떠날 때에 중요한 역할을 했다. 이러한 기술적인 발전을 일구었지만, 힉소스 인의 통치는 매우 야만적이고 강압적이었다. 이집트 인이 이에 불만을 품고 강하게 저항하면, 힉소스 인은 그들의 집을 모두 불태우고 저항한 이들을 신전에 몰아넣어 잔인하게 죽였으며 그 자녀들은 노예로 삼았다.

힉소스 인들은 나일 강 삼각주 동부와 중부 이집트로 근거지가 한정되어 있었고, 이집트 전체를 통치하지는 못했다. 힉소스 인의 제15왕조와 동시에 남부 상이집트에는 테베 지역을 근거로 하는 이집트 인이 제16왕조를 세워 명맥을 이어 가고 있었다. 다시 말해, 당시 이집트에는 두 왕조가 공존한 셈이다. 상이집트를 점령하고 싶었으나 여의치 않았던 힉소스 인은 현명하게도 무력 침략이 아닌 무역 교류를 시작해 평화로운 상태를 유지했다. 자세한 기록은 남아 있지 않지만, 상이집트 지역 테베의 왕족들은 얼마 후 힉소스 인의 통치를 받아들였을 뿐만 아니라 그들에게 진상품을 바치기까지 했다.

통치

이집트를 통치하게 된 힉소스 인은 자신들의 정치 제도를 이집트에 도입하려고 하지 않았다. 그들은 오히려 이집트 고유의 정치 제도를 유지하고, 많은 이집트 인을 정치에 참여시켰다. 힉소스 인 왕은 자신을 '위대한 파라오'로, 그리고 정복 지역의 왕들을 자신의 아들이라고 칭했다. 힉소스 인은 서아시아의 문화를 이집트에 대거 도입했다. 당시 이집트 인들은 말과 마차를 사용했지만 말의 등에 안장을 놓고 타는 것은 몰랐다. 그러던 이들이 말안장을 사용하게 된 것은 이집트 군사 기술의 발전에 혁명적인 사건이었다.

아페피 1세Apepi는 힉소스 출신 왕 중에서 가장 안정적으로 이집트를 통치했다. 당시의 이집트 인들은 이제 힉소스 인에게 저항하는 것을 포기했고, 사회 질서는 안정된 상태였다. 세금이 정확하게 잘 걷혀 국고가 늘어나자 아페피 1세는 이를 필요한 곳에 적절히 사용했다. 이에 이집트 인들은 점차 힉소스 인 왕의 통치에 만족했다. 북부의 항구에는 많은 무역선이 오갔고, 경작지도 더욱 넓어졌다. 사막과 접한 동쪽 지역은 개간해서 왕실의 포도 농장으로 만들어 포도를 대량 수확했다. 또한 이 시기에 이집트는 문화적으로도 상당히 번영했다. 힉소스 인은 이집트 문화를 받아들였고, 문학에 관심이 많던 아페피 1세는 직접 이집트의 상형 문자를 배우기도 했다. 그뿐만 아니라 힉소스 인은 이집트의 예술을 찬양하며 이를 모방해 많은 예술품을 만들었다. 수많은 신전을 세우고 조각과 부조를 했으며, 특히 쇠똥구리를 숭배하는 이집트 인의 풍습을 모방해서 부적과 도장을 만들어 사용하기도 했다.

이렇게 힉소스 인은 이집트를 점령하고 통치했지만 문화적으로는 거꾸로 이집트화되었다. 그들은 이집트의 상형 문자로 자신의 이름을 썼고, 이집트 신들에게 제사를 올렸다. 또 이집트 인들이 왕을 다섯 개의 이름으로 부르던 것을 모방해서 자신들의 왕도 그렇게 불렀다. 당시의 기록 중에 다음과 같은 것이 있다. "태양신 라의 서기는 세트에게 교육받는다. 위대한 신 세트는 어려운 글자를 나일 강물이 흐르는 것처럼 읽는다." 세트는 고대 이집트의 신화에서 형 오시리스를 죽이고 왕위에 오른 사악한 신이다. 이 기록에서 알 수 있듯이 힉소스 인은 태양신 라를 비롯한 이집트의 신들을 숭배했지만, 그중에서 세트를 자신들의 주신主神으로 삼았다. 이는 그들이 이집트 문화를 받아들이면서도 한편으로는 자신들만의 신을 세우려고 노력했다는 것을 보여 준다.

추방

이집트 인은 힉소스 인의 통치를 받아들였지만, 그들의 마음 속에 힉소스 인은 영원히 야만적인 아시아 인이었다. 힉소스 인이 이집트의 북쪽인 하이집트를 다스리는 동안 남쪽의 상이집트에는 테베 지역에 세워졌던 제16왕조의 뒤를 이어 제17왕조가 등장했다. 제17왕조가 처음 세워졌을 무렵 상하 이집트에 들어선 두 왕조의 관계는 좋은 편이었다. 테베의 왕조는 힉소스 인이 제1폭포를 통해서 상이집트의 국경 안으로 들어와 누비아 지역과 무역하는 것을 허락했다. 힉소스 인도 테베 인들이 중부 이집트와 하이집트로 들어와 나일 강 유역에서 방목하는 것을 제지하지 않았다. 이처럼 두 왕조는 이집트 땅에서 공존하며 평화롭게 살았다. 테베의 왕이 힉소스 인과 전쟁하고자 할 때 신하들이 크게 반대했을 정도였다. 그러나 양측의 군사력과 정치 상황에 변화가 생기면서 자잘한 충돌이 일어나기 시작했고, 테베 인들은 점차 야만인인 힉소스 인을 이집트 땅에서 몰아내야 한다고 생각했다.

테베 왕조의 힘이 점점 강력해지자 힉소스 인도 이를 더는 가만두고 보지 않았다. 그들은 테베 인에게 나일 강 상류의 하마가 코 고는 소리에 왕이 잠을 이룰 수가 없다며 테베에 공개적으로 불만을 알렸다. 이 과장되고 터무니없는 말을 들은 테베 인들은 이를 치욕으로 받아들이고 곧 군대를 일으켜 힉소스 인과 전쟁을 시작했다. 얼마 후, 제17왕조의 왕 카모세 Kamose는 힉소스 인의 말과 전차를 자신의 군대에도 도입해 위풍당당한 힉소스 군대를 크게 무찔렀다. 하이집트의 아페피 1세는 누비아 인과 연합해 카모세의 군대에 대항했으나 결국 당해 내지 못했다. 카모세는 그 여세를 몰아 나일 강으로 진군하고 맹렬하게 공격하여 마침내 하이집트에 승리를 거두었다. 그 후로도 전쟁은 몇 세대를 거쳐 계속되었고, 카모세의 동생 아흐모세 1세가 이집트에서 힉소스 인을 완전히 몰아냈다.

힉소스 인이 다시 침략할까 봐 불안했던 테베의 이집트 인들은 국경 밖까지 그들을 쫓았다. 그리고 팔레스타인 근처에서 힉소스 인을 무려 3년 동안 포위했다가 끝내 한 명도 살려 두지 않고 모조리 죽였다. 거의 한 세기 동안 힉소스 인의 통치를 받은 이집트 인은 그들을 몰아내고 나서도 울분을 참지 못하고 힉소스 인이 세운 모든 건물을 파괴했다. 이렇게 그들은 거의 50년에 걸쳐서 힉소스 인의 흔적을 완전히 없앴다.

5 국가의 엘리트, 서기

훌륭한 서기가 되어 노력하면 그 이름은 영원히 남았다. 후대에 글을 남기는 것만큼 중요한 일은 없다.

업무 : 역사 기록, 공공 문서의 작성, 종교 관련 문장 조각

고대 이집트 인은 문자를 숭배했다. 그들은 문자에 큰 힘이 있어서 사물에 이름을 붙이는 것은 생명을 불어넣는 것과 같다고 생각했고, 그들에게 글을 쓰는 행위는 신을 대신하는 일이었다. 고대 이집트에서는 글자를 쓰고 글을 지을 수 있는 사람을 '서기'라고 불렀다. 서기는 역사를 기록하고, 공공 문서를 작성했으며, 기도문이나 제사를 지낼 때 관련된 문장을 신전의 벽이나 기념비에 새기기도 했다. 그들은 왕을 보좌하는 고대 이집트 최고의 엘리트 계층이었으며 사회에서 높은 명성을 누렸다.

서기 학교

서기가 되려면 서기 학교에 들어가서 전문적인 교육을 받아야 했다. 서기 학교는 주로 왕궁이나 신전 안에 세워졌고, 귀족의 아들이 서기로 배출되

었다. 자신의 아들이 서기가 되기를 바라는 부모들은 아이가 다섯 살이 되면 서기 학교에 보냈다. 아이들은 이때부터 12년 동안 학교에서 상형 문자를 공부했다. 연습할 때에는 귀한 파피루스를 사서 쓸 수 없기 때문에 도자기 조각에 글을 쓰며 연습했다.

고대 이집트의 문헌 중 〈두아케티의 가르침〉에는 고대 이집트 인들이 서기라는 직업을 얼마나 선호했는지 알 수 있는 기록이 있다. 상인 두아케티는 아들을 왕이 세운 서기 학교에 보내려고 했다. 그는 아들을 학교에 데려다 주는 길에 서기가 되는 것이 얼마나 좋은지 끊임없이 설명했다. "나는 네가 네 어머니를 사랑하는 것보다 책을 읽고 글자를 쓰는 것을 더 사랑했으면 좋겠구나. 서기는 세상에서 가장 좋은 직업이야. 학교에서 하루만 있어도 많은 것을 배우게 될 거다. 서기가 되면 할 수 있는 일이 무한해. 또 어떤 일을 하든 윗사람이 있지만, 서기가 되면 혼자 일할 수 있으니 얼마나 좋으냐." 이렇듯 고대 이집트 사회에서 서기가 되는 것은 장래가 보장되는 일이었기 때문에 가장 인기 있는 직업이었다. 부모들은 누구나 자신의 아이가 서기가 되기를 간절히 바랐다.

훌륭한 서기를 배출하기 위해서 서기 학교는 아주 엄격하게 운영되었다. 학생들은 술집에 가서도 안 되고, 여자를 쫓아다니는 것도 허락되지 않았다. 학교는 학생들을 끊임없이 칭찬하고 꾸짖었으며 심지어는 위협이나 체벌을 가하기도 했다. 학생들은 필수 작품을 반복해서 베껴 쓰고 암송했다. 〈두아케티의 가르침〉도 그중 하나였다. 선생님들은 언제나 "내가 하는 말을 집중해서 들어라. 내가 가르쳐 준 내용을 절대 잊어서는 안 된다."라고 말했다.

학생들은 오랜 시간 글을 베껴 쓰고 암송하면서 글을 읽고 쓰는 방법을 익혔다. 그 내용은 대부분 오래된 경전이나 교훈, 사람의 도리와 관련된 것이었다. 학생들은 이 밖에도 편지를 쓰는 법, 상황에 맞는 어휘를 선택해서 쓰는 법 등을 배웠다.

훈련 과정

서기 학교를 졸업하면 모든 학생은 정식 서기 한 명의 밑에서 일종의 직업 훈련을 받았다. 스승은 학생들에게 행정 관리에 관한 기본 지식을 알려 주고, 글의 형식이나 예의에 맞는 표현 등을 가르쳤다. 이 교육을 통해서 학생들은 국가를 위해 일할 수 있는 서기로 거듭났다. 또한 이 밖에도 왕에 대한 예절, 예를 들어 언제 말을 해야 하는지, 무슨 말을 해야 하는지, 언제 침묵을 지켜야 하는지 등을 배웠다.

모든 내용을 잘 이해하고 교육 과정을 잘 따라오는 학생은 졸업 후에 정식으로 서기가 될 수 있었다. 이를 위해 스승들은 학생을 격려하며 다음과 같이 말했다. "네 선조를 뛰어넘어야 한다. 그들의 말을 잘 이해해서 네 것으로 만들어라. 그러면 네 앞에 새로운 지혜가 펼쳐질 것이다."

서기의 일

서기는 일할 때면 언제나 나무로 만든 필기판, 작은 물통, 그리고 붓통을 들고 다녔다. 필기판 표면에는 작고 동그란 홈이 두 개 있었는데, 여기에 각각 붉은색과 검은색 물감을 담은 용기를 끼워서 사용했다. 붓통에는 등심초로 만든 가느다란 붓을 몇 자루 넣었다. 글을 쓸 때에는 필기판을 무릎 위에 올려놓고 썼고, 종종 진주 조개껍데기가 필기판을 대신하기도 했다.

(오른쪽 사진) 고대 이집트에서 글을 읽고 쓸 줄 아는 서기는 높은 지위를 누렸다. 그들은 기술자, 농경학자, 회계사, 건축학자 등 여러 역할을 담당했다. 이 서기의 좌상坐像은 고대 이집트 예술 역사상 가장 아름다운 작품의 하나로 손꼽힌다. 바른 자세로 책상다리를 하고 있으며 마치 글을 쓰다가 잠시 쉬려고 머리를 든 것처럼 보인다. 어쩌면 글을 쓰는 도중에 상대방의 말을 듣기 위해서 머리를 들었을지도 모른다. 한 치의 흐트러짐도 없는 긴장된 자세에서 당시 서기들의 직업에 대한 자부심을 느낄 수 있다.

(아래 사진) 고대 이집트의 서기가 사용하던 나무 필통. 안에는 글을 쓸 때 사용하는 물건들이 들어 있다.

140

서기들은 대체로 책상다리를 하거나 쭈그리고 앉아서 무릎 위에 필기판을 놓고 그 위에 파피루스를 올려서 글을 썼다. 파피루스의 한쪽에 글을 다 쓰면 반대편에 글을 썼다. 신전의 벽에 글을 쓰거나 조각상에 쓸 때에는 가로쓰기와 세로쓰기 모두 가능했으며, 가로로 쓸 때에는 오른쪽에서 왼쪽으로 쓰거나 그 반대 방향도 가능했다. 그러나 파피루스에 쓸 때에는 항상 오른쪽에서 왼쪽으로 썼다. 그리고 글의 제목, 각 장의 중간 제목, 문장의 첫 번째 글자, 문장 부호 등을 쓸 때에는 주로 붉은색 염료를 사용했다.

서기는 일할 때 사용하는 모든 도구를 나무함에 넣어 두었다가 필요할 때 꺼내서 썼다. 또 귀 뒤에 언제나 예비 붓을 하나 끼워 두고 있다가 사용하던 붓이 잘 써지지 않으면 그것으로 바꿔서 사용했다. 글이 완성되면 파피루스를 돌돌 말고, 아직 덜 말라서 촉촉한 고령토를 눌러 붙여서 봉인했다.

글 쓰는 일은 아주 힘들었다. 글을 한 편 쓰려면, 앉은 채로 한참 동안 오른손은 붓을 들고 왼손은 필기판을 잡고 있어야 했다. 이런 자세로 아주 복잡한 상형 문자를 한 글자씩 정성 들여서 쓰는 것은 정말 어려운 일이었다. 오늘날 남아 있는 고대 이집트의 모든 책과 기록은 서기가 베껴 쓴 것이다. 당시 그들의 이러한 고통을 대변하는 말이 있다. 기록에 따르면, "만약 내가 쓴 글을 누군가가 비웃는다면 그의 손과 무릎을 지금의 나처럼 고통스럽게 만들어 버리겠다."라고 말한 서기도 있었다.

서기는 할 일이 많았다. 왕과 귀족을 대신해서 편지를 쓰고, 유언장의 초고를 작성하고, 결혼과 무역의 계약서 및 법률 문건도 써야 했다. 또 신전의 도서관에 보관할 문헌을 베껴 써야 했으며, 사람들이 신에게 묻고자 하는 것을 기록하기도 했다.

서기의 지위

나라의 모든 관청에는 서기가 있었다. 그중에 실력이 뛰어나고 인간관계까지 좋은 서기는 아주 높은 지위를 누릴 수 있었다. 특히 세금이나 법률, 외교와 관련된 글을 쓰는 서기는 왕의 직속으로 일할 기회도 있었다. 시간이 흐를수록 정치와 행정 구조는 더욱 복잡해져서 기록할 것이 많아졌다. 그러면서 고대 이집트의 최고 엘리트였던 서기는 자신들만의 계층을 형성했다.

서기는 비록 통치 계급은 아니었으나 귀족, 성직자, 군인들과 밀접한 관계를 맺었고 사회에서도 높은 지위를 누렸다. 기본적으로 받는 임금 외에도 많은 토지와 양식 및 왕이 내리는 특별 하사품 등을 얻을 수 있으며, 세금을 내거나 노동할 필요도 없었다. 고대 이집트의 서기를 찬양하는 다음과 같은 기록이 있다. "화려한 관을 만들거나 비석을 세우지는 않아도 후세 사람들은 그들을 찬양할 것이며, 그들이 쓴 글과 교훈은 화려한 유산이 될 것이다. 서기가 쓴 책은 성직자 대신 신에 대해 이야기할 것이며 도리를 가르칠 것이다. 서기는 후세 사람들의 교사이다."

왕과 귀족들은 종종 서기에게 높은 직함을 내리고 그들의 뛰어난 지식과 높은 문화 수준을 널리 알리기도 했다.

투트모세 4세 때의 서기였던 나크트Nakht의 무덤에서 발견된 벽화. 왕에게 바칠 곡물의 양을 기록하는 서기의 모습을 표현했다.

6 신왕국을 탄생시킨 세 여성

고대 이집트의 역사에서 여성이 국가 발전에 영향을 미쳤다는 기록은 극히 드물다. 그래서 역사에 남은 다음 세 여성의 업적은 더욱 흥미롭다.

시기 : 기원전 1567년 ~ 기원전 1320년
인물 : 테티쉐리, 아호텝, 아흐모세 네페르타리

제18왕조가 세워질 때 큰 역할을 한 세 여성의 이야기는 이집트 역사의 흥미로운 부분 중 하나이다. 그들은 바로 테티쉐리Tetisheri 왕비, 아호텝Ahhotep 왕비, 그리고 아흐모세 네페르타리Ahmose-Nefertari 왕비이다.

테티쉐리 왕비

테티쉐리 왕비는 테베의 제17왕조 타오 1세Tao I의 여동생이자 아내이며, 아들 타오 2세Tao II를 용맹한 전사로 길러 낸 어머니였다. 타오 1세가 테베의 왕위에 올랐을 때는 힉소스 인과 상이집트의 이집트 왕조 간에 자잘한 충

한눈에 보는 세계사

기원전 2000~1500년경 : 한반도, 청동기 문화 시작
기원전 1200년경 : 그리스 문명 시작

기원전 1600년경 : 에게 해 문명 시작
기원전 1200년경 : 알파벳 발명

돌이 발생하던 시기였다. 이런 상황에서 타오 1세가 갑자기 세상을 떠나자 왕비 테티쉐리는 아들 타오 2세를 왕위에 올렸다. 이때 힉소스 인 왕 아페피 1세의 위협은 점점 심각해지고 있었다.

어느 날 아페피 1세가 타오 2세에게 사신을 보냈다. 사신은 테베 지역 하마들의 코 고는 소리가 너무 시끄러워서 아페피 1세가 밤에 잠을 이루지 못하고 낮에도 편히 있지 못한다고 불평했다. 아페피 1세의 사신이 자신들의 왕에게 이런 얼토당토않은 억지를 부리자 이집트 인들은 모욕감을 느꼈다. 거침없고 당당한 여성인 테티쉐리 왕비는 이집트 인들의 명예를 위해 힉소스 인과 전쟁을 벌일 것을 강력하게 주장했다. 어머니의 지지를 받은 타오 2세는 직접 군대를 이끌고 힉소스 인과 전쟁하러 떠났다. 그러나 매복해 있던 적의 습격을 받고 그는 결국 사막에서 전사했다. 그의 나이, 마흔 살이 채 되지 않았을 때였다.

남편에 이어 아들마저 잃은 테티쉐리 왕비는 슬픔을 추스르고 손자 카모세를 왕위에 앉혔다. 어렸을 때부터 할머니 테티쉐리 왕비에게 교육을 받은 카모세는 침략자인 힉소스 인을 반드시 내쫓고야 말겠다고 생각하고 있었다. 어려운 시기에 왕이 된 카모세는 힉소스 인을 몰아내고 상·하이집트를 통일하는 것을 일생의 목표로 삼았다. 그는 할아버지와 아버지의 뜻을 이어받아 힉소스 인과의 전쟁을 열심히 준비했다.

왕위에 오른 지 3년째 되던 해에 그는 장로회의를 열고 힉소스 인의 침략과 자신들이 받은 수모를 이야기하며 반드시 그들을 추방하자고 말했다. 카모세 왕의 말에 감동한 이집트 인들은 전쟁에 반드시 이기겠다는 투지를 불태웠다. 카모세 왕은 전쟁에 나서기 전에 힉소스 인에 대해 깊이 연구했다. 이를 통해 그는 힉소스 인이 기병과 전차를 이용한 전술에 능하다는 것을 알고 자신의 기병도 열심히 훈련시켰다. 그리고 몰래 힉소스의 말과 전차를 들여오기도 했다. 전투가 시작되자 그는 잘 훈련된 기병으로 적

을 습격했고 예상치 못한 공격에 놀라 달아나는 적군을 끝까지 쫓았다. 카모세의 군대는 적의 주둔지를 점령하여 수많은 전리품을 획득했다. 이때 카모세는 위풍당당하게 소리쳤다. "나는 함대를 조직할 것이다. 그런 후 내가 직접 함대를 이끌고 매처럼 날쌔게 날아 적을 무찌를 것이다. 우리는 끊임없이 공격할 것이며, 또한 이겨서 반드시 너희를 추방할 것이다. 힉소스 인들아! 보아라! 나는 너희의 포도주를 마실 것이며 너희의 집을 불태울 것이다. 너희의 나무를 모두 베어 버릴 것이고 너희의 군대는 내 것이 될 것이다." 이로부터 얼마 후 카모세는 배에 황금, 청동, 터키석 등 수많은 전리품을 가득 싣고 개선했다.

귀족들은 언제나 폭이 넓은 커다란 목걸이를 하고 다녔다. 그런데 이 목걸이는 너무 무거워서 어깨뼈 중간에 중심을 잡을 수 있는 추를 달아야 할 정도였다. 사진 속의 아름다운 중심추는 양면에 여신 하토르의 모습이 조각되어 있다.

그런데 승리를 이어가던 카모세 왕이 얼마 지나지 않아 갑자기 사망했다. 그의 사망 원인은 아직도 정확하게 밝혀지지 않았으나, 누군가에게 암살당했을 것으로 보인다. 어찌 되었든 카모세 왕이 죽자 테티쉐리 왕비는 카모세의 동생인 아흐모세 1세를 왕위에 올렸다. 아흐모세 1세 역시 이전 왕들의 뜻을 이어받아 계속해서 힉소스 인을 공격했고, 마침내 그들을 몰아내 이집트 전체를 지배했다. 이로써 아흐모세 1세는 통일 이집트를 연 제18왕조의 첫 번째 왕이 되었다. 고대 이집트 역사에서는 이때를 신왕국 시대라고 부른다. 테티쉐리 왕비는 손자인 카모세와 아흐모세 1세를 용맹한 전사로 키웠고 그들을 왕위에 앉혀 강력한 지도자가 될 수 있도록 묵묵히 지원했다. 그 결과, 그녀의 손자들은 힉소스 인을 몰아내고 이집트 전체를 통일했다. 테티쉐리 왕비는 장수하여 아흐모세 1세가 제18왕조를 세울 때까지 살았다. 쇠락했던 이집트가 다시 강력해지도록 세 명의 왕을 뒷받침한 그녀는 이후 '신왕국의 어머니'라는 명예를 얻었다. 이집트 인은 그녀를 기리기 위해 테베의 서북쪽에 있는 아비도스Abydos에 많은 추모 건축물과 기념비를 세웠다.

아호텝 왕비

아흐모세 1세의 어머니인 아호텝 왕비는 고대 이집트의 정치에 많은 영향을 미쳤다. 그녀는 이집트의 경제를 발전시켜 백성이 풍족하게 살도록 하는 것이 왕과 왕족의 의무라고 여겼다. 그뿐만 아니라 직접 군대를 조직하고 훈련해서 아들이 전쟁에서 승리할 수 있도록 도왔다. 군대에서 도망친 군인들을 잘 다독여 나약함을 던져 버리고 다시 군대로 돌아가도록 독려했으며, 이집트로 들어온 이민자들에게는 집을 주고 안정되게 살도록 힘썼다. 아들이 전쟁터에 나가 있는 동안 그녀는 국내의 안정을 유지하는 데 모든 노력을 아끼지 않았다.

대담하고 패기 넘치던 아호텝 왕비는 고대 이집트 역사상 가장 혼란했던 시기에 사회를 안정시키기 위해 많은 일을 해냈다. 아흐모세 1세가 전쟁을 벌이는 동안 그녀는 직접 크레타 섬 및 지중해의 많은 섬으로부터 지지를 얻어 내고 동맹을 맺어 '섬들의 여주인'이라는 별명을 얻기도 했다.

아흐모세 네페르타리

아흐모세 네페르타리 왕비는 아호텝 왕비의 딸로, 오빠인 아흐모세 1세와 결혼해 왕비가 되었다. 그녀 역시 어머니 아호텝 왕비와 마찬가지로 백성에게 온정을 베풀었다.

아흐모세 1세는 힉소스 인을 몰아내고 나서 누비아 인이 점령한 이집트 땅까지 모두 되찾았다. 그의 뒤를 이어 아들 아멘호테프 1세Amenhotep I가 즉위한 후, 아흐모세 네페르타리 왕비도 어머니 아호텝 왕비처럼 아들을 열심히 도왔다. 할아버지와 아버지의 피를 이어받은 젊은 아멘호테프 1세는 용맹하고 호전적인 강한 통치자가 되었으며, 많은 신전을 세워 백성에게 큰 존경을 받았다.

아흐모세 네페르타리 왕비는 아들에게 국경을 잘 지켜야 나라가 안전하다고 충고했다. 아멘호테프 1세는 어머니의 충고를 받아들여 이집트 남부 및 시리아, 리비아 등과 접한 국경을 시찰했다. 다행히 국경 지역은 안전했고, 침략이나 반란의 기미도 없었다. 이렇게 왕이 직접 국경을 시찰하는 것은 아멘호테프 1세 이전의 왕들은 감히 시도하지 못했거나 시도했더라도

고대 이집트의 팔찌. 고대 이집트 인들은 장신구를 비롯한 공예품을 만들 때 형식에 얽매이지 않고 다양한 형태로 만들었다.

성공하지 못한 일이었다. 성공적으로 시찰을 마치고 돌아온 아멘호테프 1세는 어머니 아흐모세 네페르타리 왕비와 함께 백성의 생활수준을 향상시키기 위해서 최선을 다했고, 카르나크 지역에 많은 신전을 세웠다.

아흐모세 네페르타리 왕비는 노동자들의 어려움에 많은 관심을 쏟았다. 특히 테베의 서부 지역 묘지에서 일하는 노동자들을 동정해 많은 도움을 주었다. 그래서 그녀는 죽은 뒤에도 이집트 인들의 칭송을 받았다.

고대 이집트의 가정

고대 이집트 인들은 평화를 사랑하고 삶의 즐거움을 쫓는 민족이었다. 그들은 가정을 아주 중시했으며 가족 간의 사랑과 안락함을 추구했다. 그래서 귀족이든 평민이든 모두 나름대로 행복하고 다채로운 삶을 살았다. 고대 이집트의 젊은 남성은 나이와 관계없이 직업과 자신이 가진 재물이 한 가정을 이끌 수 있을 때 비로소 결혼했다. 고대 이집트의 "성공적인 삶을 살고 싶다면 아내를 맞이하고 가정을 이루어라!"라는 말에서 그들이 얼마나 가정을 중요하게 생각했는지 엿볼 수 있다.

파라오의 가정

여동생과 오빠가 결혼하고, 누나가 남동생에게 시집가며, 아버지가 딸을 아내로 맞이하는 일들은 현대인들로서는 상상할 수도 없는 일이다. 그러나 고대 이집트의 왕족들은 우수하고 순수한 혈통을 지키는 것을 아주 중요하게 생각했고, 근친결혼은 이를 위한 가장 전통적이고 기본적인 방법이었다. 이와 관련한 기이한 소문과 학설은 많지만, 고대 이집트 왕족의 근친결혼으로 말미암아 발생한 문제점은 아직 밝혀진 것이 없다.

고대 이집트에서 왕족은 왕과 혈연관계에 있는 사람을 가리켰다. 왕의 큰아버지와 작은아버지, 고모와 외삼촌, 이모 등도 모두 왕족이었다. 피라미드를 건설한 것에서 알 수 있듯이 고왕국 시대에 이집트의 왕은 신과 동일시되며 절대 권력을 누렸다. 인류 초기의 다른 문명에서는 민주 정치 및 귀족 정치가 출현했지만, 고대 이집트에서 최고 권력의 핵심은 언제나 왕과 그 가족이었다. 필요할 때는 왕비가 섭정했고, 왕과 아무런 혈연관계가 없으면 귀족이라고 해도 남녀를 막론하고 왕족의 지위를 넘보거나 권력의 중심부에 가까이 갈 수 없었다. 즉 왕과의 혈연관계는 합법적인 권력 승계에 매우 중요한 요소였다.

왕비로는 보통 왕의 친누나 또는 여동생이 선택되었다. 이런 일은 현대인들에게는 있을 수 없는 일이지만 고대 이집트 인들에게는 아주 자연스러운 일이었다. 그들은 남매끼리 결혼해 부부가 되는 것이 혈통을 지키는 가장 좋은 방법이라고 생각했다. 이런 결혼은 이집트 문명에서만 있었던 일이 아니라 고대의 많은 나라와 민족에서 흔한 일이었다.

투탕카멘과 그의 아내

사실, 남매 사이의 결혼은 유전적으로 면역력을 저하시키고 각종 질병을 유발할 수 있다. 그러나 고대 이집트에서는 남매끼리 결혼했어도 별로 큰 문제가 발생하지 않은 것으로 보이며, 문헌 중에도 유전적으로 결함이 있는 왕자가 태어났다는 기록은 없다.

재미있는 것은 남매 사이의 결혼이 왕실에서만 일어난 일이라는 점이다. 왕실에서는 이런 결혼이 프톨레마이오스 왕조까지 계속되었지만 다른 귀족 혹은 평민이 남매끼리 결혼했다는 기록은 찾아볼 수가 없다. 또 제18

왕조의 왕인 아멘호테프 3세Amenhotep III와 제19왕조의 왕 람세스 2세Ramses II는 자신의 딸을 아내로 맞았다.

제19왕조 이전의 왕자들, 특히 왕세자에 대해서는 알려진 바가 그다지 많지 않다. 왕자가 태어나면 지위가 높은 유모가 길렀고, 그 영향으로 왕자는 유모의 친자녀들과 무척 친하게 지낸 것으로 보인다. 왕자에게 글을 읽고 쓰는 것을 가르치는 것은 군대에 배치된 서기들의 일이었다. 공주들도 글쓰기와 그리기 등을 교육받았으며, 보모와 가정교사의 보살핌 속에서 자랐다.

왕은 어느 왕자를 왕세자로 책봉할지 미리 결정하지 않았다. 이는 왕자들끼리 우애를 다지게 하기 위한 이유도 있지만, 무엇보다 당시 어린 왕자들의 사망률이 매우 높았던 탓이다. 왕세자로 정해진 후 성년이 되기 전에 사망한 왕자도 많았다. 왕세자는 모두 신의 말씀인 신탁을 듣고 결정했다. 투트모세 3세는 유년 시절에 아몬으로부터 왕이 될 것이라는 신탁을 받았으며, 다른 왕들도 거의 모두 왕자 시절에 신탁을 받았다. 그러나 실제로 신탁보다 중요한 것은 성년이 되어 왕위를 계승할 나이가 될 때까지 건강하게 성장하는 것이었다. 이것은 신이 그를 보호한다는 확실한 증거였다.

제23왕조 시대에는 통치 말기의 왕이 성인이 된 왕세자와 공동으로 통

카테프와 그의 아내

석회암을 조각한 후 색을 칠한 이 부부상은 멤피스 기자 지역에서 출토되었다. 아내가 팔을 남편의 등 뒤로 두르고 있어 따스한 느낌을 준다.

치하는 일도 있었지만 이집트 역사 전체에서 보면 이는 그다지 자주 있는 일은 아니었다. 아마 종교적으로 그리 환영받는 일이 아니었기 때문으로 보인다. 그래서인지 공동 통치에 대한 신탁이나 기도문은 많지 않고, 남아 있는 것도 내용이 아주 모호하다.

왕은 자신의 영향력이 상대적으로 약하다고 생각되는 곳에 왕족들을 파견해서 관리, 감독하도록 했다. 예를 들어 신왕국 시대에는 성직자들이 부를 쌓아 종교계의 영향력이 커지는 것을 방지하기 위해 왕비나 딸이 아몬의 아내가 되기도 했다. 그러나 이것은 왕비나 공주의 마음이 왕에게서 멀어지면서 오히려 왕의 권력을 제한하는 결과를 낳기도 했다.

평민의 가정

평민의 결혼은 보통 여성 중매쟁이나 친척, 친구의 소개로 이루어졌다. 중매쟁이는 고대 이집트에서 특수한 직업으로 많은 존경을 받았을 뿐만 아니라 수입도 아주 많았다. 그녀들은 여러 곳을 다니며 어느 집 아들이 부지런하고 능력이 있으며, 또 어느 집 딸이 아름답고 솜씨가 좋은지를 모두 파악하고 있었다. 중매쟁이는 양쪽 집안의 경제 상황 같은 사항들을 고려해서 신랑 쪽 집안과 먼저 이야기를 한 후 신부 쪽 아버지에게 혼담을 받아들일지 선택하도록 했다. 결혼은 당사자뿐만 아니라 양쪽 집안에 아주 중요한 일이었기에 인품이나 외모 외에도 상대방의 집안을 자세히 살펴보고 나서 결정했다. 결혼이 성사되면 중매쟁이는 아주 많은 사례비를 받았다.

'헤나의 밤'이라고 불리는 결혼식 전날, 양쪽 집안은 각각 크게 잔치를 벌였다. 그리고 결혼한 지 일주일이 지나면 친구와 친척들이 좋은 선물을 가지고 신부를 방문해서 축복을 빌어 주었다. 이때 신부는 과일과 간단한 먹을 것을 준비해 손님들을 대접하고 감사를 표시했다.

이집트 인들은 결혼을 인생에서 가장 중요한 일이라고 생각했다. 또한 결혼은 부부의 정신과 육체가 영원히 머무를 장소를 찾는 것이라고 생각했다. 이집트에서는 결혼이 종교적 의무이기도 했다. 그리고 이집트 인들은 신이 결혼을 성사시켜 주었다고 생각했기 때문에 최선을 다해서 가정을 지켰다. 고대 이집트는 일부다처제 사회였지만 평민 중에 아내를 여러 명 맞이한 사람은 드물었다. 대부분 부부와 자녀 몇 명으로 이루어진 가정을 꾸리며 살았다.

이집트 인들에게 집은 안락함의 상징이었다. 부잣집은 집에서 연회를 베풀어 친척, 이웃들과 관계를 다지기도 했다. 고대 이집트의 문헌 가운데는 다른 지역에서 일하느라 가족과 잠시 떨어져 있게 된 사람이 예전에 고향에서 어머니, 아내, 자녀, 손자들과 함께 둘러앉아 즐겁게 식사한 일을 회상하는 기록이 있다. 이 기록에는 하인들이 갈대로 엮어 만든 접시에 맛있는 음식을 연이어 내왔으며 야외 식당에 온 가족이 둘러앉아서 이야기하며 즐겁게 시간을 보냈다는 내용이 아주 상세하게 묘사되어 있다.

이집트 인들은 생활 속에서 행복함을 찾아내는 민족이었다. 그들은 바쁜 농사일 가운데 언제나 즐거움을 찾고 그것을 주위 사람들과 함께 즐겼다. 특히 나일 강 유역에 온 가족이 함께 놀러 나가 시간을 보내는 것은 그들이 가장 좋아한 여가 활동이었다. 교외로 나가서 놀 때, 일행 중에 중요한 사람은 배나 가마를 타고 갔고 다른 사람은 모두 걸어갔다. 가마꾼들은 발이 아주 빨라서 걸어가는 사람들은 빨리 걸어야 간신히 따라잡을 수 있었다. 집안에 갇혀 지내던 애완견들도 이때만큼은 신이 나서 가마를 앞질러 가면 마음껏 뛰었고 아이들도 애완견과 함께 뛰고 장난치며 즐거워했다. 어른들은 자애로운 눈길로 건강한 아이들을 자랑스레 쳐다보며 이런 행복을 준 신에게 감사했다. 그들은 일상생활에서 느낀 괴로움과 피로함을 벗어 버리고 나일 강변의 푸른 초원에서 행복함을 만끽했다.

신왕조 시대의 무덤에서 발견된 벽화의 복원도이다. 어느 가정의 연회 모습을 묘사한 그림으로 인물들이 입고 있는 옷의 색이 모두 화려하고 선명하다. 또한 많은 음식은 당시 사회의 풍족함을 보여 준다.

Ancient Egypt

맥을 잡아주는 세계사

The flow of The World History

제 4 장 | 파라오들의 제국 I

EGYPT 1 용사 아흐모세

아흐모세Ahmose는 고대 이집트의 수많은 장군 중 한 명이다. 그는 세 명의 왕을 도와 힉소스 인을 몰아내는 데 앞장섰고, 전쟁터에서 죽음의 위기를 맞기도 했다. 그의 성실함과 용맹함은 신왕국 탄생에 큰 영향을 미쳤다.

시기 : 기원전 1570년 ~ 기원전 1512년
인물 : 아흐모세 1세, 아흐모세, 아멘호테프 1세, 투트모세 1세

고대 사회에서 전쟁이 일어나면, 그 승리의 영광은 모두 왕의 몫이었다. 직접 전쟁터에 나서서 피 흘리며 전투를 치른 지휘관과 병사들의 수고는 잘 드러나지 않았다. 제18왕조 시대에 당시의 왕과 동명이인인 아흐모세는 직급이 낮은 지휘관으로 일생을 전쟁터에서 보냈다. 뛰어난 업적을 남기지는 못했으나, 세 명의 왕을 따라 끊임없이 전투에 나선 그는 고대 이집트의 수많은 이름 없는 병사를 대표하는 사람이 되었다.

한눈에 보는 세계사
기원전 2000~1500년경 : 한반도, 청동기 문화 시작
기원전 1600년경 : 에게 해 문명 시작

아흐모세 1세를 따르다

아흐모세 1세는 힉소스 인을 이집트에서 몰아내고 제18왕조를 연 왕이다. 이때 아흐모세 1세를 따라 전쟁에 참여한 아흐모세는 신분이 낮은 하급 지휘관이었지만 애국심만큼은 누구보다도 뛰어났다. 왕이 군대를 일으키자 그는 기쁜 마음으로 참여했다.

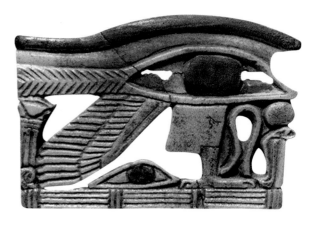

신화에 따르면, 지혜의 신 토트에게서 치료를 받은 호루스의 눈은 영생永生의 상징이 되었다. 사진은 호루스의 눈 모양 부적이다.

엘 카브El Kab에서 자란 아흐모세는 군인이었던 아버지의 뒤를 이어 군인이 되었다. 그가 처음 맡은 임무는 전함 '들소 호'의 군사를 통솔하는 일이었다. 용감하고 기지가 뛰어난 아흐모세는 이 일을 훌륭히 수행했고, 얼마 후 '북방 함대'의 지휘관으로 배치되었다. 아흐모세 1세가 직접 군대를 이끌고 힉소스 인의 근거지인 아바리스 요새를 공격하러 갈 때 아흐모세는 왕이 탄 전차 뒤에 바짝 붙어 걸어가며 왕을 호위했다. 본격적인 전투가 시작되기 전, 그는 홀로 적의 진영 가까이 걸어가서 한 명을 죽이고 또 한 명을 생포해 끌고 와 아흐모세 1세에게서 많은 칭찬을 받았다. 전투가 시작되자 평소 힉소스 인을 증오하던 그는 온 힘을 다해 맹렬히 싸워 남성 한 명과 여성 세 명을 포로로 잡았다. 왕이 그가 포로를 소유하는 것을 허락하여 아흐모세는 이 네 명을 자신의 노예로 삼았다.

전쟁은 그 후로 3년 동안이나 계속되었다. 그 사이에 아흐모세는 많은 적을 죽이고 또 여성 두 명을 포로로 잡았다. 왕은 그를 칭찬하며 상으로 금을 하사하고, 포로로 잡은 여성들을 노예로 삼아도 된다고 허락했다.

아흐모세 1세가 북쪽의 팔레스타인까지 힉소스 인을 쫓아가자 궁지에 몰린 힉소스 인들은 누비아 인과 동맹을 맺고 끝까지 저항했다. 이에 아흐모세 1세는 군대를 다시 남쪽으로 이동시켜 그곳에 남아 있는 힉소스 인을 모두 죽였다. 아흐모세도 이 전투에 참여해서 적을 세 명 죽이고 여성 두 명을 생포했다. 그는 이번에도 왕의 허락을 받아 포로를 노예로 삼았다.

아흐모세 1세가 통치하는 동안 왕과 같은 이름의 아흐모세는 왕에게서 많은 칭찬을 받았고, 노예 외에도 황금, 토지 등 수많은 전리품을 얻었다.

아멘호테프 1세를 경호하다

아흐모세 1세의 뒤를 이어 아멘호테프 1세가 왕위에 오르자 아흐모세는 새로운 왕과 함께 다시 누비아 원정에 나섰다. 이 원정에서 이집트 군대는 나일 강 제2폭포까지 나아가 누비아 인을 격퇴했다. 이때 아흐모세가 맡은

말이 끄는 전차를 탄 이집트 인

일은 전함을 타고 왕을 경호하는 것이었다. 이 임무는 적을 죽이고 포로를 잡는 것보다 영광스러운 것이었다. 엘 카브에서 발견된 아흐모세의 무덤 벽에는 그가 이 전투를 가장 자랑스러워했다는 기록이 남아 있다.

서아시아 원정

아멘호테프 1세가 죽은 후 투트모세 1세가 왕위를 계승했다. 야심만만했던 투트모세 1세는 그동안 침략당한 굴욕을 되갚고 강해진 이집트의 힘을 과시하기 위해 아시아 원정을 하기로 결정을 내렸다. 이 무렵 아흐모세는 나이가 많이 들었지만 애국심은 예전 그대로였고 전투 기술도 녹슬지 않았다. 그는 다시 한 번 원정에 참여하기로 했다.

아흐모세는 전함을 이끌고 누비아 인이 점령한 지역으로 투트모세 1세를 안내했고, 여러 차례 전투에서 승리를 거두어 이집트에 저항하는 누비아 세력을 해체시켰다.

누비아 인과의 전쟁을 마무리한 후 투트모세 1세는 군사를 이끌고 북쪽으로 나아가 아시아로 진격했다. 시리아를 지나 유프라테스 강까지 가면서 노장 아흐모세는 노련한 항해 기술을 바탕으로 왕을 완벽하게 경호했다. 아시아 원정으로 투트모세 1세는 아시아 전체에 이름을 널리 떨쳤다. 이 원정으로 이집트 인들은 자존심을 회복했으며, 이집트 역사상 최고의 전성기를 맞이했다.

2 가장 신다운 왕 아멘호테프 1세

고대 이집트의 왕들은 자신이 신이라고 주장했고, 아멘호테프 1세도 마찬가지였다. 그는 죽은 후에도 이집트 인들에게 찬양받았으며 신전의 성직자들은 그를 '가장 신다운 왕'이라고 추앙했다.

시기 : 기원전 1546년 ~ 기원전 1526년
인물 : 아흐모세 1세, 아멘호테프 1세

아멘호테프 1세는 제18왕조의 첫 번째 왕인 아흐모세 1세의 아들이다. 아흐모세 1세는 할아버지, 아버지, 그리고 형의 뜻을 이어받아 힉소스 인을 몰아내고 신왕국을 세워 이집트 역사상 가장 큰 업적을 남긴 왕이 되었다. 원래 아흐모세 1세의 후계자로 지목된 왕자는 아멘호테프 1세가 아니었다. 그러나 그는 아버지보다 먼저 사망했고, 아흐모세 1세는 또 다른 아들인 아멘호테프 1세에게 왕위를 물려주었다.

한눈에 보는 세계사
기원전 2000~1500년경 : 한반도, 청동기 문화 시작
기원전 1600년경 : 에게 해 문명 시작

반란을 평정하다

아멘호테프 1세가 왕위에 오른 해에 리비아에서 반란이 일어났다. 전사의 피가 흐르는 젊은 아멘호테프 1세는 이 보고를 듣자마자 직접 군대를 이끌고 가서 과감하고 빠르게 반란을 진압했다. 이 일로 젊은 아멘호테프 1세는 그의 능력을 의심하던 귀족들에게서 신임을 얻었다.

리비아를 안정시킨 아멘호테프 1세는 이번에는 함대를 이끌고 나일 강을 거슬러 올라갔다. 남쪽 지역으로 가서 누비아 인의 반란까지 평정한 그는 많은 포로를 잡고 가축과 양식 등 전리품을 획득했다. 그리고 이 일에 공을 세운 관리와 병사들에게 포로를 나누어 주어 노예로 삼도록 했다.

아멘호테프 1세는 누비아 인의 반란을 평정하는 동안 남쪽 지역의 국경 방어 시설에 훼손된 부분이 많아 외부의 공격에 취약하다는 점을 발견했다. 그는 곧바로 요새를 세우고 남쪽 국경의 경비를 강화하라고 지시했다. 이에 따라 얼마 후 나일 강 제2폭포 남쪽의 셈나^{Semna} 지역에는 많은 요새와 방어 시설이 세워졌다.

신전을 세우다

다양한 방면에서 우수한 교육을 받은 아멘호테프 1세는 특히 예술에 관심이 많았다. 국내 정세가 안정되고 국경 경비도 강화한 후 아멘호테프 1세는 이제 이집트에 아름답고 품격 높은 건축물을 세우고자 했다. 그는 테베에 카르나크 신전을 설계하고 건축하는 데 모든 열정을

상아로 만든 칼자루. 맹수의 모습이 조각되어 있다.

쏟았다.

또 그는 왕실의 전통적인 장례 문화에도 큰 변화를 시도했다. 아멘호테프 1세는 고대 이집트 역사상 처음으로 왕의 무덤과 장례를 위한 신전, 즉 장제葬祭 신전을 분리해서 세웠다. 무덤에서 멀리 떨어진 곳에 세워진 장제 신전은 예전보다 규모가 커졌고 정원과 각 방의 장식은 더욱 화려해졌다.

아멘호테프 1세는 20년 동안 이집트를 통치하면서 영토를 보호하고 많은 신전을 건설해 백성과 종교계의 찬양을 한몸에 받았다. 또 어머니인 아흐모세 네페르타리 왕비의 영향을 받아 노동자들의 생활에 관심을 기울였다. 왕의 무덤과 각종 건축물을 세우던 노동자들은 모두 왕의 은총에 감

오늘날 남아 있는 카르나크 신전은 많이 훼손되었다. 그러나 그 유적과 맑고 투명한 '신성한 호수'만으로도 당시의 화려함과 웅장함을 느낄 수 있다.

사했다. 그들은 아멘호테프 1세를 노동자들의 보호신으로 추앙했고, 신전의 성직자들도 그를 '가장 신다운 왕'이라고 불렀다.

하나뿐인 아들이 일찍 죽어 계승자가 없던 아멘호테프 1세는 주변에서 가장 재능 있는 자에게 왕위를 물려주었다. 그가 바로 훗날 유프라테스 강까지 원정을 떠난 투트모세 1세이다.

백성의 칭송을 받은 아멘호테프 1세의 미라는 많은 비용을 들여 정성스럽게 제작되었다. 발견된 그의 미라는 매우 얇은 아마 천을 이용해서 풀기 어려울 정도로 단단히 감싸져 있었으며, 천 위에는 아름다운 향기가 나는 꽃이 놓여 있었다.

3 유프라테스 강을 누비다

신왕국 시대의 왕들은 거의 모두 영토 확장에 힘을 쏟았다. 투트모세 1세 역시 정복 전쟁을 떠나서 고대 이집트가 거대한 제국으로 도약하는 기초를 다졌다.

시기 : 기원전 1526년 ~ 기원전 1512년
인물 : 투트모세 1세

투트모세 1세는 제18왕조의 세 번째 왕이다. 테베의 귀족 가문 출신인 그는 영토를 확장해서 세계를 정복하려는 야심이 있었다. 청년 시절에 그는 힉소스 인을 몰아내는 전쟁에 여러 번 참가하여 많은 경험을 쌓았다. 그는 전쟁터에서 용감했을 뿐만 아니라 정치적으로도 매우 머리가 좋은 사람이었다. 고대 이집트에서는 왕에게 아들이 없을 때 전통적으로 왕의 딸과 결혼한 자가 왕위를 계승했다. 아멘호테프 1세가 세상을 떠난 후, 역시 전통적인 관습에 따라 마흔 살이 넘은 그의 사위 투트모세 1세가 왕위에 올랐다. 그리고 그가 고대 이집트 역사의 새 장을 열었다.

한눈에 보는 세계사
기원전 2000~1500년경 : 한반도, 청동기 문화 시작
기원전 1600년경 : 에게 해 문명 시작

정복 전쟁

투트모세 1세는 즉위하고 나서 적극적으로 정복 전쟁을 추진했다. 군대를 통솔해서 누비아의 제3폭포로 원정을 떠난 투트모세 1세는 전투에서 크게 승리했다. 그는 누비아의 통치자를 포로로 잡고, 수많은 전리품을 획득하여 고향으로 돌아왔다. 그리고 관리들을 정복 지역으로 파견해 외부의 침략을 방어하게 하고 나라의 남쪽과 북쪽을 오가는 물류 노선을 확보했다. 투트모세 1세는 이 첫 번째 원정을 통해 이집트 남쪽의 국경을 굳건히 다졌다. 그러나 이 원정은 투트모세 1세의 수많은 업적 가운데 하나일 뿐이다. 원정에서 돌아온 후 그는 아시아 원정을 준비했다.

투트모세 1세는 유년 시절 경험한 힉소스 인과의 전쟁을 또렷이 기억했고, 당시의 전쟁 장면은 그의 머릿속에 평생 강렬하게 남았다. 투트모세 1세 외에도 대부분 이집트 인은 힉소스 인에게 침략당하고 지배받은 치욕을 절대 잊지 못했다. 서아시아로 정복 전쟁을 떠나는 것은 그들에 대한 일종의 복수였으며, 또한 이집트의 영토와 명예를 회복하는 것을 의미했다. 이전에도 이집트의 몇몇 왕이 유프라테스 강을 넘어 아시아 땅까지 영토를 확장하고 싶어 했지만 감히 시도하지는 못했다. 그러나 투트모세 1세는 이를 과감하게 행동에 옮겼다.

기원전 1524년에 투트모세 1세는 군대를 이끌고 시리아를 공격하고 이어서 메소포타미아 동북쪽을 흐르는 유프라테스 강 유역까지 진격했다. 그는 과감하고 적극적으로 군대를 이끌며 가는 곳마다 승리를 거두었고, 적들은 놀라서 도망치기에 바빴다. 이집트 군대의 영향력은 금세 유프라테스 강 유역까지 미쳤다. 원정의 성공을 기념하기 위해 투트모세 1세는 강가에 비석을 세웠고, 자신이 이집트의 영토를 태양이 미치는 모든 곳으로 확장했다고 자랑스레 말했다. 유프라테스 강은 나일 강과 반대 방향으로 흘렀기 때문에 고대 이집트의 문헌에는 유프라테스 강을 가리켜 '반대로 흐르는 강'이라고 기록되어 있다. 투트모세 1세는 유프라테스 강변에서 말에게 물을 먹이고 사냥을 했으며, 군대를 점검하면서 승리의 기쁨을 만끽했다. 또 그곳에서 사냥한 코끼리 열 마리를 이집트로 보내 아몬 대신전에 바치기도 했다. 투트모세 1세의 확장 전쟁은 힉소스 인에게 지배받았다는 이집트 인의 치욕을 씻어 주었다. 이집트 인들은 이 전쟁을 통해 다시 자신감을 얻었고, 이집트는 군사 대국이 되는 기초를 닦았다.

건축 활동

다른 왕들과 마찬가지로 투트모세 1세도 거대한 건축물을 세우는 데 집중했다. 누비아와의 전쟁에서 승리한 그는 누비아 지역에 흐르는 나일 강 유역에 방어 시설을 몇 군데 세웠고, 제3폭포 부근에는 요새를 건설했다. 그리고 전쟁을 벌일 때 이동과 보급품의 운송이 쉽도록 제1폭포와 연결되는 운하를 만들었다.

누비아와 유프라테스 강 유역을 정복한 투트모세 1세는 이번에는 이집트 내부의 정치, 사회 상황을 안정시키는 데 주력했다. 그는 아시아와 아프리카의 정복 지역에서 많은 세금과 진상품을 거두어들여 테베에 궁전을 세우고, 아몬 대신전을 보수하고 증축했다. 이렇게 투트모세 1세는 자신의 모든 열정과 능력을 기울여 수도 테베를 발전시켰으며 아몬 대신전을 더욱 화려하고 웅장하게 변모시켰다.

투트모세 1세는 정복 전쟁에서 승리한 것에 대해 아몬에게 감사드리는 의미로 카르나크 신전을 더욱 화려하게 만드는 공사를 시작했다. 이 공사를 맡은 고대 이집트의 유명한 건축가 이네니Ineni는 기존의 카르나크 신전에 커다란 기둥이 세워진 방과 정원 등을 더 만들었다. 기둥은 모두 삼나무로 골격을 만들고 그 위에 동과 금을 입힌 것이었다. 그는 또 탑을 두 개 세웠는데, 탑 위의 깃대는 뾰족한 곳을 금과 은으로 화려하게 장식했다.

투트모세 1세는 카르나크 신전과 신전의 사제들에게 많은 재물을 하사하고, 카르나크 신전이 그 화려함을 영원히 잃지 않도록 축복했다.

투트모세 1세가 후대에 남긴 것은 이뿐만이 아니다. 유명한 '왕가의 계곡'을 처음으로 시작한 사람이 바로 투트모세 1세이다. 투트모세 1세의 신임을 받던 건축가 이네니는 도굴을 피해 왕의 미라를 비밀스럽고 안전하게 안치할 수 있는 곳을 찾아 거의 2개월 동안 테베의 모든 산을 뒤졌다. 마침내 그는 가장 적합한 산골짜기를 찾아냈고 그곳에 석굴 무덤을 만들었다. 투트모세 1세 이후 제18왕조의 왕들과 제19왕조, 제20왕조에 이르기까지 거의 모든 왕이 이 방법을 따라 했다. 그리하여 투트모세 1세는 그저 조용한 산골짜기였던 곳을 결과적으로 이집트 역사상 가장 유명한 문화유산으로 만들었다.

아침 햇살과 저녁노을이 아름답게 비추는 이 산골짜기에는 고대 이집트의 왕 수십 명이 오랫동안 잠들어 있다.

4 여왕 하트셉수트

하트셉수트는 고대 이집트의 여왕이다. 그녀는 왕의 권위를 세우기 위해서 가짜 수염을 달고 남자처럼 옷을 입고서 이집트를 통치했다. 그녀가 왕위에 있는 동안 이집트는 평화롭고 안정적으로 발전했으며 백성도 모두 풍족하게 살았다. 그녀가 이집트를 통치한 지 22년째 되던 해에 그녀에 대한 기록이 갑자기 사라졌는데, 이마저도 그녀의 신비로움을 더한다.

시기 : 기원전 1503년 ~ 기원전 1482년
인물 : 하트셉수트, 투트모세 2세

하트셉수트는 신왕국 시대의 유일한 여왕이다. 어린 조카이자 양아들이며 사위인 투트모세 3세^{Thutmose III}를 대신하여 섭정하다가 권력을 빼앗은 그녀에 대해 냉혹한 여성이라고 말하는 사람도 있지만, 그녀는 통치자로서 매우 자질이 뛰어났다. 하트셉수트가 통치한 동안 이집트는 정치·경제·건축 예술 등 모든 방면에서 최고의 전성기를 누렸다.

공주에서 왕비로

투트모세 1세의 딸이었던 하트셉수트는 공주로서 화려한 유년 시절을 보

한눈에 보는 세계사
기원전 2000~1500년경 : 한반도, 청동기 문화 시작
기원전 1600년경 : 에게 해 문명 시작

냈다. 투트모세 1세는 첫 왕비에게서 왕자를 얻지 못했고, 관례상 공주는 왕위 계승권이 없었다. 따라서 투트모세 1세의 뒤를 이을 사람은 하트셉수트와 결혼한 왕족이어야 했다. 행복한 결혼 생활을 꿈꾸던 하트셉수트는 열여덟 살이 되었을 때 똑똑하고 재주 많은 건축가 센무트Senmut와 사랑에 빠졌다. 그러나 투트모세 1세는 이 사실을 알고 매우 화를 냈다. 그는 왕실의 혈통을 지키기 위해 사랑에 빠진 두 젊은이를 강제로 갈라놓았고, 하트셉수트를 그녀의 이복 남동생에게 시집보냈다.

이집트의 공주로서 하트셉수트는 운명에 순종하는 수밖에 없었다. 하트셉수트의 아버지인 투트모세 1세가 세상을 떠나자 그녀의 남편인 투트모세 2세Thutmose II가 왕위를 계승했다. 그녀의 관 위에는 다음과 같은 비문이 새겨져 있다. "공주로 사는 동안 모든 사랑과 존경을 받았다. 모든 땅의 여주인이었으며, 왕의 딸이자 누이였고, 위대한 아내였으며, 또 신의 아내이기도 했다. 아! 하트셉수트여! 그대는 이집트 전체의 주인이었다."

이집트를 다스리다

투트모세 2세는 나약한 왕이었다. 반면에 성격이 강한 하트셉수트는 정치에 적극적으로 참여하면서 경험을 쌓았고, 이집트 통치는 차츰 그녀의 일이 되었다. 그녀의 권력이 왕을 넘어서자 반대파가 그녀에게서 권력을 빼앗으려고 했다. 하지만 하트셉수트는 굳건히 자리를 지켜내고 오히려 남편인 투트모세 2세를 꼭두각시 왕으로 만들었다.

투트모세 2세는 왕위에 오른 지 5년 만에 죽었다. 이제 막 권력의 단맛을 본 하트셉수트는 정치 무대에서 물러나고 싶지 않았다. 하지만 여전히 여성은 왕위에 오를 수 없었고, 왕으로 세울 아들도 없던 하트셉수트는 고심에 빠졌다. 스스로 왕위에 오르면 많은 이가 반대할 것을 잘 아는 그녀는 기발한 방법을 생각했다. 하트셉수트는 이후 남성으로 분장하고 신전이나 각종 기념비를 다니며 신에게 제사를 올리기 시작했다. 똑똑하고 과감한 그녀는 권력을 놓치지 않기 위해 남장을 선택한 것이다. 가짜 수염을 붙인 그녀는 이름도 남성의 것으로 바꾸었다. 그러나 귀족들은 여전히 새로운 왕을 세워야 한다고 주장했다. 그리하여 기원전 1504년에 하트셉수트는 하는 수 없이 남편의 두 번째 왕비가 낳은 아들을 왕위에 앉히고 자신이 섭정하기로 했다. 이때 왕위에 앉은 사람이 바로 '이집트의 나폴레옹'으로 불리는 투트모세 3세이다.

권력을 독차지하다

투트모세 3세가 왕위에 올랐을 때 그는 겨우 열 살이었다. 아직 어린 나이인 그는 양어머니인 하트셉수트의 간섭에 저항할 힘이 없었다. 어린 왕의 안전을 염려한 신전의 성직자들은 하트셉수트의 딸인 네페루레Neferure를 투트모세 3세와 결혼시켰다. 이로써 투트모세 3세는 하트셉수트의 양자이자 사위가 되었다. 이에 권력과 모정 사이에서 잠시 고민에 빠졌던 그녀는 1년 동안 투트모세 3세를 대신하여 섭정한 후, 아예 그를 왕위에서 끌어내렸다. 그리고 후환을 없애기 위해 투트모세 3세를 아몬 대신전에 '수련 수사'로 보내고 철저히 감시했다. 그 후 하트셉수트는 더 이상 자신의 정치적 야망을 숨기지 않고 스스로 여왕이 되었다.

이집트 역사상 보기 드문 여장부였던 하트셉수트는 이집트를 통치하는 동안 많은 업적을 쌓았다. 그녀는 우선 통치 기반을 굳건히 하기 위해서 백성이 왕위 계승의 정당성을 의심하지 않도록 해야 했다. 그래서 다른 왕들처럼 자신의 권력은 신으로부터 받은 것이라고 주장하고, 출생에 관한 신비로운 이야기를 지어내어 널리 퍼뜨렸다. 당시 전해진 하트셉수트의 탄생 신화는 다음과 같다. 아몬이 하트셉수트 어머니의 자궁에 이슬방울을 떨어뜨리면서 말했다. "내가 너의 몸에 나의 딸을 넣어 줄 터이니 그 아이에게 '하트셉수트'라는 이름을 지어 주고, 이 이야기를 사람들에게 널리 알려라." 이전의 왕들이 자신을 '신의 아들'이라고 부른 것처럼 하트셉수트는 자신을 '신의 딸'이라고 했다. 또 그녀는 수도 테베에 있는 아몬 대신전의 벽에 투트모세 1세를 닮은 아몬과 아흐모세 왕비가 관계한 후 왕비가 자신을 낳는 내용의 벽화를 새겼다. 오늘날까지 잘 보존되고 있는 이 벽화를 통해 여성인 하트셉수트가 권력을 유지하고 강화하기 위해 얼마나 고심했는지 짐작할 수 있다.

통치하는 동안 하트셉수트는 '신의 딸'이라는 신분을 충분히 활용하여 이집트를 안정적으로 발전시켰다. 남장 여왕 하트셉수트는 그 과정에서 여왕의 능력과 권위를 마음껏 드러냈다.

목걸이를 만들고 있는 이집트 인

고대 이집트 인들은 장신구를 즐겨 착용해서 장신구를 만드는 공방은 항상 북적였다.

경제를 발전시키다

이 목걸이는 도마뱀 열 아홉 마리와 물방울 모 양 펜던트를 번갈아 달 았다. 붉은 옥과 천청 석을 주로 사용했으며, 중심추는 양귀비 모양 이다. 도마뱀은 햇볕을 좋아하며 꼬리가 잘려 도 다시 자라기 때문에 고대 이집트에서 태양 신 아몬과 부활을 상징 했다.

하트셉수트 여왕은 이집트를 통치하는 동안 큰 전쟁을 벌이지 않았다. 그 대신 경제와 무역, 문화, 건설 방면을 발전시키는 데 주력했다. 특히 커다란 배 여덟 척을 만들어 국외로 보내 광범위하게 무역을 추진했다. 이 무 역선들은 홍해를 따라 남쪽으로 내려가 서 아프리카 대륙의 동부 지역에 있는 나 라들과 우호관계를 맺고 무역을 했다. 이 에 관해 다음과 같은 기록이 있다. "신비 한 땅에서 싣고 온 각종 나무와 수많은 향목 香木, 푸른 묘목, 흑단목, 하얀 상아, 황금과 은, …… 게다가 비비 원숭이, 긴꼬리원숭이, …… 피 부가 검은 사람들과 그들의 아이들. 이집트의 어떤 왕 도 이런 물건들을 이집트로 가져온 적이 없다."

이때의 무역은 이집트 역사에 큰 영향을 미쳤다. 돌은 많았지만 나무가 부족했던 이집트에 튼튼하고 질 좋은 아프리카산産 목재가 대량 수입되면 서 건축과 조각 예술이 한층 발전했다. 특히 뿌리째 살려서 운송해 온 향 목은 이집트 인들을 흥분시켰다. 하트셉수트 여왕은 직접 어린 향목을 교 외에 심고 정성을 다해 기르기도 했다. 그전까지는 미라를 만들 때 아주 중요한 재료인 향료와 나뭇진을 모두 수입해서 썼지만, 이제는 향목을 직 접 길러서 얻을 수 있게 되었다. 이 획기적인 발전은 모두 여왕의 선견지명 에서 비롯되었다.

이집트 인은 무역을 통해 시야를 넓히고 이집트 밖의 세계에 대해 구체 적으로 이해하기 시작했다. 하트셉수트 여왕이 추진한 대규모 무역은 외국과의 소통뿐만 아니라 이집트의 경제 발전, 예술의 번영, 의학 발전 등을 이끌었다. '여왕의 무역'이라는 말이 이집트 역사를 이야기할 때 하나의 고유명사가 될 정도였다.

프랑스 파리의 콩코르드 광장에 있는 오벨리스크

　첫 번째 무역이 성공하자 하트셉수트 여왕은 다른 지역으로도 잇달아 무역을 시도했다. 이집트는 소아시아, 홍해 남쪽의 나라들, 그리스, 에게 해의 많은 섬과 왕성하게 무역했고, 이를 통해 쌓아 올린 부유함은 하트셉수트 여왕이 이집트를 통치하는 기반이 되었다. 경제적으로 번영하자 정치도 안정되었고 이집트는 바야흐로 최고의 전성기를 맞이했다. 하트셉수트 여왕은 강력해진 국력을 과시할 수 있는 웅장하고 화려한 건축물을 세우기로 하고, 어린 시절의 연인이었던 센무트에게 설계와 공사를 맡겼다. 센무트는 여왕의 기대를 저버리지 않고 최선을 다했으며 곧 훌륭한 대형 건축물들이 전국 곳곳에 세워졌다. 그는 또 테베 서북부의 높고 험한 산골짜기 암벽의 경사를 정확하게 계산해서 절벽 사이에 여왕의 무덤을 건설했다. 이 무덤은 그 위치가 아주 절묘해서 험한 지형에서도 매우 안정적으로 자리하고 있다. 정치적 상황 때문에 하트셉수트 여왕은 결국 이 무덤에 매장되지 못했지만, 센무트가 개발한 이 새로운 형태의 무덤 건축물은 이집트 건축 역사의 새 장을 열었다.

여왕의 미스터리

하트셉수트 여왕은 남성들이 주도하던 고대 이집트

사회를 통치했다. 그녀는 자신의 일생을 이집트의 경제 발전에 바쳐 대규모 무역을 시작하고 문화와 건축 방면에 큰 변화를 일으켰다.

이전의 다른 왕들은 군대를 일으켜 영토를 확장하는 것을 중요하게 생각한 한편, 하트셉수트 여왕은 전쟁에는 조금도 관심이 없었고 오로지 국내의 안정을 추구했다. 이런 태도는 군대를 비롯한 반대파의 불만을 불러왔다. 아몬 대신전의 성직자들은 이 기회를 이용해 반대파와 함께 여왕의 군사 정책을 비판했다. 그들은 국경 지대의 상황이 불안한 것이 여왕의 군사적 무능함 때문이라고 몰아세웠다. 성직자들은 여왕을 왕위에서 끌어내리기 위해 여론을 조성하고 계속해서 비판하며 공격했다. 심지어 종교 축제일에 태양신의 배가 세 번이나 투트모세 3세의 앞으로만 가도록 하기도 했다. 그들은 이것이 태양신의 뜻이라며 투트모세 3세를 다시 왕위에 올려야 한다고 주장했다.

어느 날, 투트모세 3세를 왕위에 올리려는 반란이 일어났다. 그날 이후로 하트셉수트 여왕은 마치 증발하기라도 한 듯 소리 없이 사라졌다. 뒤이어 왕위에 오른 투트모세 3세는 이집트 인들이 여왕을 잊도록 전국에 있는 여왕의 조각상과 기념물을 모두 없애라고 지시했다. 하지만 센무트가 세운 아름다운 오벨리스크는 아몬 대신전 안의 성지에 있었기 때문에 감히 없애지 못했다. 대신, 오벨리스크가 보이지 않도록 벽돌을 쌓아 올려서 가려 버렸다. 벽돌로 쌓은 이 벽

향료를 담는 데 썼던 이 병은 유리에 색을 칠해서 만들었다. 제18왕조 시대의 것으로, 당시 이집트의 유리 공예 수준이 아주 높았다는 것을 보여 준다.

은 지금은 남아 있지 않고 오벨리스크만 보존되었다.

하트셉수트 여왕은 마흔 살도 되기 전에 역사의 무대에서 사라졌다. 자연사인지 살해당한 것인지, 아니면 어떤 곳으로 끌려가 감금당한 것인지 그녀의 마지막에 관해서는 알려진 바가 없다. 고대 이집트의 문헌에는 제18왕조 다른 왕들의 최후에 관해 비교적 자세하게 기록되어 있지만, 유독 하트셉수트 여왕에 관한 부분만은 비어 있다. 그녀가 세운 건축물과 그녀의 조각상 및 이름조차 모두 훼손되었으며, 특히 남아 있는 조각상의 머리 부분은 모두 사라지고 없다. 그녀의 실종에 투트모세 3세가 개입했다는 증거는 없다. 그러나 강제로 왕위에서 끌려 내려와 20여 년 동안 신전에 연금된 그가 하트셉수트에게 원한을 품었을 가능성은 상당히 크다. 이 가능성의 근거는 여러 곳에서 찾아볼 수 있다. 우선 고대 이집트의 왕실 기록 중 왕비의 이름은 모두 왕의 이름 바로 밑에 기재되는데, 하트셉수트의 딸이기도 한 투트모세 3세의 왕비 네페루레의 이름은 없다. 또 이집트의 역사 기록에는 당시 건축 설계와 공사를 담당한 건축가의 이름이 적혀 있지만 수많은 걸작을 만든 센무트의 이름은 어느 곳에서도 찾을 수 없다. 위의 모든 상황은 이집트 왕실이 하트셉수트 여왕의 흔적을 없애려고 했다는 것을 의미한다.

그러나 이 모든 노력에도 불구하고 하트셉수트 여왕의 존재는 확실하다. 게다가 20여 년 동안 그녀가 이룬 정치적 업적은 다른 왕들과 비교해 절대 뒤떨어지지 않는다. 사실 남성이 주도한 고대 이집트 사회에서 그녀가 최고 통치자 자리에 올랐다는 사실 자체만으로도 기적과 같은 일이다. 과감한 경제 정책과 문화, 건축 방면에서 거둔 놀랄 만한 성과, 그리고 어느 날 갑자기 감쪽같이 사라진 '여왕의 미스터리'는 후세 사람들의 상상력을 자극한다.

5 고대 이집트의 군대와 병사

고대 이집트에서 군대의 주요 임무는 국경을 지키는 것이었다. 신왕국 시대에 정복 전쟁이 활발하게 진행되었지만, 전체 이집트 역사를 살펴보면 이집트 인들은 전쟁을 선호하는 민족이 아니었다. 다시 말해, 이집트의 군대는 정복 활동이 아닌 평화 유지가 목적이었다. 이집트 군대는 상황에 따라 무역 활동에 투입되기도 했다.

시기 : 기원전 2498년 ~ 기원전 2181년
구성원 : 왕실 경호대, 국외 순찰대, 용병

고대 이집트 역사에서 군대의 편제나 종류는 왕조마다 큰 차이를 보인다. 아주 기본적인 군대조차 없던 시기도 있는가 하면, 신왕국 시대처럼 군대를 크게 일으켜 서아시아의 여러 국가에 그 위력을 과시한 적도 있다.

직업군인

고왕국 시대의 이집트에는 특별히 정규군이라는 것이 없었다. 왕실 경호대와 국경 순찰대가 있을 뿐이었고, 지역의 방어나 원정을 위해 병사가 필요하면 경험 없는 농민들을 모집했다. 당시 누비아 인, 리비아 인, 그리고 서

한눈에 보는 세계사
기원전 2000~1500년경 : 한반도, 청동기 문화 시작

아시아 인들은 항상 이집트의 국경을 침범해서 '가장 증오스러운 민족'이라고 불렸다. 종교 의식을 치를 때 이집트 인은 적의 이름을 적은 도자기 병을 깨뜨리고 적들이 그 도자기 조각처럼 산산조각이 나기를 바랐다. 관리 가운데 행정 장관이 군대의 지휘권을 가지고 있었으며, 지방의 귀족들도 자신만의 군대를 조직할 수 있었다. 고왕국 시대가 멸망한 것은 표면적으로는 왕실의 무능 때문인 듯 하지만, 실은 군대를 조직할 수 있는 권력이 왕에게서 지방의 총독과 귀족들에게 넘어갔기 때문이었다.

지방의 귀족들은 자신의 군대를 조직했지만 왕은 정규군이 없는 이상한 상황은 그 후로도 계속되었다. 이후 중왕국 시대의 제12왕조 시대에 이르러 드디어 왕이 관리하는 국가 정규군이 생겼고, 이들은 주로 나라의 안정과 분열 방지 등의 임무를 담당했다. 그러나 여전히 병사의 수가 많지 않았기 때문에 왕은 병사가 더 필요할 때면 지방의 귀족들에게 군대를 보내 달라고 요청해야 했다.

힉소스 인과 기나긴 전쟁을 벌이면서 이집트 군대는 점차 강력한 무기와 잘 훈련된 병사들을 갖추었고 이와 함께 전투력과 전술도 매우 빠르게 발전했다. 이후 신왕국 시대에 서아시아로 정복 전쟁을 떠나면서 이집트 군대의 규모는 더욱 커졌다.

전쟁에서 약탈한 동물과 목재

고용군

제6왕조 시대 초기에 누비아 인이 이집트로 이주해 왔는데, 일부는 이집트 군대에 들어가 용병이 되었다. 누비아 인 용병들은 이집트 인 병사들과 똑같이 생활하고 전쟁에 참여했다. 그러나 신왕국 시대에 들어선 이후 누비아 인

용병은 정복 전쟁에 참여하지 못하고 그저 사막을 시찰하고 무덤과 신전 등을 지키는 일만 했다. 당시 누비아 인이 모여 사는 부락을 메제이^{Medjay}라고 불렀기 때문에 국내의 치안을 담당하는 누비아 인 용병도 메제이라고 불렀다. 큰 부락이나 도시에서는 모두 메제이를 두어 치안을 맡겼다.

군대의 조직

신왕국 시대에 이집트 군대는 계속해서 새로운 무기와 전차를 도입하고 정복 전쟁에 나섰다. 수많은 전쟁에서 승리한 군대는 이집트 통치 집단의 중요한 요소가 되었다. 군대는 훈련을 잘 받은 직업 전투병으로 구성되었고 왕에게 절대적인 충성을 맹세했다.

군대의 각 사단은 아몬, 라, 세트 같은 신의 이름을 붙여서 불렀다. 한 사단의 병사는 약 5,000명으로 그중 4,000명이 보병이고 1,000명이 전차병이었다. 전차병은 전차 500대에 두 명씩 나눠 탔으며, 한 명은 운전병, 다른 한 명은 전투병이었다. 이집트 군대의 최고 사령관은 왕이고 재상이 참

기원전 2400년에 제작된 부조. 나일 강을 항해하는 배를 묘사했다.

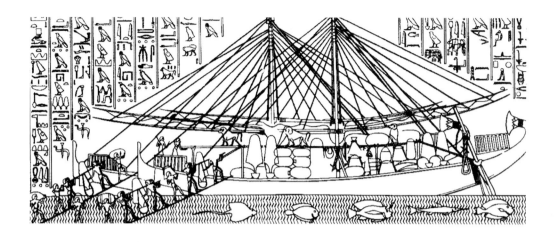

고대 이집트의 상선

모로서 전략을 짜고 작전을 운영했으며, 왕과 재상 아래에 또 몇 가지 직급으로 나뉜 지휘관들이 있었다. 가장 낮은 직급의 지휘관을 '50인 지휘관'이라고 불렀고 그 위의 직급은 '100인 지휘관', 그리고 그 위로 보병 200명을 지휘하는 직급은 '깃발 지휘관'이라고 불렀다.

군대를 이동시키고 지중해 연안 지역을 수비하기 위해 해군도 조직했다. 해군 전함의 뱃머리에는 많은 신의 모습을 조각해 장식하고 전함의 명칭 또한 '이집트의 별', '신들의 화신', '들소'처럼 신성함을 느낄 수 있는 이름으로 지었다. 해군의 전함은 군대의 운송, 통신과 화물 운송 등을 담당했고, 원정을 떠난 육군의 작전 기지가 되기도 했다. 전쟁이 없을 때에는 왕이 타는 호화로운 전함 외에 거의 모든 전함이 무역선을 도와 상선의 임무를 맡기도 했다.

전략은 왕과 군사 회의의 구성원들이 결정했다. 그리고 전투할 때 각 사단은 복잡한 전쟁터에서 착각하여 아군을 공격하는 일이 없도록 깃발을 높이 쳐들었다. 작전을 시행할 때에는 전차가 가장 먼저 적을 향해 돌진했으며, 이때 전차에 탄 병사는 상대적으로 높은 위치에서 밀집해 있는 적을 향해 활을 쏘았다. 적들이 화살을 피하느라 대열이 흐트러지면 경험이 많은 순서대로 대열을 지어 선 아군 병사들이 전차를 뒤쫓아 가면서 공격했다. 전쟁에서 돌아오면 왕들은 이런 상황을 과장해서 묘사했다. 그러면 사람들은 용맹한 전사인 왕을 더욱 찬양하고 숭배했다. 예를 들어 람세스 2세는 히타이트 Hittite와 벌인 카데쉬 Kadesh 전투에서 자신이 적을 죽이는 장면을 여러 신전에 그리도록 명령했다. 투탕카멘도 전차를 타고 가는 자신의 위풍당당한 모습을 그린 기념물을 세우라고 지시했다.

계급의 유혹

군대 생활은 힘들었고 전쟁은 잔혹했다. 병사들은 전쟁터까지 먼 길을 걸어갔으며 훈련 중 하나인 격투 시합에도 정기적으로 참여해야 했다. 병사들이 전쟁터에서 죽는 일은 흔한 일이었다. 설령 살아남는다고 해도 심각한 부상을 당하기 일쑤였다. 그러나 고대 이집트 사회에서는 군인이 되면 많은 보상을 받을 수 있었기 때문에 젊은 청년들은 조금도 망설임 없이 전쟁터에 몸을 던졌다. 전쟁에서 승리하고 무사히 살아서 고향으로 돌아오면 금과 은으로 만든 무기나 보석 같은 것을 포상으로 받았다. 그리고 적을 크게 무찔러 공을 세웠다면 옷, 가구, 무기, 장신구 같은 많은 전리품을 받을 수도 있었다.

병사가 되어 전쟁에 참여하는 것은 신분을 막론하고 더 나은 사회적 지위를 얻을 수 있는 지름길이었다. 왕들은 병사들의 건강에 특별히 신경 써서 항상 좋은 음식과 마실 것을 제공했다. 군대의 행정 사무를 처리하고 작전 상황을 기록하기 위해 서기를 병사로 파견하기도 했는데, 이들을 '군서기', '보병 서기', '파견 서기' 등으로 불렀다. 이들은 군 생활을 마치면 외교 사절이나 국가 재산을 관리하는 등의 높은 직책에 임명되었다.

6 고대 이집트의 나폴레옹, 투트모세 3세

EGYPT

제18왕조의 왕 중 가장 명성을 떨친 투트모세 3세는 통치하는 동안 이집트를 크게 발전시켰으며 유럽과 아시아 대륙에 걸친 거대한 제국을 건설했다. 그는 '이집트의 나폴레옹'으로 불리기도 한다. 그러나 그는 나폴레옹과 달리 전쟁에서 패해 본 적이 없다.

시기 : 기원전 1504년 ~ 기원전 1450년
업적 : 서아시아와 누비아 정복, 이집트 문화의 전파, 테베 건설

제18왕조의 왕들은 대부분 훌륭한 전사였지만 그중에서도 투트모세 3세가 가장 뛰어났다.

되찾은 왕위

투트모세 3세는 투트모세 2세와 그의 후궁인 이세트[Iset]의 아들이다. 투트모세 2세의 왕비인 하트셉수트에게는 아들이 없었기 때문에 투트모세 3세가 왕위 계승자가 되었다. 그런데 열 살 무렵의 그가 왕위에 오르자 하트셉수트는 섭정을 시작해 국정을 좌지우지했다. 그러더니 얼마 후 자신의 양

한눈에 보는 세계사
기원전 2000~1500년경 : 한반도, 청동기 문화 시작
기원전 1600년경 : 에게 해 문명 시작

아들인 투트모세 3세를 아몬 대신전으로 내쫓고 그를 '수련 수사'로 만들었다. 투트모세 3세는 분했지만 나이가 너무 어린 탓에 그저 때를 기다리는 수밖에 없었다. 그로부터 22년 후 그는 다시 왕위에 올랐다.

왕위 계승자였던 투트모세 3세는 훌륭한 왕이 되기 위해 어렸을 때부터 많은 교육과 군사 훈련을 받았다. 그는 말 타기와 활쏘기에 재능을 보였고, 매우 과감하고 현명했다. 나중에 다시 왕위에 오른 투트모세 3세는 이러한 교육과 타고난 지도력으로 불과 몇 개월 만에 국내의 상황을 빠르게 안정시키고 멀리 원정할 준비를 했다. 그는 군대를 이끌고 시리아와 팔레스타인으로 원정을 떠났고, 그 후로 20여 년 동안 모두 열일곱 번이나 원정을 갔다. 그 결과 북쪽으로는 시리아 남부까지, 남쪽으로는 나일 강 제4폭포까지 영토를 확대해 이집트 역사상 가장 거대한 제국을 건설했다.

서아시아의 저항 세력과 유프라테스 강 유역의 미탄니Mitanni가 반란을 일으키자 투트모세 3세는 직접 군대를 이끌고 가서 빠르게 제압했다. 그 밖에도 그는 확장한 영토를 지키고 자신의 통치권을 강화하기 위해 최선을 다했다.

이집트 인은 배를 만들고 이를 이용하여 유프라테스 강까지 영토를 확장했다.

서아시아 원정

투트모세 3세는 팔레스타인을 첫 번째 원정 목표로 삼았다. 기원전 1468년 4월에 투트모세 3세는 군대를 이끌고 팔레스타인의 카르멜Carmel 산 아래에 있는 예헴Yehem 지역에 도착했다. 그곳에서 잠시 숨을 고른 이집트 군대는 계속해서 메기도Megiddo를 향해 진격했다. 투트모세 3세는 넓고 평평하여 이동하기 좋은 평원을 버려 두고 일부러 구불구불하고 좁은 산길을 선택해서 행군했다. 다른 지휘관들이 그의 생각을 이해하지 못하고 불평해도 투트모세 3세는 전혀 개의치 않았다. 그는 군대의 가장 앞에서 아몬의 깃발을 휘날리며 묵묵히 걸었다. 좁은 길을 모두 통과했을 때, 그는 병사들을 한 명씩 바라보며 말했다. 이집트 군대가 코앞에 온 줄도 모르고 적들은 평원에서 이집트 군대를 기다리고 있다고. 병사들은 그제야 왕이 좁은 산길만 택해서 이동한 이유를 깨달았고, 왕의 말에 한껏 사기가 올랐다. 투트모세 3세는 군대를 셋으로 나누고 각각 경로를 달리해서 팔레스타인 군대를 공격하라고 명령했다. 투트모세 3세의 말대로 적은 메기도의 평원에서 이집트 군대를 기다리고 있었다. 그들은 이집트 군대가 예상과 달리 산에서 빠른 속도로 내려와 공격하자 놀라서 허둥대며 어찌할 바를 몰랐다. 적들은 금세 뿔뿔이 흩어져 도망갔고, 투트모세 3세의 군대는 적의 진영에서 많은 재물을 약탈했다. 이에 병사들은 기뻐했지만, 투트모세 3세는 제대로 전투를 벌이지도 못하고 적군을 이끌던 팔레스타인 왕까지 놓치자 실망했다. 그는 군대를 다시 정비해서 7개월 동안 계속 공격을 퍼부어 마침내 메기도를 점령했다. 이집트 군대는 그곳에서 포로 340명, 말 2,041필, 전차 924대, 가축 1,929마리, 면양 2만 500마리를 전리품으로 챙겼고, 이로써 투트모세 3세의 첫 번째 원정은 크게 성공했다.

투트모세 3세가 다음 목표로 삼은

투트모세 3세의 좌상. 고대 이집트 조각상의 가장 대표적인 작품으로, 특히 그의 보일 듯 말 듯한 미소가 유명하다.

곳은 카데쉬였다. 시리아 북부에 있는 카데쉬는 서아시아에서 반反이집트 동맹을 이끄는 나라였다. 따라서 카데쉬는 이집트에 눈엣가시 같은 존재였지만 투트모세 3세는 절대 서두르지 않았다. 그는 카데쉬를 점령하지 못하면 절대 이집트는 안전할 수 없으며 오랫동안 바라온 유프라테스 강도 점령할 수 없다는 것을 분명히 알고 있었다. 그런 카데쉬를 정복하기 위해 투트모세 3세는 먼저 팔레스타인 연안 대부분 지역을 점령했다. 그러자 이 지역의 항구를 통해 이집트의 육군과 해군이 서로 지원하는 일이 순조로워졌고 특히 부대의 이동과 필요한 물품의 운송이 편리해졌다. 투트모세 3세는 이렇게 차근차근 카데쉬 원정을 준비했다.

투트모세 3세는 여섯 번째 원정에서 마침내 카데쉬를 공격해 점령했고 이어서 시리아 영토 전체를 정복했다. 그는 시리아 통치자의 자녀들을 포로로 잡아 테베로 데리고 와서 이집트식 교육을 받게 했다. 그들을 이집트에 우호적인 '이집트파' 시리아 인으로 만들려는 생각에서였다. 투트모세 3세는 이 포로들이 성인이 되자 시리아로 돌려보냈고, 얼마 후 그가 목표한 대로 시리아의 모든 지역이 스스로 이집트의 속국이 되겠다고 나섰다.

투트모세 3세는 유프라테스 강으로 여덟 번째 원정을 떠났다. 그는 할아버지 투트모세 1

굵은 돌기둥 위의 올록볼록한 장식은 기둥을 더욱 크게 보이도록 한다. 기둥 윗부분은 꽃봉오리가 벌어진 것처럼 장식을 더해서 조금도 무거워 보이지 않고 아주 우아하다.

세의 비석 옆에 새로 기념비를 세우고, 그 옛날 할아버지가 유프라테스 강에서 거둔 업적을 기렸다. 그런 후 유프라테스 강 유역에 주둔하면서 거대한 배를 만들기로 했다. 이집트 군대는 필요한 재료를 마차로 운반해 와서 빠르게 배를 만들기 시작했다. 서아시아의 많은 나라는 투트모세 3세가 배를 만든다는 소문을 듣고 공포에 휩싸였다. 그리고 얼마 지나지 않아 그들 스스로 많은 공물과 서약서를 가져와 투트모세 3세에게 충성을 맹세했다. 투트모세 3세로서는 피 한 방울 흘리지 않고 정복지를 늘린 셈이었다.

훗날 카데쉬에서 반란이 일어나자 투트모세 3세는 자신의 열일곱 번째 원정이자 마지막 원정을 떠났다. 이때 투트모세 3세는 이미 일흔이 넘은 노인이었지만 여전히 위풍당당하게 군대를 이끌고 카데쉬로 진격해 반란자들을 제압했다. 또 그는 각 정복 지역에 이집트 군대를 주둔시켜 힘들게 얻은 영토를 굳게 지켰다.

투트모세 3세의 서아시아 원정은 이집트의 영토를 시리아 북쪽까지 확장했다. 이로써 이집트는 서아시아에서 패권을 차지했다.

제국을 통치하다

제18왕조의 왕들은 거의 모두 이집트의 영토를 넓히는 데 힘썼다. 그중 투트모세 3세가 통치한 시기에 이집트의 영토는 가장 넓게 확대되었다. 그는 동쪽으로 유프라테스 강, 서쪽으로는 리비아, 남쪽으로 누비아 지역에 있는 나일 강의 제4폭포까지 영토를 확대했다. 당시의 이집트는 이집트 역사상 가장 넓고 강한 제국이었다. 영토가 확장되자 경제적인 부도 자연히 따라왔다. 투트모세 3세는 수많은 전리품을 획득했을 뿐만 아니라 해마다 정복 지역에서 많은 세금과 공물을 받았다.

투트모세 3세는 정복자였고 동시에 탁월한 통치자였다. 자신이 이룩한 거대한 제국을 어떻게 통치해야 할지 정확하게 알고 있던 그는 효율적으로 정복 지역을 관리했다. 투트모세 3세는 정복 지역의 지도자들이 이집트에 반감을 품지 않도록 정복 지역의 왕자들을 테베로 불러들였다. 그리고 자신의 아들과 똑같이 교육하면서 그들에게 자연스럽게 이집트의 문화와 가치관을 전파했다. 그렇게 해서 정복 지역의 왕자들이 이집트의 생활방식과 사상을 자연스럽게 받아들이게 되면 그들을 본국으로 돌려보냈다.

투트모세 3세는 거의 여든 살까지 이집트를 통치했고, 통치 기간의 마지막 12년은 아들인 아멘호테프 2세Amenhotep II와 공동으로 통치했다. 하트셉수트의 섭정에서 벗어나 혼자 힘으로 통치한 32년 동안 그는 서아시아 정복에 성공하며 이집트를 더욱 번영시켰다. 그는 오늘날까지도 고대 이집트의 가장 위대한 왕으로 추앙받는다.

테베를 건설하다

투트모세 3세는 군사적으로 뛰어난 지도자였을 뿐만 아니라 건축 예술 방면에서도 수많은 걸작을 남겼다. 그는 다른 이집트의 왕들처럼 수도를 화려하게 세우고 꾸미는 데에 관심이 많았다. 각 정복 지역에서 걷은 많은 세금은 대부분이 신전을 건축하고 수도 테베를 보수하고 장식하는 데 사용되었다. 당시 이집트 인들은 휘황찬란한 테베를 매우 자랑스러워하며 테베가 곧 '세계 전체'라고 생각했다. 투트모세 3세는 카르나크 신전에 탑과 성전을 더 많이 짓고 오벨리스크도 네 개나 세웠다.

투트모세 3세와 아멘호테프 2세는 자신들의 무덤 안쪽 벽에 각 정복 지역의 왕들이 자신들에게 머리를 조아리며 충성을 맹세하는 장면을 새겼다. 사회가 발전하고 경제적으로 풍요해지자 이집트 예술가들의 창작 열정은 더욱 타올랐다. 그들은 이집트와 주변 여러 나라의 사회 형태, 문화 습관 등을 표현하기 시작했고, 오늘날까지 전해진 당시의 예술 작품은 하나의 역사 기록이 되었다. 또 투트모세 3세는 전쟁에 나설 때마다 화가와 학문이 깊은 사람들을 데리고 다니며 전쟁터에서 일어난 일들을 기록하게 했다. 이집트로 돌아오면 이들이 카르나크 신전의 벽에 그 내용을 새겼으며 당시의 기록은 지금까지도 남아 있다.

투트모세 3세는 왕위에 있는 동안 팔레스타인, 시리아 등지로 무려 열일곱 번이나 원정을 떠났다. 그는 강한 군사력을 앞세워 전쟁을 벌였고 매번 승리를 거머쥐었다. 그는 전투에 나설 때에는 거침없고 과감했으나 일단 정복하면 아주 너그럽게 통치했다. 이집트 인은 그를 매우 존경했고, 그가 죽은 후에는 영웅으로 칭송했다. 또한 이집트의 후대 왕들은 모두 자신도 투트모세 3세와 같은 업적을 쌓기를 바랐다.

연꽃무늬로 장식된 고대 이집트의 황금 잔

고대 이집트인의 필기도구

문자 기록 방면에서 이집트 인이 이룬 가장 큰 업적은 바로 파피루스, 등심 초 붓, 먹, 필기판 등을 발명한 것이다. 현대인이 사용하는 필기도구는 대개 고대 이집트 인이 사용하던 필기도구에서 비롯되었다. 이집트 민족은 아주 오래전부터 문자와 기록에 대해 연구했다. 그리하여 피라미드, 태양력, 상형 문자 같은 훌륭한 문화유산 외에도 각종 필기도구를 발명했고, 이를 후대 사람들에게 물려주었다.

파피루스

파피루스는 중국에서 종이를 만들기 훨씬 이전부터 사용된 종이의 대용품이다. 파피루스의 원료는 습지에 사는 식물인 파피루스 풀인데, 모습은 갈대와 비슷하며 잎은 기다란 삼각형이다. 지금은 이집트 남쪽 국경을 넘어선 나일 강 상류 지역에서만 자란다.

파피루스 풀은 과거에 나일 강변의 늪이나 습지, 그리고 삼각주에서 무성하게 자라는 식물이었다. 보통 2m 정도로 자라지만 4~5m가 넘게 자라는 것도 있었다. 파피루스 풀은 가지가 따로 없고 잎이 줄기에서 바로 기다랗게 나온다. 줄기의 굵기는 사람의 손목과 비슷하고, 위로 올라갈수록 가늘어지며 섬유질이 풍부하다. 이집트 인은 이 식물을 이용해서 종이의 대용품을 만들었고 그것을 파피루스라고 불렀다.

먼저 싱싱하고 튼튼한 파피루스를 골라서 초록색 잎을 모두 잘라내고 줄기 부분만 남긴다. 그러고 나서 줄기를 세로로 얇게 잘라 물에 담가 둔다. 며칠 후 물에서 충분히 불린 파피루스 줄기를 꺼내고 나무 방망이로 가볍게 두드려서 수분을 모두 짜낸다. 줄기를 다시 한 번 최대한 가늘게 자른 다음에 하나씩 가로와 세로로 교차시켜 놓는다. 가늘게 자른 파피루스 줄기를 계속 교차시켜 이어 붙이며, 마침내 넓은 사각형이 되면 평평한 돌로 꾹꾹 눌러서 줄기 안의 점액이 나오게 한다. 그러면 두 층으로 쌓인 파피루스 줄기가 서로 엉겨 붙는다. 이 상태로 햇볕에 바짝 말린 다음에 조개껍데기나 상아로 표면을 문질러서 매끈하게 한다. 파피루스는 보통 길이 48cm, 폭 43cm 이하로 만들어서 사용했고, 긴 글을 쓸 때에는 몇 장씩 옆으로 연결해 나무 막대에 말아서 보관했다.

파피루스는 처음에 왕실에서만 사용하다가 나중에 그리스와 로마가 통치하던 시대부터 중세까지는 민간에 널리 보급되었다. 파피루스는 그동안 사용하던 바위나 도자기 조각을 대신하는 훌륭한 필기도구가 되었다.

고대 이집트 인은 각종 기록을 하는 데 큰 편리함을 준 파피루스를 거의 숭배하다시피 했다. 파피루스 풀은 국가의 상징이 되었고, 건축물의 돌기둥은 파피루스

이집트 카이로 박물관 앞의 정원에는 상이집트를 상징하는 연꽃과 하이집트를 상징하는 파피루스가 자란다.

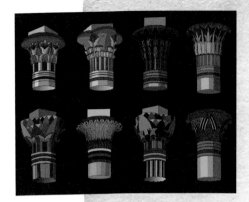

고대 이집트의 건축 예술 중 특히 기둥의 형태는 크게 세 가지로 나눌 수 있다. 절벽의 거대한 암석 등에서 영감을 받은 추상적이거나 기하학적인 것, 파피루스나 연꽃 또는 종려나무 같은 식물의 모습에 착안해서 만든 것, 그리고 나무, 갈대, 점토 같은 원시적인 건축 재료를 모방해서 만든 것이다. 그림 속의 다양한 기둥 장식은 테베에 지어진 많은 신전과 룩소르 신전 내부에서 볼 수 있는 것으로 색이 무척 선명하고 화려하다.

줄기, 기둥 윗부분은 파피루스의 꽃 모양으로 조각해서 장식하기도 했다. 또 벽화에 등장하는 왕이 손에 든 지휘봉도 파피루스 줄기 모양이 많다.

파피루스는 행정 문서, 계약서, 편지, 자서전, 종교 문서 등에 모두 사용되었다. 또 기원전 1세기까지 점토판과 더불어 이집트의 아주 중요한 수출품이기도 했다. 지금까지 고대 그리스 어, 고대 로마 어, 아랍 어, 히브리 어가 적힌 파피루스는 세계 곳곳에서 거의 10만 장이 넘게 발견되었는데, 모두 이집트에서 생산된 것이다. 고대 이집트의 도시였던 알렉산드리아는 파피루스로 많은 책을 만들어서 지중해 연안에서 출판 도시로 명성을 떨치기도 했다. 고대 그리스에서도 기원전 7세기부터 중세 초기까지 책을 만드는 재료로 파피루스를 가장 귀하게 여겼다. 나중에 또 다른 종이 대용품으로 양가죽으로 만든 양피지가 출현했지만, 그 후에도 파피루스는 널리 사용되었다.

양피지

고대 이집트에서 양피지가 출현한 것은 기원전 2세기경으로 다른 곳과 비교하면 시기가 늦은 편이다. 그리고 처음 출현한 지 200년이 지나서야 비로소 파피루스를 대체하기 시작했다.

양피지의 보급이 활성화된 것은 고대 세계에서 도서 무역 경쟁이 심해진 것과 아주 밀접한 관계가 있다. 이집트 인은 훨씬 이전부터 양가죽이나 소가죽에 글을 쓰는 방법을 알고 있었지만 파피루스가 있었기 때문에 가죽은 그리 많이 사용하지 않았다. 이후 기원전 2세기에 이르러 양피지를 아주 쉽게 만드는 방법이 발명되자 이때부터 사용량이 조금씩 증가했다. 당시 이집트의 도서 무역 상인들은 소아시아 북서부에서 번영한 나라인 페르가몬Pergamon과 경쟁하고 있었다. 페르가몬은 이집트에서 파피루스를 수입해서 책을 만들어 팔았다. 그래서 이집트 인들은 도서 무역에서 유리한 위치를 차지하기 위해 페르가몬에 파피루스를 수출하지 않기로 했다. 페르가몬 사람들은 서둘러 파피루스를 대신할 무언가를 찾기 시작했다. 백방으로 방법을 찾던 그들은 마침내 양가죽을 이용해서 파피루스를 대체할 방법을 생각해 냈다. 페르가몬 인들은 이때부터 파피루스 대신 양피지를 이용해서 책을 만들었다. 얼마 후 로마 제국이 페르가몬을 점령하면서 양피지 제작 기술은 유럽 전역으로 퍼져 나갔다.

양피지는 파피루스보다 원료가 풍부하고 제작 과정도 간단했으며 습기에도 강했다. 또 파피루스보다 질기고 보관이 간편하며 쉽게 손상되지 않았다. 무엇보다 양피지로 만든 책은 파피루스 책처럼 한 장씩 겹쳐서 말아 놓은 두루마리 같은 것이 아니라 오늘날 책의 형태와 마찬가지로 제본할 수 있어서 가지고 다니기에 아주 편했다.

등심초 붓

고대 이집트 인은 기원전 1200년에 등심초 붓을 발명했다. 쓴맛이 나는 등심초는 나일 강과 주변의 습지에서 자라는 식물이다. 줄기의 지름이 약 1.5~2.5mm밖에 안 되어 매우 가늘고 또 길게 자라서 붓을 만들기에 적합하다. 이집트 인은 등심초를 사용해서 세계 최초의 붓을 만들었는데 제작 방식은 의외로 간단하다. 줄기를 반으로 갈라서 양끝을 평평하게 한 다음, 치아로 줄기 안쪽에 있는 섬유질을 잘근잘근 깨물어서 솔처럼 만들면 붓이 완성된다. 이렇게 만든 등심초 붓은 잉크를 잘 흡수하며 또한 쉽게 마르지 않는다. 이집트 카이로 박물관에 소장된 제18왕조 시대의 등심초 붓은 마치 실처럼 가늘고 길이가 16~23cm에 달한다.

기원전 1200년 이후로 줄곧 등심초 붓을 사용한 이집트 인은 기원전 3세기 말에 이르러 그리스 인이 사용한 갈대 줄기로 만든 붓을 쓰기 시작했다. 얼마 후 그들은 갈대 줄기를 사선으로 자르면 줄기 아래쪽이 압력을 받게 되며, 그러면 갈대 줄기 윗부분의 벌집 구조에 약간의 잉크를 머금을 수 있다는 것을 발견했다. 이 방법 역시 처음에는 왕실에서만 사용되다가 나중에 민간에 널리 퍼졌다.

잉크

고대 이집트의 잉크는 붉은색과 검은색 두 가지뿐이었다. 검은색 잉크는 숯이나 나무를 태워서 만든 검댕이 등을 잘게 부수고 나무 수액으로 녹여서 만들었다. 제1왕조 이전에 만들어진 도자기 위에 검은색 잉크로 그림이 그려진 것으로 보아 이집트 인들이 검은색 잉크를 발명한 것은 적어도 5000년 전으로 보인다.

붉은색 잉크는 붉은색 돌을 잘게 빻은 가루를 나무 수액에 잘 개어서

파피루스를 거둬들이는 이집트 인들

이집트 인은 기원전 3100년에 나일 강의 양쪽 습지에서 자라는 파피루스를 이용해 종이의 대용품을 만들었다.

만들었다. 붉은색과 검은색 잉크는 각각 타원형 병에 넣어서 가지고 다녔고, 글을 쓸 때에는 필기판 위에 뚫린 구멍에 병을 끼워 놓고 여기에 붓을 적셔서 사용했다. 당시 이집트에는 현대인들이 붓글씨를 쓸 때 사용하는 벼루 같은 물건은 따로 없었으며, 종종 매끈한 돌을 사각형이나 타원형으로 다듬은 후 그 위에서 잉크의 양을 조절하며 쓰기도 했다. 4세기 이후 떡갈나무 잎으로 만든 잉크가 잠시 유행했다. 그러나 이것은 품질이 좋지 않아서 시간이 지나면 글자가 흐려지기 일쑤였기에 오래 사용되지 않았다.

필기판

폭이 좁은 직사각형으로 만든 필기판에는 잉크병을 꽂는 홈이 두 개 있었다. 화가가 사용하는 것은 홈이 여섯 개이고 아랫부분에 붓을 놓을 수 있는 기다란 홈도 따로 있었다.

Ancient EGYPT

맥을 잡아주는 세계사

The flow of The World History

제 5 장 | 파라오들의 제국 II

1 투트모세 4세의 꿈

이집트 왕자가 사냥하러 밖으로 나왔다. 궁으로 돌아가는 길에 잠시 땅바닥에 앉아서 쉬던 그는 피곤한 나머지 잠이 들었는데 꿈에서 신을 만났다. 신은 모래가 자신을 덮고 있어 너무 무겁고 불편하니 왕자가 그 모래를 치워 준다면 왕으로 만들어 주겠노라고 말했다. 꿈에서 깬 왕자는 즉시 스핑크스를 뒤덮은 모래를 치우고 스핑크스 상을 깨끗하게 닦아 주었다. 훗날 이 왕자는 신의 약속대로 왕이 되었다. 왕이 된 그는 돌에 자신의 꿈 이야기를 새겨서 스핑크스의 두 발 사이에 세우라고 명령했고, 기자의 스핑크스는 오랫동안 그를 보호해 주었다. 이 왕은 바로 투트모세 4세Thutmose IV이다.

> **시기** : 기원전 1425년 ~ 기원전 1417년
> **인물** : 투트모세 4세

고대 이집트에서 종교 세력은 왕을 비롯한 통치 집단과 거의 동등한 권력이 있었고, 거의 모든 정치 분야에 관여했다. 그래서 왕들은 통치 권력을 강화하려면 자신이 신에게 선택받은 왕이라는 점을 증명해야 했다. 이를 위해 가장 좋은 방법은 자신의 출생이나 성장 과정에 신을 등장시키는 것이었다. 투트모세 4세의 꿈 이야기는 그중에서도 가장 흥미롭고 기발하다.

투트모세 4세의 일생

투트모세 4세는 제18왕조의 여덟 번째 왕이다. 왕자 때부터 군대를 지휘하

한눈에 보는 세계사
기원전 2000~1500년경 : 한반도, 청동기 문화 시작
기원전 1600년경 : 에게 해 문명 시작

고 원정을 다닌 그는 누비아와 시리아를 정복해 '시리아를 정복한 자'라는 별명을 얻었다. 왕위에 오른 후에는 리비아로 군대를 보내 반란을 평정하기도 했다. 또 국력이 강해진 히타이트를 견제하기 위해 미탄니의 공주와 결혼하여 동맹을 맺었다. 이는 여러 대외 정책 중 하나였지만, 왕족끼리만 결혼하던 전통을 지켜 온 고대 이집트에서는 획기적인 사건이었다. 이후 투트모세 4세는 미탄니의 도움을 받아 히타이트의 위협을 물리치고 그들의 영토 확장 시도를 효과적으로 저지할 수 있었다. 그는 이집트 역사에서 처음으로 태양신 아톤Aton을 숭배한 왕이다. 전쟁을 시작하기 전에 언제나 아톤에게 이집트를 보호해 달라고 기도했고, 전쟁에서 승리하고 돌아오면 아톤에게 그 영광을 바쳤다.

투트모세 4세는 제18왕조에서 투트모세라는 이름을 가진 마지막 왕이었으며, 가장 평범한 삶을 살았다. 병으로 일찍 세상을 떠났기 때문에 재위 기간이 9년밖에 되지 않는다. 그러나 그는 신을 가장 숭배하며 신의 사랑과 보호를 가장 많이 받은 왕이기도 했다. 무엇보다 중요한 것은 그가 남긴 아주 멋진 꿈 이야기이다.

기이한 꿈

투트모세 4세는 왕자 시절에 희한한 꿈을 꾸었다. 어느 날 그는 하인들과 함께 기자 지역의 고원으로 사냥을 떠났다. 사냥감을 맹렬히 공격하고 뒤쫓아 많은 짐승을 잡은 그는 갑자기 피곤해졌다. 왕자 일행은 곧 기자에 세워진 거대한 스핑크스의 그늘에 자리를 잡고 앉았다. 그곳에서 잠시 쉬며 가져온 음식을 먹었고, 왕자는 어느새 잠에 빠져들었다. 그는 태양의 모습으로 변한

나무로 만든 사냥 도구

이집트 인은 새를 사냥할 때 이런 종류의 도구를 사용했다. '호루스의 눈'이 그려진 것으로 보아 이것은 실제 사냥에서보다는 종교 의식에서 사용된 것으로 보인다.

신 호레마케트Horemakhet가 천천히 자신에게 다가오는 꿈을 꾸었다.

호레마케트가 젊은 왕자에게 한숨을 쉬며 말했다. "나의 아들 투트모세야. 고개를 들어 나를 보아라. 나, 호레마케트는 너의 아버지이며 너를 인도하는 신이다. 나는 상이집트와 하이집트를 모두 너에게 줄 것이며, 네가 모든 땅과 만물을 다스리도록 하겠다. 너는 이집트 전체의 진귀한 보물을 가질 것이고 이 땅에서 생산되는 모든 것의 주인이 되어 영원히 살 것이다. 또 나의 얼굴과 마음도 모두 너에게 주겠다. 하지만 아들아! 나를 좀 보아라. 나는 지금 병들어 사지가 모두 찢겨 나가고 있다. 나는 원래 사막 위에 조용히 엎드려 만물을 관리했으나 지금은 모래가 내 얼굴까지 덮었구나. 아들아! 나는 그동안 네가 나를 돌봐 주러 올 날을 기다렸다. 자, 보아라! 바람에 날리는 모래가 나를 덮고 있지 않으냐. 나는 무정한 모래와 돌

하늘과 땅 사이에 우뚝 서 있는 피라미드는 마치 인류의 모든 지혜가 집약된 듯하다.

에 눌려 숨을 쉴 수 없는 지경이 되었다. 네가 이 모래와 돌들을 깨끗이 치워서 내 얼굴을 깨끗하게 해 준다면 나는 너를 왕으로 만들어 무한한 영광과 부귀영화를 누리게 할 것이다."

깜짝 놀라서 깨어난 투트모세는 신의 목소리가 아직도 귓가에 들리는 것 같았다. 특히 왕위를 주겠다는 신의 약속이 떠오르자 심장이 계속해서 쿵쾅거렸다. 그는 즉시 스핑크스를 뒤덮은 모래를 깨끗이 치우라고 명령했고, 궁에 돌아와서는 신하들에게 스핑크스를 전체적으로 보수하라고 지시했다. 얼마 후 스핑크스의 주변에는 모래 바람을 막기 위해 각각 붉은색, 노란색, 파란색으로 장식된 담장이 세워졌다. 3500년이 흐른 지금 이 담장의 색은 흐려졌지만, 이것이 매우 정성스럽게 지어진 것은 확실히 알 수 있다.

얼마 후, 정말 신이 도와주었는지 왕자 투트모세는 왕위에 올랐다. 그는 신에게 감사하는 의미로 스핑크스를 다시 보수하고 스핑크스의 두 발 사이에 작은 기도실을 지은 후, 그 앞에 자신이 왕자 시절에 꾸었던 꿈 이야기를 새긴 기념 비석을 세웠다. 이것은 신에게 왕위를 받은 투트모세 4세의 이야기를 오늘날까지 널리 전하고 있다.

비석의 비밀

투트모세 4세는 '꿈 비석' 외에도 많은 건축물을 세웠다. 카르나크 신전에 있는 투트모세 3세의 오벨리스크와 기자의 스핑크스를 보수하는 등 그가 왕위에 있는 동안 고대 이집트의 조각 예술은 최고의 경지에 올랐다. 당시에는 왕족이 아닌 귀족들도 자신의 무덤을 화려하게 꾸몄다. 그들은 무덤 내부의 벽에 포도 수확이나 낚시 같은 활기 넘치는 장면을 그려서 장식했다.

투트모세 4세가 남긴 유물 중에서 가장 중요하고 유명한 것은 바로 '꿈 비석'이다. 비석 위에 새겨진 글은 투트모세 4세를 찬양하는 내용으로 시작한다. "아톤의 아들, 만물의 주인, 태양신이 왕으로 만든 자. 태양신의 아들 투트모세 4세는 아버지처럼 아름다운 외모이며 머리 위는 호루스의 모습으로 장식했다. 그는 신들의 사랑을 받는 상하 이집트의 왕이며, 아홉 신의 매력을 가진 왕이다. 헬리오폴리스를 아름답게 만들었으며, 태양신 라의 총애를 받았고, 프타의 집을 세웠다. 그는 아톤을 숭배했고 최고의 제물을 바쳤으며, 만물을 창조한 신을 위한 많은 기념물을 세웠다. 신들을 위해 매일 공물을 바쳤으며 상하 이집트를 보호해 달라고 기도했다. 아톤의 아들 투트모세, 그는 호루스를 계승한 자이며 신들은 그에게 영원한 생명을 주었다." 이렇게 비석의 내용은 모두 투트모세 4세가 신에 의해 정해진 통치자이며 신과 같은 존재라고 주장한다.

이와 같은 자화자찬은 고대 이집트에서 많은 왕이 선택한 통치 전략이었다. 특히 투트모세 4세는 처음부터 왕위 계승자가 아니었기 때문에 자신의 정당성을 내세우기 위해 치밀하게 전략을 세운 것으로 보인다. 그는 현명하게도 신비한 꿈 이야기를 만들어 내서 자신의 왕위 계승 정당성에 대해 의심하는 자들을 물리쳤다.

EGYPT 2 신들이 머무는 곳

신전은 신이 인간 세상에 내려왔을 때 머무는 곳이었다. 사람들은 이곳에서 신과 만날 수 있었으며 성직자는 그 만남을 주선하는 의식을 책임졌다.

> **주요 신전** : 카르나크 신전, 룩소르 신전, 에드푸 신전, 덴데라 신전

고대 이집트에는 많은 신이 있었다. 지방마다 모시는 각기 다른 신이 있었고, 신들은 저마다 독특한 신화와 전설, 그리고 의식이 있었다. 신에 대한 사랑과 존경을 표현하기 위해, 또 고귀한 신이 머무를 수 있는 안전한 곳을 제공하기 위해 이집트 인은 열심히 신전을 세웠다.

신전의 구조

고대 이집트의 신전은 대부분 구조가 비슷하다. 높은 담장이 주위를 감싸고 있는 신전으로 들어가려면 거대한 입구를 통과해야 한다. 입구의 양쪽은 화려하게 장식된 높은 기둥이 세워져 있었기 때문에 탑문이라고 불린다. 입구에 들어서면 바로 넓은 정원이 이어지며, 보통사람들은 이 정원까지만 들어갈 수 있었다.

정원을 지나 굵은 돌기둥을 줄지어 세운 다주실多柱室에 들어가면 빛이 들어오지 않아 점점 어두워지고 무척 조용해서 으스스한 기분이 든다. 이것은 아마도 신에 대한 경외심을 불러일으키려 한 목적이었을 것이다.

다주실을 지나 계속 안으로 들어가면 신전의 심장부인 성소聖所에 도착한다. 이곳은 더욱 어두컴컴하며 각종 보물과 돌로 만든 신의 조각상이 여러 개 놓여 있었다. 또 모든 신전에는 '신성한 호수'가 있는데, 성직자들은 언제나 이곳에서 몸을 씻었다.

주요 신전

거대한 신전은 당시 이집트에서 신과 왕이 누렸던 권력을 보여 준다. 고대 이집트의 왕들은 권력을 공고히 다질 수 있는 가장 간단하면서 효과적인 방법으로 신전 건설을 선택했다. 수많은 신전 가운데 나일 강 유역에 세워진 다음의 신전들이 유명하다.

카르나크 신전과 룩소르 신전 : 이집트에는 지역마다 창세 신화가 달랐다. 태양신 아몬은 원래 헤르무폴리스Hermoupolis 지역의 신화에 등장하는 신이었다. 이후 신왕국 시대의 왕조들이 아몬을 왕실의 보호신으로 선택하면서 아몬은 이집트 최고의 신이 되었다. 신왕국 시대의 왕들은 자신이 아몬의 아들이라고 주장했으며, 지금까지 남아 있는 신전 중에 가장 큰 카르나크 신전도 아몬을 위해 지어진 것이다. 투트모세 1세가 짓기 시작한 이 신전에는 아몬과 아몬의 아내 무트Mut, 아들 콘스Khonsu를 위한 부속 건물까지 있다. 이후 여러 왕이 계속 건물을 추가로 지으면서 지금의 규모가 되었다. 카르나크 신전에서 가까운 곳에 있는 룩소르 신전도 신왕국 시대에 아몬을 위해 세운 것이다.

에드푸 신전과 덴데라 신전 : 에드푸 신전은 호루스를 위해 지었으며, 덴데라 신전은 호루스의 아내인 하토르를 위한 것이다. 고대 이집트 인은 호루스와 하토르 부부를 위해 일 년에 한 번씩 성대한 의식을 거행했다. 이때 하토르의 조각상을 실은 거룻배를 나일 강에 띄워서 에드푸까지 이동시켰는데, 그 여정 동안 이집트 인들은 강 양쪽 기슭에서 이 모습을 보며 열광적으로 환호했다.

이집트 인은 자신의 상황에 따라 숭배할 신을 선택했다. 지방 신이나 지위가 낮은 신이라도 자신에게 도움을 준다면 기꺼이 그 신에게 제물을 바치고 기도했다. 그래서 이집트에는 주요 신을 모신 거대한 신전뿐 아니라 작은 신전도 아주 많았다.

성직자의 지위

이집트 사회에서 성직자들은 다양한 역할을 담당했고, 그런 만큼 사회적 지위가 매우 높았다. 성직자들은 인간 세상에 살지만 신과 소통할 수 있어 신과 인간을 연결하는 매우 중요한 역할을 했다.

엄밀히 말하면 신과 소통할 수 있는 사람은 신의 아들인 이집트의 왕뿐이었다. 그러나 신의 도움이 필요한 모든 곳에 왕이 개입하는 것은 현실적으로 어려운 일이기에 성직자가 이 일을 대신한 것이다. 고대 이집트의 성직자들은 마치 불교의 승려들처럼 머리카락을 남김없이 밀어서 굉장히 알아보기 쉬웠다. 성직자가 되려면 엄격한 교육을 받아야 했고, 신과 종교 의식, 신전의 일에 대해 정확히 파악해야 했다.

대부분 성직자는 아주 바쁘게 일했다. 신전에서는 매년 8개월 정도만 일하면 되지만 신전을 운영하고 행정 사무도 처리해야 했기 때문이다.

신전 안에서 생활하던 성직자들은 많은 사람의 존경을 받았으며, 일반 백성뿐 아니라 귀족과 왕도 그들에게 예의를 갖추어 대했다. 이집트 왕은 왕위에 오르기 전에 반드시 신전에 가서 정식으로 왕의 임무를 부여받았다.

성직자의 하루

이집트 인들은 신전 안에 있는 신상에 신의 정신이 깃들어 있다고 굳게 믿었다. 그래서 성직자들은 언제나 음식, 음료, 아마천 등을 신상 앞에 바쳤다.

신전에서 거행되는 종교 의식은 신에게 기도를 드리거나 감사를 표하기 위한 것이었다. 종교 의식은 몇 가지 절차를 거쳐 진행되며, 마무리는 언제나 가장 지위가 높은 성직자가 담당했다. 또 성직자들은 매일 적어도 두 번씩 신성한 호수에서 몸을 씻고, 새로 자란 머리카락을 정리했다.

성직자들은 매일 아침 기도실로 가서 노래를 부르고 신을 찬양했다. 그런 다음 신전 안의 신상을 닦고 기름을 바른 후 향을 피웠다. 그들은 이렇게 하면 신이 생기와 활력을 되찾을 것이라고 굳게 믿었다. 그러고 나서 가장 좋은 고기와 채소를 신에게 바치고 다시 향을 피운 후, 신상 앞에서 노래를 부르고 춤을 추었다. 이런 의식은 매일 세 번씩 이루어졌으며, 낮에 신전의 입구가 열려 있을 때에는 일반 사람들도 정원에 들어와서 멀리서 그 모습을 구경할 수 있었다. 저녁이 되면 성직자들은 조용히 신전의 문을 닫았다. 이때부터 신전은 인간 세상과 단절되고, 성직자들은 각자의 방으로 가서 잠자리에 들 준비를 했다. 그들은 성소에서 방으로 걸어온 자신의 발자국을 깨끗이 닦은 다음에 비로소 잠이 들었다. 발자국을 깨끗이 닦지 않으면 마귀가 그것을 따라 성전으로 들어갈 수 있다고 믿었기 때문에 아주 신경 써서 닦았다.

국제연합의 문화유산 보호 조치에 따라 이집트 신전 건축물의 일부가 운반되고 있다.

신전의 특권

신전은 국가의 토지와 재물을 소유할 수 있었다. 신전의 토지와 재산을 늘리는 것은 왕의 의무 중 하나였고, 신전은 종교 의식을 거행하는 것 외

에 국가 재산을 보관하는 중요한 임무를 맡고 있었다.

또 이집트에서 왕위를 계승할 때에는 반드시 종교계의 승인을 받아야 했다. 하트셉수트와 아멘호테프 3세는 자신의 출생을 아몬과 결합하여 왕위 계승의 정당성을 주장했다. 하트셉수트는 아몬이 자신의 어머니 아흐모세 왕비의 침실로 와서 관계해 자신이 태어났다고 주장했으며, 신전의 벽에 그 내용을 새겼다. 아멘호테프 3세도 아몬 대신전에 있는 '탄생의 방' 벽에 자신이 태어나는 장면과 아몬에게서 왕위를 받는 그림을 그렸다. 왕들의 이 모든 노력은 왕위의 정당성과 신성함을 강조하려는 목적이었다.

제18왕조 중엽에 하트셉수트와 투트모세 3세가 정권 다툼을 시작했고, 양측 모두 아몬 대신전의 성직자들에게 지지를 요청했다. 이 일은 이후 이집트 역사에서 성직자들이 정치에 참여하고 권력을 차지하게 되는 중요한 계기가 되었다. 왕실 내부의 일에 관여할 수 있게 된 성직자들은 투트모세 3세를 지지하고 그를 왕위에 올렸다. 이에 투트모세 3세는 감사의 뜻으로 커다란 신전을 세우고 많은 제물을 바쳤다. 또 전쟁에서 승리할 때마다 전리품을 모두 아몬 대신전에 바쳤다. 한번은 토지 2,800세타트Setat, 포로 1,078명 및 많은 보물을 바치며 "아시아 인과 흑인들을 나의 아버지 아몬에게 바친다."라고 말했다는 기록이 있다. 그는 또 신전에 수많은 가축과 보석 등을 바쳤고, 심지어는 한 도시를 바치기도 했다.

왕은 신전에 노예도 바쳤다. 신전에는 재물과 노예가 넘쳐났고, 이는 곧 나라 전체의 재정적 부담으로 이어졌다. 반대로 신전은 상하 이집트의 가장 좋은 토지를 모두 소유하고 마치 맹수처럼 많은 부와 노예들을 집어삼켰다.

신전의 성직자들은 경제적인 특권과 함께 정치적으로도 중요한 지위를 차지했다. 투트모세 3세 시대에 아몬 대신전의 가장 높은 성직자는 재상의 자리에 올라서 국가 행정과 종교를 결합한 큰 권력을 누렸다.

(왼쪽 사진) 카르나크 신전의 대열주실. 이집트의 왕들은 태양신 아몬, 아몬의 아내 무트, 아몬의 아들이자 달의 신인 콘스를 위해 이 신전을 세웠다.

3 아크나톤의 종교 개혁

아멘호테프 4세Amenhotep IV, 즉 아크나톤은 정치와 종교 방면에서 과감하게 개혁을 시행했다. 그는 새로운 인물을 등용해 기존의 관료 구조를 바꾸고자 했다. 그러나 많은 사람이 이를 반대하자, 아멘호테프 4세는 오랜 세월 수도였던 테베를 버리고 나일 강 동쪽의 아마르나Amarna로 수도를 옮겼다. 개혁을 성공시키기 위해 자신의 이름까지 아크나톤으로 바꾼 그는 아몬을 버리고 아톤을 숭배했다. 그는 이 개혁을 통해 종교계의 세력을 약화시키고 왕권을 강화하고자 했다. 그러나 이런 과감한 개혁은 정치계와 종교계의 커다란 저항에 부딪혔고, 아크나톤이 죽은 이후 개혁은 물거품이 되었다.

시기 : 기원전 1379년 ~ 기원전 1362년
인물 : 아멘호테프 4세

고대 이집트에서 신전은 특별한 지위를 차지했다. 신전은 신의 의지를 전달하면서 정치에도 깊이 관여했다. 성직자들은 신과 인간을 소통하게 해 주는 통로였으며, 이집트 문화의 창조자였고, 또한 나라를 위해 많은 지식인을 길러 냈다. 아멘호테프 4세는 전통적인 종교 세력과 부딪히며 자신의 이상을 실현하기 위해 개혁을 단행했다. 이 개혁은 비록 실패했지만, 이집트 역사에 큰 영향을 준 중요한 사건이었다.

한눈에 보는 세계사
기원전 1200년경 : 그리스 문명 시작
기원전 1200년경 : 알파벳 발명

왕권과 신권의 마찰

이집트의 왕들은 전쟁에서 승리하면 감사를 나타내는 의미로 전리품을 모두 신전에 바쳤다. 그러면서 신전의 경제력은 계속 커졌고, 이와 더불어 성직자들의 사회, 경제적 지위도 높아졌다. 그러자 정치적 야심까지 생긴 성직자들은 더 이상 왕권에 복종하려고만 하지 않고 오히려 왕권을 제한하려고 들었다. 왕권이 약해지는 것은 귀족에게도 유리했기에 귀족과 성직자들은 서로 힘을 합쳐 왕권을 위협했다. 신전과 성직자들의 권력이 빠르게 커지고 여기에 귀족까지 합세해서 왕권을 압박해 오자 왕들은 당황하기 시작했다. 그 상황을 바꿔 보려고 했지만 여의치 않았다. 그러던 차에 아멘호테프 3세는 최고 성직자가 왕 다음으로 정치적 권력이 높은 재상을 맡는 관행을 없애기 위해 성직자가 아닌 사람을 재상에 임명했다. 이에 종교 세력은 크게 반발했고, 이 일은 왕권과 신권의 갈등이 겉으로 드러난 첫 번째 사건이었다.

사실 그전에도 종교계의 권력을 약화시키려는 시도는 있었다. 아멘호테프 3세의 아버지 투트모세 4세는 성직자들의 권력을 약화시키려면 종교의 권위를 떨어뜨려야 한다고 생각했다. 그래서 그는 국가의 유일신으로 기존의 아몬 대신 또 다른 태양신인 아톤을 추대했다. 서아시아 원정에서 승리하고 돌아온 투트모세 4세는 기념비를 세우면서 그 위에 아톤의 보호 덕분에 승리를 거두었다고 썼다. 예전 같으면 이런 승리의 영광과 전리품은 모두 아몬의 차지가 되었겠지만, 이번에는 아톤의 것이 되었다. 당시에는 이 일이 별다른 관심을 끌지 못하고 그냥 넘어갔지만, 사실 이것은 개혁의 신호탄이었다. 아버지의 뒤를 이어 왕위에 오른 아멘호테프 3세는 왕실의 결혼 문제에 종교 세력이 간섭하지 못하도록 왕족과 결혼하지 않고 평민 출신의 티예Tiye를 왕비로 맞이했다. 또 아버지보

아크나톤이 사용하던 말 등자 형태의 인장 반지. 위에는 아크나톤의 이름과 "모든 이집트가 숭배하는⋯⋯."이라는 아직 완성되지 않은 찬양 글귀가 새겨져 있다.

다 적극적으로 아톤을 숭배하면서 테베에 아톤을 위한 호화로운 신전을 지었고, 자신의 호위 부대에 아톤의 이름을 붙였다. 또 티예 왕비를 위해 아름다운 호수를 만들고 여기에 '아톤의 빛'이라고 이름을 붙인 배를 띄웠다. 그는 이 배를 타고 왕비와 함께 행복한 시간을 보냈는데, 이것은 아내에 대한 사랑을 표현하는 것인 동시에 성직자들에게 보내는 일종의 메시지였다.

아몬 대신전의 성직자들은 상황이 심상치 않게 돌아간다는 것을 느꼈다. 그러나 그들은 전혀 위축되지 않고 왕권을 약화시킬 방법을 궁리하기 시작했다. 먼저 그들은 당시 왕자였던 아멘호테프 4세가 신에게 복종하지 않는다며 왕위를 계승할 수 없다고 주장했다. 또 종교계의 말을 잘 듣는 새로운 왕위 계승자를 추대하려고 시도하기까지 했다. 결국에는 아멘호테프 4세가 왕위에 올랐고, 이 일로 새로운 왕은 종교계와 성직자들을 증오하게 되었다. 왕이 된 그는 종교 세력을 약화시키기 위해 과감한 개혁을 시작했다.

종교 개혁

아멘호테프 4세가 시도한 개혁의 핵심은 아톤 숭배였다. 그는 아톤을 가장 높고 유일한 신으로 추대했다. 이렇게 해서 만물의 유일한 주인이 된 아톤은 대지, 동물, 인류, 그리고 먹을 것과 모든 사물을 창조하고 관리했다.

나아가 아멘호테프 4세는 아몬을 비롯해 다른 모든 신에 대한 숭배를 금지하고 오로지 아톤만 숭배하게 했다. 그리고 테베에 있는 카르나크 신전의 동쪽에 아톤 신전을 건설하고 '아톤의 집'이라고 이름 지었으며, 테베를 '아톤의 빛나는 도시'라고 불렀다.

아톤 신전을 짓는 동안에도 왕과 성직자들은 계속 갈등을 빚었다. 아멘호테프 4세는 아몬 대신전을 비롯해 아몬을 숭배하는 다른 모든 신전의 재물을 몰수해서 아톤 신전에 바쳤다. 또 아몬을 상징하는 모든 건축물과 조각상, 기념물을 부쉈다. 이렇게 아몬을 모시는 종교 세력을 와해시키기 위한 개혁은 계속되었다. 아멘호테프 4세는 과감하게도 테베에서 이집트 중부의 아마르나로 수도를 옮겼다. 새로운 수도가 된 아마르나는 '아톤의 지평선'이라는 의미인 아케타톤Akhetaton으로 이름이 바뀌었다. 아멘호테프 4세는 자신의 이름도 '아톤의 빛'이라는 의미의 아크나톤으로 바꿨다. 그리고 자신이 아톤의 아들이며 아톤과 이집트 인을 연결하는 유일한 매개체라고 주장했다. 그러면서 아톤 숭배는 점차 아크나톤 개인을 숭배하는 방향으로 나아가기 시작했다.

개혁 초기에 아크나톤은 중소 노예주 계층의 지지를 받았다. 그들은 원래 사회적 지위가 낮고 가난한 자유민이었다. 그러나 정복 전쟁에서 왕과 함께 많은 전투를 치르며 공을 세워서 전쟁이 끝난 후에 많은 포상금을 받고 적은 수이긴 했지만 노예를 소유하게 되었다. 또 관직에 등용되어 군사, 행정, 경제 방면의 관리가 되었다. 그러면서 이들의 사회·경제적 지위는 어느 정도 향상되었다. 그러나 근본적으로 이들과 성직자, 귀족 사이에

아크나톤의 왕비인 네페르티티는 이집트 최고의 미녀였다고 전해진다. 그녀를 묘사한 이 조각상은 고대 이집트의 유물 중 가장 아름다운 것으로 손꼽힌다.

는 항상 갈등이 존재했다. 중소 노예주 계층은 전쟁에 나가 목숨 바쳐 싸웠고, 돌아와서는 국가를 위해 맡은 일을 했다. 하지만 그들에게 돌아오는 보답은 늘 신전의 성직자들에 비해 턱없이 적었다. 성직자들은 정치에도 관여하면서 재상 같은 높은 직책에도 올랐지만 중소 노예주 계층은 높은 관직을 맡을 수 없는 것이 언제나 불만이었다. 그러한 신전의 권력을 빼앗고 싶던 차에, 때마침 아크나톤이 개혁을 시도하자 그를 전폭적으로 지지했다.

아크나톤은 자신을 지지하는 중소 노예주 계층에서 인재를 뽑아 높은 관직에 임명했다. 그중 대신의 자리에까지 오른 사람도 있었는데, 이런 일은 전에는 감히 상상할 수도 없는 일이었다. 중소 노예주 계층에서 높은 관직에 오른 사람의 비석 위에는 자신에 대한 자랑스러움과 왕을 향한 감사의 마음이 적혀 있다. "나의 부모는 모두 지위가 낮았지만 왕께서 나를 발탁하시어 …… 나는 가난한 자였지만 왕은 나에게 많은 것을 주셨다. 왕은 나를 돌보아 주셨고 대신으로 임명하셨으며 또 친구로 대해 주셨다." 이들의 지지는 아크나톤이 개혁을 진행해 나가는 데에 중요한 힘이 되었다.

아크나톤의 종교 개혁은 문학·예술 방면에도 큰 영향을 미쳤다. 이전에는 작품의 소재가 주로 종교 행사나 신에 대한 것이었지만, 아크나톤은 새로운 소재와 스타일로 작품을 쓰거나 만들도록 했다. 이때부터 개혁은 종교 방면에서 사회·예술 방면에까지 그 범위를 넓혔다. 아크나톤이 추구하는 조각과 그림의 풍격은 완전히 새로운 것이었다. 이전의 왕들은 모두 자신의 모습을 신비롭고 완벽하게 아름다워 보이도록 묘사하게 했다. 그러나 아크나톤은 인간적인 모습을 추구했다. 그는 아이들과 뛰어노는 모습, 아내를 안은 모습 등으로 그려졌으며, 그 대신 배경에는 밝게 빛나는 태양을 그려서 신성함을 표현했다. 그는 또 개개인의 말투나 사투리 등을 버리고 문어체로 말하게 했는데 이것은 '아톤 찬가'에서도 잘 드러난다. '아톤 찬가'

는 아톤의 위대함을 찬양하고 동시에 아톤의 아들인 아크나톤을 칭송하는 노래이다.

아크나톤은 아톤을 내세워 전통적인 아몬과 다른 신들을 대체했다. 이는 아몬 대신전을 중심으로 하는 성직자들의 권력을 억제하는 데 효과적이었다. 그러나 아크나톤은 그저 새로운 신을 추대했을 뿐이지, 신권을 완벽하게 꺾는 데에는 실패했다. 당시 이집트 사회에서 왕권은 반드시 신권과 결합해야 했는데, 아크나톤은 그 굴레를 벗어 버리지는 못했던 것이다.

아크나톤은 아름다운 시를 써서 아톤을 숭배했다. "위대한 신 아톤이여! 당신을 보는 것만으로도 행복합니다. 당신이 지평선에서 떠오를 때 세상은 빛으로 가득하고 나일 강물은 넘쳐흘러 이집트를 살찌웁니다."

개혁의 실패

아크나톤의 개혁은 신전의 성직자들과 귀족들의 격렬한 저항에 부딪혔다. 그들은 전통적인 사회 구조에서 이익을 누리던 사람들이었기에 절대 개혁을 지지하지 않았다. 그뿐만 아니라 개혁이 자신들의 부와 명예를 빼앗아 갈 것이라고 여기고 온갖 방법을 동원해 개혁을 저지하려고 했다. 세력이 강하고 정치적으로 노련한 그들은 아크나톤의 어머니인 티예 왕비에게 아들을 말리라고 부추겼다. 게다가 개혁을 저지하기 위해 아크나톤을 암살하려는 계획까지 세웠다. 또 이때 서아시아의 정복 지역에서도 반란을 일으키려고 해서 이집트의 상황은 매우 혼란스러웠다.

아크나톤은 사회 각 방면에서 개혁을 진행하느라 정복 전쟁에 나설 수가 없었다. 그러다 보니 전리품이 없었고 군인

이 청동 물동이는 신에게 제사를 드릴 때 물이나 우유를 담던 것이다. 한쪽에는 죽은 자의 아들이 제사를 올리는 장면, 다른 한쪽에는 오시리스와 다른 두 신이 물을 따르는 모습이 표현되었다. 물동이의 불룩하게 나온 배 부분에는 상형 문자가 가득 적혀 있다. 아랫부분에 그려진 연꽃잎이 이것이 액체를 담는 용기라는 것을 의미한다.

들은 포상금을 받지 못했다. 군대는 점차 왕의 개혁에 대해 불만을 품게 되었다. 그리고 처음에 개혁을 지지하던 이들도 점점 그 효과를 의심하기 시작했다. 당시 군대의 총사령관은 바쁘다는 핑계로 군대를 새로운 수도 아마르나로 이동하는 것을 자꾸 미루었다. 군대의 지지를 받지 못한 아크나톤의 개혁은 힘을 얻지 못했고, 설상가상으로 서아시아의 정복 지역들이 하나둘씩 독립을 선언했다. 그런 한편, 몇몇 정복 지역은 소아시아의 히타이트에 합병될 위기에 처하자 이집트에 충성을 맹세하며 아크나톤에게 도움을 요청했다. 하지만 아크나톤은 이집트 내부를 개혁하는 데 온 힘을 기울이고 있었기 때문에 그들을 돌볼 여유가 없었다. 그는 도움을 요청하는 정복 지역들이 성가시기만 했다. 그는 이집트의 개혁을 성공시키기 위해서 서아시아의 정복 지역을 포기하다시피 했지만, 오히려 그 때문에 군대의 지지를 잃고 개혁은 제대로 실행되지 못했다.

이집트 백성은 개혁을 해도 얻는 것은 별로 없고 괜히 수도를 옮겨서 부담만 커졌다며 불만을 품었다. 이러한 사회 분위기에 다급해진 아크나톤은 자신이 아톤이 아닌 또 다른 신의 아들이라고 이야기하며 상황을 바꿔 보려고 했지만, 그것은 혼란만 더할 뿐이었다. 사실 이집트 인은 나라의 최고 신이 그렇게 자주 바뀌는 것이 몹시 낯설었다. 개혁을 향한 그들의 열정은 차츰 줄어들었고, 심지어 왕실 내부에서도 의견이 분분해져 아크나톤은 점차 곤경에 빠졌다. 결국 부담을 느낀 아크나톤은 통치 후기에 동생 스멘크카레Smenkhkare를 공동 통치자로 세우고 테베로 보냈다. 그는 스멘크카레가 테베에 있는 반대자들의 신임을 얻어 자신에게 힘이 되기를 바랐다. 그런데 어찌 된 일인지 스멘크카레는 테베로 간

후 다시는 아크나톤에게 돌아오지 않았다. 스멘크카레에 대해서는 밝혀진 것이 그다지 많지 않다. 그가 아크나톤의 동생이라는 것을 의심하거나 여성이라고 주장하는 사람도 있으며, 아예 그의 존재 자체를 의심하는 학자도 많다. 아크나톤의 아내 네페르티티Nefertiti는 개혁을 전폭적으로 지지하는 아크나톤의 가장 큰 조력자였다. 하지만 나중에 남편과 사이가 나빠지자 북쪽 지역에 따로 궁전을 짓고 살았다. 아크나톤으로서는 큰 지지자를 잃은 셈이었다.

아크나톤이 죽은 후, 그의 뒤를 이어 왕위에 오른 투탕카멘은 반대 세력에 밀려 어쩔 수 없이 아톤을 버리고 아몬을 다시 이집트의 최고 신으로 삼았다. 그는 아크나톤이 아몬 대신전에서 몰수한 토지와 재물을 모두 돌려주고, 수도도 다시 테베로 옮겼다. 이후의 왕들은 계속 아몬을 모셨고 아크나톤이 일생을 바친 종교 개혁은 결국 실패했다.

개혁이 실패한 후, 왕권은 다시 신권에 기대어 통치를 강화하고자 했다. 아몬 대신전 및 다른 신전 세력들은 권력을 되찾고 더욱 기세가 등등해졌으며, 개혁을 지지한 사람들은 무참하게 제거되었다. 특히 개혁을 지지한 중소 노예주 계층은 참혹하게 처형당하고 모든 권력을 박탈당하고 재산도 몰수당했다. 또한 아톤을 숭배하는 성직자와 신도들도 엄청난 박해와 보복을 당했다. 수천 명이 넘는 아톤 숭배자들이 사람 하나 없는 사막으로 유배되기도 하고, 사지가 찢기는 형벌을 받기도 했다. 교수형을 당한 사람, 불에 타 죽은 사람, 심지어 산 채로 매장당한 사람도 있었다. 이런 잔혹한 형벌들은 아몬의 영광을 지키고 그의 위대한 심판을 대신한다는 명목으로 오랫동안 계속되었다.

4 투탕카멘의 비밀

투탕카멘은 이전의 왕들과 비교해 큰 업적을 세우지는 못했다. 오히려 이집트 역사상 가장 평범한 삶을 살았던 왕 가운데 한 명이다. 그러나 그의 죽음과 그 후에 시작된 권력 투쟁은 수많은 미스터리를 남겼다. 투탕카멘의 무덤에 새겨진 신비한 저주는 몇천 년이 흐른 지금에도 여전히 사람들의 입에 오르내린다. '투탕카멘의 저주'는 이제 고대 이집트의 신비한 문화를 의미하는 대명사가 되었다.
투탕카멘은 특별한 업적을 세우지는 못했고, 생전의 삶은 풀리지 않는 수수께끼로 남아 있다. 그 점이 오히려 투탕카멘을 더욱 유명하게 했다.

시기 : 기원전 1361년 ~ 기원전 1352년
인물 : 투탕카멘, 안케센아멘, 아이, 호렘헤브, 하워드 카터

아몬으로 돌아가다

투탕카멘은 아크나톤의 조카였다.(아우라는 주장도 있다.) 그의 아내 안케센아멘Ankhesenamun은 아크나톤의 셋째 딸로 그보다 서너 살 많았다. 아크나톤이 20년의 통치를 끝내고 기원전 1351년에 사망하자 아직 아홉 살이 채 되지 않은 투탕카멘이 그의 뒤를 이어 왕위에 올랐다. 그는 왕위에 있는 동안 개혁 반대파의 강한 견제를 받았다. 특히 왕실 고문인 아이와 장군 호렘헤브Horemheb는 다시 아몬을 숭배해야 한다고 강하게 주장했다. 어린 투탕카멘은 어쩔 수 없이 아마르나에서 테베로 다시 수도를 옮겼고, 아몬

한눈에 보는 세계사
기원전 1200년경 : 그리스 문명 시작
기원전 1200년경 : 알파벳 발명

을 최고 신으로 추대했다.

투탕카멘의 원래 이름은 '아톤의 화신'이라는 뜻의 투탄카텐^{Tutankhaten}이었으나, 이마저 '아몬의 초상'이라는 뜻의 투탕카멘으로 바꾸어야 했다. 투탕카멘은 가장 위대한 신인 아몬을 위해 기념비를 세우고 금과 은으로 그의 조각상을 만들 것이라고 선포했다. 또 매일 아몬에게 제사를 올리고 노예를 바치겠다고 약속했다.

아몬 대신전에는 아직도 거대한 조각상이 두 개 있는데, 그중 하나는 투탕카멘과 얼굴이 매우 비슷한 아몬이다. 다른 하나는 아몬의 아내 아마우네트^{Amaunet}로 그녀 또한 투탕카멘의 아내 안케센아멘과 얼굴이 매우 흡사하다. 이 조각상이 세워진 것은 이집트가 아톤을 버리고 다시 아몬을 숭배하기 시작했다는 것을 상징했다.

죽음의 수수께끼

투탕카멘은 약 10년 동안 이집트를 통치하다가 열여덟 살의 젊은 나이에 죽었다. 그가 어떻게 죽었는지는 오늘날까지 알려진 바가 전혀 없고, 여러 가지 추측만 있다. 폐결핵이 사망 원인이라는 설도 있고, 전염병에 걸렸기 때문이라는 설도 있다. 투탕카멘이 죽을 즈음에 이집트에 전염병이 유행했다는 것은 사실로 보인다. 기록을 보면 당시 히타이트의 왕자가 이집트 인에게 살해당하자 이집트와 히타이트 사이에 전쟁이 발생했다. 이때 전염병에 걸린 이집트 병사가 히타이트 병사와 전투하다가 병을 옮겼고, 얼마 후 양측에 전염병이 돌아 전쟁이 중단되었다고 한다. 이 밖에도 투탕카멘이 빠르게 달리는 마차에서 떨어져 죽었다는 설도 있다. 죽음에 관한 명확한 기록이 없는 것은 그가 아주 평범한 왕이었기 때문으로 보인다.

투탕카멘의 장기가 들어 있던 황금 관. 투탕카멘의 간, 폐, 창자, 위는 각각 네 개의 황금 관에 나뉘어 보관되었다.

1922년에 고고학자와 모험가들이 투탕카멘의 무덤을 발견했다. 그들은 투탕카멘에 대해 많은 것을 알아내려고 했지만, 그에 관한 자세한 정보는 여전히 수수께끼이다. 이집트 인은 투탕카멘의 미라를 관에 넣은 다음, 그 것을 다시 일곱 개나 되는 관에 겹겹이 넣었다. 겉의 관 네 개는 석영암을 사용해서 만든 보통 관이고, 안쪽의 세 개는 인형관인데, 그중 겉의 두 개 는 나무에 금박을 입힌 것이었다. 투탕카멘의 미라가 들어 있는 가장 안쪽 관은 전체를 황금으로 만들었고 여기에 사용된 금만 60kg에 달했다. 각각 의 관에는 수많은 금은보화가 가득했으며 아름답게 장식되었다. 관 안에 누워 있는 미라는 매와 뱀이 그려진 황금 가면을 썼다. 여러 겹의 관 외에 도 무덤 안에 함께 매장된 금과 은으로 만든 가구, 조각, 무기, 지휘봉, 전 차 등이 매우 많아서 투탕카멘의 무덤을 발견한 지 무려 10여 년이 지나서 야 완벽하게 정리할 수 있을 정도였다.

고고학자들은 투탕카멘의 미라를 감싼 마지막 아마천을 풀고 얼굴을 덮은 황금 가면을 벗었다. 그러자 그의 왼쪽 뺨에서 귀로 이어지는 부분에 있는 심한 상처가 드러났다. 이에 영국의 리버풀 대학교 연구팀이 투탕카 멘의 미라를 엑스레이로 투시해 보았는데, 결과는 놀라웠다. 투탕카멘의 머리 한쪽은 무언가로 아주 세게 맞아서 뼈가 으스러졌고 두개골 뒤쪽에 피가 고였던 흔적이 보였다. 또 목뼈는 부러진 것을 다시 이어 붙인 것처럼 보였다. 이 사실에 근거해 학자들은 이집트의 이 젊은 왕이 암살당했을 것 으로 추측했다.

그렇다면 누가 그를 암살했을까? 역사 기록을 보면 기원전 1361년에 투 탕카멘이 즉위했을 때, 왕이 아직 어렸기 때문에 왕실 고문 아이가 섭정을 맡아 투탕카멘과 공동으로 통치했다. 투탕카멘이 젊은 나이로 죽자 혼자 가 된 안케센아멘은 히타이트의 왕자와 결혼해서 그를 왕으로 세워 반대 파에 맞서고자 했다. 그녀는 히타이트에 보낸 편지에 이렇게 썼다. "제 남편은 자식을 남기지 못한 채 죽었습니다. 당신은 많은 아들이 있으니 그중 한 명을 저의 남편으로 주시지 않겠습니까? 저는 절대 하인과 결혼할 수 없습니다." 계획이 성공했다면 그녀는 히타이트의 힘을 얻어 자신의 반대 파를 크게 위협할 수 있었을 것이다. 그러나 히타이트의 왕자는 이집트로 오던 중에 숨어 있던 누군가에게 살해당했고, 안케센아멘은 결국 아이와 결혼해야 했다.

일반적으로 이집트 여성은 외국인과 결혼하는 일이 드물었고, 왕비는 더더욱 그러했다. 그러나 다급했던 안케센아멘은 남편이 죽은 후에 외국의 왕자를 남편으로 맞으려고 했다. 그녀는 그 이유를 "하인과 결혼할 수 없다."라고 했다. 이 하인은 누구를 가리킨 것이었을까? 학자들은 그가 아마도 왕실 고문인 아이일 것이라고 추측했다. 아이의 출신이 그다지 높지 않았기 때문이다. 아이는 왕이 되려면 먼저 왕족이 되어야 했고, 이를 위해 남편을 잃은 안케센아멘과 결혼하는 것이 가장 나은 방법이었을 것이다. 실제로, 발견된 유물 가운데 아이와 안케센아멘의 이름이 함께 적힌 반지도 있었다. 히타이트의 왕자가 살해당한 후 왕위는 안케센아멘과 결혼한 아이에게 계승되었다. 그렇다면, 혹시 아이가 투탕카멘을 암살하고 히타이트의 왕자까지 살해한 것이 아닐까?

의심스러운 사람이 한 명 더 있다. 바로 장군인 호렘헤브이다. 그는 왕이 된 아이를 왕위에서 끌어내리고 스스로 왕에 올랐다. 그리고 왕위에 오르자마자 이집트의 모든 기념물과 조각상, 건축물에서 아크나톤, 투탕카멘, 아이의 이름과 흔적을 모두 지워 버렸고, 아이가 히타이트의 왕자를 죽였다고 암시했다. 그의 이런 극단적인 행동은 아이에 대한 질투심으로 보인다. 이집트의 한 역사학자는 히타이트의 왕자가 살해당한 것은 아마도 호렘헤브가 계획한 일이었을 것이라고 추측했다. 그러나 이를 뒷받침하는 증거는 전혀 없다. 연구자들은 CT 촬영을 하여 투탕카멘의 무릎에서 골절

된 흔적도 찾아냈다. 그것을 보고 이 또한 암살의 흔적이 아닐까 하고 흥분했지만, 이 상처는 정도가 심하지 않았고 또 미라를 만들 때 사용한 방부제가 상처의 갈라진 곳까지 들어가 있었다. 그러므로 이것은 분명히 생전에 난 상처일 것이다. 이에 어떤 학자들은 투탕카멘이 무릎에 가벼운 상처를 입었는데 얼마 후 상처 부위가 감염되어 염증이 생겼고 결국 죽음에 이르렀다고 추측하기도 했다. 사람들은 더욱 상상력을 발휘했다. 어쩌면 투탕카멘이 이집트 각 지역을 둘러보던 중에 보호자로 따라나선 호렘헤브와 갈등을 빚었을지도 모른다. 그러자 앙심을 품은 호렘헤브가 투탕카멘을 마차나 말에서 떨어지게 한 것이 아닐까? 그리고 이 상처가 투탕카멘을 죽음에 이르게 했을지도 모르는 일이다.

투탕카멘의 저주

영국의 고고학자 하워드 카터Howard Carter는 이집트 테베의 고대 무덤을 샅샅이 뒤진 끝에 1922년 가을에 드디어 투탕카멘의 무덤을 발견했다. 그 후 카터가 발굴을 진행하면서 '투탕카멘의 저주'에 대한 이야기가 전 세계로 뻗어나갔다.

투탕카멘의 무덤이 처음 발굴되기 시작할 때, 근처에 살던 이집트 농민들은 무서운 일이 생길 것이라며 두려움에 떨었다. 그들이 믿는 전설에 따르면 마귀가 왕의 무덤을 지키고 있어서 무덤을 파고 그 안으로 들어가는 자는 모두 죽는다. 실제로 무덤 입구에는 무서운 저주의 글귀가 적혀 있었다. "왕의 평안을 방해하는 자, 죽음의 신 오시리스의 사자 아누비스를 만나게 될 것이니."

얼마 후, 정말로 기이한 사건이 연이어 일어났고 발굴에 참여한 많은 사람이 잇달아 의문의 죽음을 당했다. 무덤이 발굴된 후 여러 가지 사고가 계속 발생했다. 첫 번째 사망자는 발굴 작업에 재정 지원을 한 카나본 경

Lord Carnarvon이었다. 카나본 경은 이집트로 오기 직전에 런던의 유명한 예언가에게서 이집트에 가서는 안 된다는 말을 들었다고 한다. 그 자신도 뭔가 불길한 예감이 들었지만 그는 결국 이집트로 왔고, 바로 발굴 현장을 찾아 갔다. 그는 무덤 입구로 들어서자마자 모기처럼 생긴 벌레 한 마리에 얼굴을 물렸다. 왼쪽 뺨이 따끔했는데 너무 어두워서 어떤 벌레인지 자세히 보지는 못했다. 얼마 후 숙소로 돌아와서 보니 카나본 경의 왼쪽 뺨은 통통 부어 있었고, 설상가상으로 면도하다가 베이기까지 했다. 그는 대수롭지 않게 여기고 피를 닦고 잠을 청했다. 그런데 그날 밤 그는 온몸에 열이 났고 고통으로 사지가 덜덜 떨렸다. 패혈증이었다. 그는 죽어가는 순간에도 "투탕카멘……", "파라오여……", "나를 용서……"라고 말하다가 비참하게 죽었다.

투탕카멘은 왕가의 계곡에 묻힌 지 3000년 후에 세상에 그 모습을 드러냈다. 젊은 나이에 암살당한 그의 얼굴에서 옅은 슬픔이 느껴진다.

　카나본 경의 죽음은 '투탕카멘의 저주'의 시작이었다. 이후 죽음의 그림자는 계속해서 발굴 대원들을 덮쳤다. 무덤을 막고 있던 마지막 벽을 제거한 건축학자 아서 메이스는 발굴 작업을 마치고 3년 후 쉰두 살 때 불행하게 죽음을 맞이했고, 카나본 경의 비서 리처드 베셀도 마흔다섯 살이던 1929년에 돌연사했다. 투탕카멘의 미라를 엑스레이로 촬영한 아치볼드 리드 교수는 이집트에서 고열에 시달려 영국으로 후송되었지만, 얼마 지나지 않아 사망했다. 이 밖에도 투탕카멘의 관을 만진 더글러스 데리 교수, 투탕카멘이라는 글자가 새겨진 물병을 발견한 학자 및 다른 발굴 조사 대원, 전문가들도 모두 잇달아 사망했다. 당시 발굴 작업에 관련된 사망자는 17

명에 달했다. 저주는 발굴 대원뿐만 아니라 카나본 경의 가족에게까지 미쳤다. 1929년에 카나본 경과 함께 가장 먼저 무덤으로 들어간 그의 딸 에벌린 허버트는 아버지가 사망하고 얼마 후에 스스로 목매달아 죽었다. 그녀의 유서에는 다음과 같이 적혀 있었다. "나는 더 이상 견뎌 낼 수가 없다." 의문의 죽음이 계속 일어나자 사람들은 이들이 모두 '투탕카멘의 저주'로 인해 죽었다고 생각했다.

투탕카멘의 무덤에서 출토된 두상. 연꽃잎 모양으로 장식된 받침대는 색이 선명하고 생동감이 느껴진다.

저주는 그것으로 끝나지 않았다. 미라를 무덤에서 꺼내 운반하던 이집트의 문화재 관리 책임자 무하마드 이브라힘의 딸은 교통사고를 당해 거의 죽을 뻔했다. 이브라힘 자신도 얼마 지나지 않아 자동차에 깔리는 사고를 당해 두개골에 중상을 입었고 3일 후에 사망했다. 1972년에 가멜 메레즈 박사는 런던에서 '이집트 유물전'을 열기 위해 전시회를 기획하고 유물을 운반할 준비를 했다. 그는 사람들이 '투탕카멘의 저주'를 걱정하자 그런 것은 의심해 볼 가치도 없다면서 자신이 얼마나 건강한지 보면 알 수 있지 않으냐고 농담하듯 말했다. 그러나 그는 전시회를 열기로 한 협의서에 서명하고 일주일 후 자신의 집에서 원인을 알 수 없는 죽음을 맞았다. 그러자 사람들은 '투탕카멘의 저주'가 틀림없다고 수군댔다.

정말 '투탕카멘의 저주'가 사람들을 죽음에 이르게 한 것일까? 저주가 있었다면, 발굴팀을 이끈 하워드 카터가 가장 큰 형벌을 받아야 한다. 하지만 그는 발굴 후에도 16년을 더 살다가 예순다섯에 사망했다. 실제로 발굴 대원이 모두 사망한 것도 아니고 이른바 '저주'를 받은 사람은 소수에 불과하다. 발굴 대원 중에 크게 병을 앓은 사람들이

있자 처음에는 이것이 '투탕카멘의 저주' 때문이라고 생각했다. 하지만 나중에 조사해 보니 그들은 모두 무덤 안에 있던 버섯을 먹었기 때문이었다. 이집트 학자들은 과학적인 연구를 거쳐 '투탕카멘의 저주'는 전혀 근거가 없는 소문일 뿐이라고 일축했다. 그들은 투탕카멘의 무덤을 좀 더 자세히 조사하여 무덤 안에서 독성 물질의 흔적을 발견했고, 이것이 '저주'의 비밀이라고 설명했다.

과학자들은 투탕카멘의 무덤 안에서 자란 버섯을 면밀하게 연구한 결과, 이 버섯에 당시까지 알려지지 않은 독성 물질이 있다는 것을 발견했다. 버섯은 오랜 세월을 거치면서 무덤 속에서 계속 번식했고, 무덤 안의 공기는 버섯이 내뿜는 독성으로 가득했다. 결국 무덤 안으로 들어와 미라에 접

투탕카멘의 무덤 속 벽화이다. 그의 불행했던 삶과는 달리 행복하고 안락한 저세상의 모습을 아름답게 표현했다.

근한 자들을 죽인 것은 바로 이 버섯이었다. 투탕카멘의 무덤 입구에 적혀 있던 저주의 글귀는 사실 다른 왕들의 무덤에도 대부분 적혀 있으며 그 내용도 거의 비슷하다. 예를 들면 이런 식이다. "나의 무덤을 범하려는 자는 악어와 하마, 사자에게 몸을 찢기고 죽을 것이다." 이집트의 왕들은 자신의 무덤 위나 입구에 이런 내용의 글을 새기거나 써서 혹시 있을지 모를 도굴을 방지하고자 했다.

과학자들의 이와 같은 설명에도 이른바 '투탕카멘의 저주'를 믿는 사람은 여전히 많으며, 그것의 비밀을 파헤치고 사실임을 증명하려는 사람도 있다. 많은 세월이 흘렀지만, 투탕카멘이라는 이름이 여전히 신비롭고 조금은 으스스한 느낌이 드는 것은 사실이다.

맥을 잡아 주는 이집트사 중요 키워드

고대 이집트의 난쟁이

고대 이집트에서 난쟁이는 매우 신비로운 존재였다. 그들은 심지어 신으로 여겨지며 많은 찬양과 숭배를 받기도 했다. 고대 이집트 사회는 도덕적으로 지켜야 할 준칙과 그것을 위반했을 때 받아야 할 형벌을 매우 엄격하게 규정해 놓았다. 그중에는 난쟁이에 관한 준칙도 있는데, 이에 따르면 사람들은 난쟁이에게 반드시 존경을 표시해야 했다. 이것은 다른 장애인에게도 마찬가지였다. 당시 난쟁이들은 주로 사육사, 보석상, 무용가, 예술가 또는 개인 비서 등의 일을 했다. 출신이 좋은 난쟁이는 죽은 후에 왕의 피라미드 가까이에 묻힐 수도 있었다.

고대 이집트의 유물 중 벽화나 조각상 등에는 난쟁이의 모습이 자주 등장한다. 이것은 당시 사회에서 그들이 독사를 물리치는 신비한 힘이 있다고 여겼기 때문이다. 이집트에서 가장 유명한 난쟁이는 세네브Seneb이다. 제4왕조나 제5왕조 초기에 기자 지역에서 살았던 그는 궁전 건설 현장을 감독했으며, 왕궁에서 쓰이는 무대 의상의 보관을 담당했다. 또한 그는 쿠푸 왕의 장례와 제사를 거행한 성직자이기도 했다.

5 위대한 마지막 왕

EGYPT

한 왕조의 말기에 통치한 왕들은 무능하거나 불행한 삶을 사는 경우가 많다. 그러나 고대 이집트 제 18왕조의 말기에 왕이 된 호렘헤브는 그렇지 않았다. 그는 출신이 뛰어나지 않았지만 왕위에 올랐고, 왕위에 오른 후에도 사사로이 권력을 탐하지 않았다. 호렘헤브는 유능한 계승자 람세스Ramses에게 왕위를 물려주어 평화로운 왕위 계승을 이루어 냈다. 이집트 인들은 그를 '위대한 마지막 왕'이라고 불렀다.

시기 : 기원전 1348년 ~ 기원전 1320년
인물 : 호렘헤브, 아이

세 명의 왕을 모시다

호렘헤브는 이집트 제18왕조의 마지막 왕이다. 그는 자신이 귀족 출신이라고 주장했지만 사실은 더 낮은 계층 출신이었고, 그의 부모에 관해서는 알려진 것이 전혀 없다.

호렘헤브는 원래 아크나톤 시대의 장군으로 이집트 북부에서 사령관으로 복무했다. 아크나톤 왕이 죽은 후에 그는 투탕카멘의 최측근 신하가 되었고, 어린 왕이 이집트 각 지역을 순시할 때면 항상 왕의 경호를 맡았다. 나라를 위해서 최선을 다해 일한 그는 곧 왕실의 두터운 신임을 받아 '왕의

한눈에 보는 세계사
기원전 1200년경 : 그리스 문명 시작
기원전 1200년경 : 알파벳 발명

대리인', '왕의 서기' 같은 명예로운 칭호를 받았다. 투탕카멘이 죽은 후에 호렘헤브는 새로운 왕 아이의 신하가 되었다. 아이는 자식이 없었기 때문에 호렘헤브는 왕족이던 무트노지메트Mutnedjmet과 결혼해서 왕위를 물려받을 자격을 얻었고, 아이가 죽고 나서 이집트의 새로운 왕이 되었다.

왕이 되다

자신의 군대를 멤피스에 주둔시켰던 호렘헤브는 아이가 죽자 군대를 이끌고 수도 테베로 돌아왔다. 군대를 동원하기는 했지만 호렘헤브는 아몬 대신전의 지지를 얻어 아주 순조롭게 왕위를 계승했다.

왕위에 오른 호렘헤브는 새로 법을 만들고 나라의 질서를 바로잡고자 최선을 다했다. 그리고 군대에서 용맹한 전사들을 뽑아 중요한 관직에 임명하고, 상비군을 두 부대로 나누어 각각 상이집트와 하이집트에 배치했

카르나크 신전의 대열주실. 원래 기둥이 134개 세워졌으나 현재는 하나만 남아 있다.

다. 또 서아시아와 히타이트에 군대를 보내 국방을 튼튼히 했다. 이집트 내부에 어느 정도 질서가 잡히자 그는 이집트 외부로 관심을 돌렸다. 왕위에 오른 지 16년째이던 해에 호렘헤브는 군대를 이끌고 서아시아로 원정을 떠났다. 이때 아크나톤 시대에 빼앗긴 옛 정복 지역들을 되찾고 다시 강해진 이집트의 위력을 대외에 과시했다. 그러나 서아시아에서 이집트의 세력 확장을 저지하는 주요 세력인 히타이트를 제압하는 데에는 실패해 과거의 서아시아 정복 지역을 모두 되찾지는 못했다. 현명한 호렘헤브 왕은 섣불리 영토 확장에 나서지 않고 안정적으로 통치하는 것을 선택했다. 그는 히타이트에 평화 협정을 제안했고 히타이트도 이를 받아들였다. 이렇게 해서 국방을 튼튼히 한 호렘헤브는 다시 이집트 국내를 안정시키고 백성을 위한 통치를 하는 데 집중했다.

질서를 세우다

호렘헤브는 아크나톤 왕의 종교 개혁이 사회에 얼마나 큰 영향을 미쳤는가를 직접 목격했다. 그는 그 영향으로 아직도 계속되는 사회의 불안을 바로잡고자 했다. 그는 우선 아몬 대신전의 지위를 한층 더 높이고, 종교계와 신전의 발전을 위해 많은 지원을 했다. 또 아크나톤의 이름을 역대 왕의 명단에서 지워 버려 조금이라도 남아 있는 아톤 숭배를 없애고자 했다.

또 삼각주 지역과 누비아 사이에 있는 많은 신전과 카르나크 신전을 다시 보수했다. 그는 또 신하를 파견해서 테베에 있는 많은 왕의 무덤이 훼손당한 부분은 없는지 철저히 조사하게 했다. 그러자 이집트 인은 호렘헤브 왕을 가리켜 가장 위대한 왕이라고 칭송하기 시작했다. 그는 이집트를 28년 동안 안정적으로 통치하고 평화롭게 세상을 떠났다.

아몬은 이집트와 이집트 왕을 보호하는 신으로 아크나톤을 제외한 거의 모든 왕이 아몬을 숭배했다. 카르나크 신전은 보수를 거듭하여 람세스 2세가 통치하던 시기에 그 화려함이 극에 달했다.

왕위를 물려주다

이집트 사회가 극도로 불안한 상황에 왕위에 오른 호렘헤브는 왕위 계승자를 지목하는 문제에서도 개인적인 욕심보다는 나라를 먼저 생각했다. 그래서 자신의 아들이나 친척 대신 경험이 많고 의지가 강하며 자신의 오랜 친구였던 람세스를 계승자로 삼았다. 그가 바로 제19왕조를 연 람세스 1세Ramses I이다. 사람들은 이후로도 오랫동안 호렘헤브를 '위대한 마지막 왕'이라고 칭송했다.

고대 이집트 인의 생활

이집트 인은 평화를 사랑하고 자신의 삶에 만족하는 사람들이었다. 묵묵히 흐르는 거대한 나일 강은 이집트 인이 풍족한 생활을 할 수 있게 해 주었고, 그 덕분에 이집트 인은 삶의 기쁨을 즐겼다.

옷과 천

이집트는 무척 더운 나라였기 때문에 사람들은 옷을 최소한으로 갖춰 입었다. 남성들은 보통 허리 위로는 옷을 걸치지 않았고 아래로는 짧은 흰색 치마를 입었다. 여성들은 넓은 멜빵 두 개를 이용해서 흰색 튜닉을 어깨에 고정해 입었다. 조금 격식을 갖춰야 하는 자리에서는 남녀 모두 겉옷을 입기도 했다. 아이들은 보통 거의 아무것도 입지 않았다. 덥기도 했지만 특별히 사회 활동을 하는 것이 아니므로 입을 필요가 없었다.

이집트 인은 직접 천을 짜서 옷을 만들어 입었다. 이것은 모두 여성이 할 일로, 그녀들은 아마에서 뽑은 섬유로 천을 짜고 옷

고대 이집트의 머리받침

이집트 인들은 푹신한 베개 대신 머리받침을 사용했다. 사진의 머리받침은 마치 턱을 괼 때처럼 두 손을 양쪽으로 활짝 편 것 같은 매우 독특한 모양이다. 실제로 손등에 해당하는 부분에는 손가락이 조각되어 있고, 기둥은 사람의 두 팔을 상징한다. 그리고 아랫부분은 두 발의 발뒤꿈치를 서로 붙이고 서 있는 듯한 형태이다.

신왕국 시대 초기의 무덤 벽화. 연회에서 악기를 연주하고 춤을 추는 사람들을 표현했다.

을 만들었다. 가족이 입을 것을 만들기도 했고, 좀 더 전문적으로 만들어서 상점에 내다 팔기도 했다. 이집트에서 자라는 아마는 품질이 매우 좋아서 부드럽고 가벼우며 또한 질겼다. 천을 짜는 여성의 솜씨가 좋으면 겨울에는 따뜻하고 여름에는 시원하게 조밀한 천이 만들어졌다. 색은 주로 흰색이나 베이지색이었다.

아마는 이집트 곳곳에서 자라 가격이 무척 저렴했다. 아마를 수확할 때에는 반드시 여성 전문가가 감독했으며, 그녀는 수확하면서 아마의 상태를 보고 가격을 결정했다. 수확한 아마는 물에 담갔다가 두드려서 평평하게 만들고, 빗으로 여러 번 빗은 다음 햇볕에 바짝 말린다. 그러고 나서 더 가느다란 실을 만들어 베틀로 천을 짠다. 양을 길러 양털로 옷을 만들어

춤추는 이집트 여인. 매우 안정적인 대칭미가 돋보인다.

입기도 했지만 이집트는 날씨가 더웠기 때문에 많이 사용되지는 않았다.

이집트 인은 원래 신발을 신지 않고 다녔는데 기원전 2000년이 되자 독특한 모양의 신발이 출현했다. 이 신발은 종려나무 껍질이나 가죽으로 신발 밑창을 만든 것으로, 나중에 발가락 사이로 가죽 끈을 통과시켜 묶을 수 있게 해서 신고 다니면서 현재 슬리퍼의 형태가 생겨났다.

음식

고대 이집트 인의 주식은 빵이었다. 그들은 집에서 직접 만든 맥주와 함께 빵을 먹었다. 빵도 대부분 직접 만들어서 먹었는데, 종류가 매우 다양했을 뿐 아니라 만들 때 맥주를 비롯한 다양한 재료를 넣어서 맛도 여러 가지였다. 실제로 이집트 벽화에 등장하는 식사 장면에는 둥근 빵, 뿔 모양 빵, 납작한 빵 등 다양한 빵이 등장한다.

부유하거나 지위가 높은 사람은 희고 부드러운 빵을 먹었고 보통 사람들은 갈색의 거친 빵을 먹었다. 이집트 인은 특히 팬케이크 같은 납작하고 달콤한 빵을 좋아해서 언제나 식탁 위에 이 빵이 등장했다. 빵은 보통 집안의 안주인이나 하인들이 집에서 직접 만들었기 때문에 집안에 밀가루, 맷돌, 화덕 등이 마련되어 있었다. 빵이 많이 필요할 때에는 전문적으로 빵을 만들어 파는 곳에서 사기도 했다. 당시에는 절구와 돌판 등으로 직접 밀을 빻아서 밀가루를 얻었다. 그러다 보니 밀가루에는 언제나 돌가루가 섞일 수밖에 없었고, 이 밀가루로 만든 빵을 먹을 때에는 돌가루나 모래 같은 것이 자주 씹혔다. 발견된 이집트 미라는 대부분 치아가 닳아 있는데, 이것은 아마 당시의 주식이었던 빵을 만든 환경과 관련된 것으로 보인다.

맥주는 곡식이나 빵을 물에 담가 휘젓고 으깬 다음에 발효시켜서 만들었으며 향료나 대추야자, 계란, 꿀 같은 것을 넣기도 했다. 맥주가 완성되면 커다란 항아리에 넣고, 진흙으로 만든 뚜껑을 꼭 닫아서 보관했다. 맥주를 마실 때에는 반드시 위에 뜬 곡식이나 빵 부스러기를 걷어 내고 잔에 따라 마셨다.

소박하고 평화롭게 살았던 이집트 인들은 먹을 것에 그다지 욕심을 부리지 않았다. 과식하거나 폭음하는 일도 드물었다. 종종 포도주를 만들어 먹기도 했는데, 이집트 인은 포도주의 붉은색을 좋아해서 그것에 승리, 생명, 풍요와 같은 의미를 부여하기도 했다. 나일 강이 범람하면 강물이 전부 포도주로 변한다는 신화도 있었다. 포도주는 맥주보다 만드는 데에 더 많은 노동력이 필요했기 때문에 가격도 다섯 배나 비쌌다. 그래서 일반 사람들보다는 귀족이나 고위 관리들이 주로 마셨다.

채소는 상추, 양파, 회향을 주로 먹었고 과일은 포도, 무화과, 대추야자 등을 즐겨 먹었다. 4000년 전 이집트 인들이 세계 최초로 수박을 재배해 먹었다는 사실도 아주 흥미롭다.

집과 가구

이집트는 날씨가 무척 더웠기 때문에 사람들은 거의 시원한 흙집을 짓고 살았다. 이층집도 있었고, 지붕의 모양은 평면과 삼각형의 두 가지가 있었다. 왕과 귀족은 일반 사람들보다 넓고 호화로운 집에서 살았지만 집의 소재는 역시 나무와 흙이었다. 그들은 흙벽을 하얀 석회암으로 문질러서 하얗게 만들고, 그 위에 그림을 그려서 화려하게 꾸몄다.

집안에 있는 가구는 대부분 나무로 만든 것이었다. 나무로 사각 형태를 잡고, 가죽을 격자형으로 엮은 깔개를 댄 다음 그 위에 천을 씌웠다. 의자는 오늘날 우리가 사용하는 것과 거의 비슷한데, 왕이나 귀족이 사용한 의자는 등받이와 팔걸이에 아주 화려하게 조각해서 장식했다. 또 의자 다리에 사자를 조각해서 의자에 앉은 사람의 높은 지위를 표시하기도 했다.

교통수단

이집트 인은 스스로 나일 강의 아들과 딸이라고 부를 정도로 나일 강과 떼

려야 뗄 수 없는 삶을 살았다. 그래서 배는 이집트 인에게 가장 중요한 교통수단이었다. 나일 강은 배를 띄워 이동할 수 있는 자연 도로였고 그들은 그저 강을 거슬러 나아가는 방법을 깨우치기만 하면 되었다. 그래서인지 이집트 인은 상당히 일찍 돛의 원리를 알아냈다. 경험이 많은 선원은 가벼운 북풍이 불면 돛을 올리고 아주 손쉽게 나일 강을 거슬러 올라갔다.

이집트에서 사용된 배는 크게 두 가지로 나뉜다. 하나는 일상생활에서 쓰는 작은 배로, 교통수단으로 주로 이용되었고 파피루스 줄기로 엮어 만든 것이 많았다. 파피루스는 이집트 곳곳에서 자랐기 때문에 가장 구하기 쉬운 자재였다. 운반할 것이 너무 크거나 무거우면 나무로 만든 커다란 배를 이용했다. 쿠푸 왕 피라미드 옆에서 발견된 태양선은 모두 나무로 만든 것인데, 배 위에 넓은 공간이 따로 있어서 많은 물건을 운반할 때 유리했다.

배를 주요 교통수단으로 삼은 이집트 인은 힉소스 인의 지배를 받을 때 그들이 사용하는 마차에 대해 알게 되었다. 그러나 마차는 이집트의 지형과 맞지 않아 일상생활에서는 잘 쓰이지 않았고, 전쟁터에서 주로 사용되었다.

투탕카멘과 왕비의 모습이 조각된 의자

의자에 편히 앉아 있는 투탕카멘은 매우 편안해 보이며, 왕비는 아름다운 자태로 한 손을 왕의 어깨 위에 올려놓았다. 왕과 왕비가 서로 지긋이 바라보는 모습에서 두 사람의 사랑을 느낄 수 있다.

Ancient EGYPT

맥을 잡아주는 세계사

The flow of The World History

제6장 | 파라오들의 제국 Ⅲ

제19왕조의 시작

세티 1세Seti I 는 투트모세 3세 시대의 영광을 재현하고자 마음먹었다. 그래서 그는 여러 차례 군대를 이끌고 원정을 떠나 팔레스타인과 시리아를 정복했다.

시기 : 기원전 1318년 ~ 기원전 1304년
인물 : 람세스 1세, 세티 1세

세티 1세는 호렘헤브에게서 왕위를 물려받아 제19왕조를 시작한 람세스 1세의 아들이다. 호렘헤브의 오랜 친구였던 람세스 1세는 왕이 되었을 때 이미 나이가 많았기 때문에 통치 기간이 1년 4개월밖에 되지 않았다. 이후 그의 아들 세티 1세가 순조롭게 왕위를 물려받아 이집트의 새로운 통치자가 되었다.

정복 전쟁

람세스 1세는 선대 왕 호렘헤브의 친구로 그 능력을 인정받아 왕위에 오른

한눈에 보는 세계사
기원전 1200년경 : 그리스 문명 시작
기원전 1200년경 : 알파벳 발명

인물이다. 그런 만큼 통치자의 지식과 지도력을 중요하게 생각해서 자신의 아들이 각 방면의 지식, 특히 군대와 전투에 관한 지식을 쌓도록 최선을 다해 교육했다. 또한 세티 1세는 호렘헤브가 통치하던 시기에 군대를 지휘하며 많은 경험을 쌓았다. 당시 리비아가 국경 근처에서 작은 마찰을 계속 일으키며 삼각주 지역을 점령하려고 호시탐탐 기회를 노리고 있었다. 그래서 세티 1세는 왕위에 오르자마자 리비아를 공격하기 위해 군대를 조직해서 대응에 나섰다. 이로써 이집트 국경에서 리비아를 완전히 몰아낸 그는 방향을 바꾸어 이집트 남쪽의 누비아로 계속 진격했다. 세티 1세가 이끄는 군대는 누비아에서 전투를 벌이지 않고도 그 용맹함과 위풍당당함으로 제압하고, 많은 공물을 받아 냈다.

리비아와 누비아를 완벽하게 제압한 세티 1세는 시선을 돌려 팔레스타인과 시리아 남부로 원정을 떠났다. 이집트가 짧은 시간에 빠르게 영토를 확장해 나가자 히타이트는 군대를 정비하면서 언제 들이닥칠지 모르는 이집트에 맞설 준비를 했다. 전쟁 경험이 많은 세티 1세는 군사력이 강한 히타이트와 부딪히지 않으려면 정복 전쟁을 속전속결로 끝내야 한다고 생각했다. 그가 이끄는 이집트 군대는 단숨에 팔레스타인, 페니키아 해안과 시리아 남부, 카데쉬까지 모두 점령해서 예전의 정복 지역을 거의 다 되찾았다. 이때까지 히타이트는 별다른 반응을 보이지 않았고, 서아시아의 광활한 지역은 모두 이집트의 일부가 되었다.

날로 부강해진 히타이트는 영토를 확장하고자 했지만, 그들이 원하는 지역은 대부분 이미 이집트에 정복된 후였다. 서로 눈치만 살피던 두 나라는 이제 승부를 겨룰 때가 되었다고 생각하고 마침내 카데쉬 남쪽에서 첫 번째 전투를 벌였다. 재미있는 것은 이 전투의 승패에 대해 양측이 서로 이겼다고 기록했다는 점이다. 이집트는 세티 1세가 수많은 적을 물리치고 전리품을 가져왔다고 그를 찬양했다. 히타이트 또한 자신들이 이집트 군대를 크게 무찔렀다고 기록했다. 추측하건대, 아마도 두 나라는 승패를 가리지 못했고 양측 모두 별다른 소득이 없었던 것으로 보인다. 오히려 세티 1세는 히타이트에 쫓겨나는 모양새가 되었다. 이 일은 후에 세티 1세의 아들인 람세스 2세가 히타이트와 전쟁을 일으키는 원인이 되었다.

카르나크 신전에 세티 1세와 관련된 글이 있다. "그는 전쟁을 사랑했다. 전쟁에 참여해 마음의 안정을 얻었고 피를 보면서 기쁨을 느꼈다. 그는 적들의 머리를 베는 것을 즐겼으며 그들의 몸을 갈기갈기 찢으면서 승리를 축하했다." 이 글은 세티 1세의 호전적인 성격을 여실히 보여 준다. 그는 제18왕조 말기에 시작된 혼란을 안정시키고 투트모세 3세 시대의 영광을 되찾아 새로운 역사를 시작했다. 이것은 그의 아들 람세스 2세가 이집트의 번영을 이룩하는 데 큰 바탕이 되었다.

세티 1세가 세운 아비도스의 신전 내부에 있는 부조. 세티 1세와 그의 아들 람세스 왕자가 벽에 새겨진 왕명표를 보는 장면을 표현했다. 아크나톤과 하트셉수트는 이집트의 전통을 거스른 왕이었기 때문에 이 왕명표에는 그들의 이름이 없었다.

건축

다른 왕들과 마찬가지로 세티 1세도 거대하고 웅장한 건축물을 세우는 데 관심이 많았다. 특히 그는 아크나톤 왕이 훼손한 공공 건축물을 복원하는 일에 심혈을 기울였다. 이 일은 호렘헤브가 시작하여 세티 1세 때까지 계속되었다. 세티 1세의 완성작 중에 가장 유명한 것은 오시리스를 숭배하는 지역인 아비도스에 세운 거대한 신전이다. 그는 신전의 벽에 제1왕조의 메네스 왕부터 자신까지 모두 76명에 이르는 왕의 이름을 새겼다. 이것은 왕명표王名表라는 이름으로 불리며 매우 중요한 역사 자료가 되었다. 아비도스에 세운 이 신전은 중앙 정원이 두 개이고, 거대한 기둥이 늘어서 있는 대열주실도 일곱 개나 되었다. 신전의 가장 안쪽에는 일곱 신에게 바치는 방 일곱 개가 있고 신전 부근에는 화강암으로 만든 지하 구조물도 있었다.

세티 1세는 왕가의 계곡에 자신의 무덤을 만들었다. 그의 무덤은 전체 길이가 100m에 달하며, 내부 구조가 매우 치밀하고 장식된 부조의 예술 수준도 매우 높다. 그는 또 왕가의 계곡에서 서남쪽으로 1.5km 떨어진 곳에 어머니를 위한 무덤을 만들었다. 나중에 제19, 20왕조의 왕비와 후궁들의 무덤이 계속 이 일대에 자리 잡으면서 '왕비의 계곡'이라고 불렸다.

광물 자원 채집

건축 자재를 확보하고 경제를 발전시키기 위해서 세티 1세는 시나이 반도, 삼각주 동부, 누비아 등지의 광산을 개발하고 광물 자원을 채집하는 데 집중했다. 시나이 반도에 있는 세라비트 엘 카딤Serabit el Khadim 터키석 광산 유적에는 지금도 세티 1세가 이곳을 개발했다는 기념비가 남아 있다. 그는 또 아비도스의 신전을 완성하기 위해 에드푸 사막의 금광을 개발했으며, 금광으로 가는 길에 우물을 파서 노동자들이 마실 물이 부족하지 않도록 했다.

2 람세스 2세

EGYPT

람세스 2세는 전쟁에서 돌아온 후 궁전의 벽, 아부심벨 신전, 카르나크 신전, 룩소르 신전 안의 벽에 전쟁 장면을 조각하라고 명령했다. 이 거대한 예술 작품에서 우리는 이집트 군대의 병영, 훈련 모습, 치열한 전투 장면을 생생하게 볼 수 있다. 전투에서 가장 뛰어난 용사는 당연히 람세스 2세였으며, 그는 거침없이 적군을 물리치는 용감하고 뛰어난 지휘관이었다. 서기 펜타우르는 람세스 2세의 이야기를 듣고 멋진 서사시를 써서 당시의 역사를 후대까지 전했다.

— 역사학자 프랑코 치미노Franco Cimmino

시기 : 기원전 1304년 ~ 기원전 1237년
인물 : 세티 1세, 람세스 2세

소년 람세스

람세스 2세는 삼각주의 동쪽에 있는 아바리스에서 태어났다. 그가 태어난 시기는 정확하지 않지만 기원전 1290년 정도로 보인다. 집보다 전쟁터를 더 사랑한 아버지 세티 1세와 장군의 딸인 어머니의 영향으로 람세스 2세는 자연스럽게 강하고 용맹한 전사로 자라났다. 왕자 시절에 읽기와 쓰기, 종교와 신, 문학, 역사 등에 대해 많은 교육을 받았으며, 신체를 단련하고 전술을 익히는 것도 게을리하지 않았다. 그는 곧 혼자서 전차를 다룰 수 있게 되었고 활 쏘는 실력도 매우 뛰어났다.

한눈에 보는 세계사
기원전 1200년경 : 그리스 문명 시작
기원전 1200년경 : 알파벳 발명

람세스 2세의 아버지 세티 1세는 나중에 아들에게 왕위를 물려줄 때 일어날 수 있는 권력 투쟁이나 그 밖의 분란을 막고 싶었다. 그래서 람세스 2세가 십 대 후반이 되자 일찍 왕위를 물려주고 자신이 섭정했다. 비록 실질적인 권력은 여전히 세티 1세에게 있고 아직은 이름뿐인 왕이었지만 람세스 2세는 어린 나이에 이집트의 최고 군사 통치권자로 임명되었다. 세티 1세로서는 자신이 원정 중에 갑자기 죽게 되더라도 아들이 순조롭게 왕위에 오를 수 있게 만반의 준비를 한 셈이었다. 그는 또 람세스 2세가 용맹하고 지략이 뛰어난 왕이 될 수 있도록 원정에 자주 데리고 다녔다. 열네 살이 되던 해부터 원정에 참여한 람세스 2세는 아버지가 리비아의 반란을 진압하는 과정을 모두 목격했다. 얼마 후 시리아 일대를 습격하고 아무르 Amurru까지 세력을 확장할 때에는 직접 전투에 참여하기도 했으며, 카데쉬 지역의 전략적 중요성을 스스로 깨우치기도 했다.

람세스 2세는 원정을 다니면서 짧은 시간에 많은 것을 배울 수 있었다. 특히 그는 한 나라의 왕이라면 군사적 수단으로 영토를 확장하고 거대한 왕궁을 지어야 한다는 것을 깨달았다. 세월이 흘러 스물두 살의 청년으로 자란 람세스 2세는 이제 아버지의 도움 없이 홀로 군대를 이끌고 누비아로 가서 반란을 진압했다. 그는 직접 전차를 몰고 군대를 지휘하며 적군을 국경 밖으로 내몰아 빼어난 전사로서의 면모를 과시했다. 얼마 후 그가 이끄는 이집트 군대는 지중해의 해적들을 소탕했고 그중에 항복한 자는 이집트의 군사로 편입시키기도 했다. 또한 젊은 람세스 2세는 나일 강 일대의 구석구석에서 일어나는 반란과 폭동 등을 평정했다.

새로운 수도

기원전 1290년에 세티 1세가 세상을 떠났다. 당시 이제 막 스물다섯 살이 된 람세스 2세는 아직 젊었지만 왕이 될 준비를 완벽하게 마친 상태였다.

(오른쪽 사진) 람세스 2세는 이집트 전역에 자신의 조각상을 세웠다. 사진은 카르나크 신전 앞에 있는 람세스 2세의 거대한 조각상이다.

귀족과 신하, 백성도 모두 그의 능력과 위엄을 인정하고 새로운 왕을 환영했다. 그들은 앞으로 람세스 2세의 통치하에 이집트가 더욱 활기를 띠며 발전할 것이라는 희망에 부풀었다. 직접 통치를 시작한 람세스 2세는 전략적인 관점에서 팔레스타인과 시리아를 매우 중요하다고 보았다. 그래서 우선 수도를 서아시아 가까운 지역으로 옮기기로 했다. 그는 예전에 힉소스인이 근거지로 삼았던 아바리스를 '람세스의 집, 승리의 제국'이라는 뜻의 페르라메스Pi-Ramesse로 이름을 바꾸고 새로운 수도로 삼았다. 새로운 수도를 세우면서 맨 처음 한 일은 바로 거대한 신전을 세우는 것이었다. 그는 페르라메스의 북쪽에 태양신 우투Utu를 위한 신전을 짓고, 동쪽에는 아시아를 지키는 여신인 아스타로트Astaroth를 위해 신전을 세웠다. 또 남쪽과 북쪽에는 각각 이집트 인이 가장 숭배하는 아몬과 세트를 모시는 신전을 건축했다. 얼마 후 새로운 수도에는 주택이 빽빽하게 들어섰고 상비군이 도시에 주둔하면서 수도를 안전하게 지켰다. 항구에는 각종 물건을 가득 실은 크고 작은 배들이 끊임없이 드나들었다. 페르라메스는 곧 상업과 무역의 중심지가 되었으며 점차 멋진 도시로 발전했다. 아름다운 궁전과 주택들은 이 도시의 자랑이었는데, 역사 기록에도 아름다운 발코니의 모습과 청금석과 터키석으로 치장한 거실 등을 묘사한 글귀가 남아 있다. 그러나 안타깝게도 지금은 그 흔적이 완전히 사라졌고 아바리스 근처에서 발견된 유물들로만 페르라메스의 위치와 존재를 확인할 수 있다. 페르라메스는 신왕국 시대가 끝날 때까지 줄곧 이집트의 수도였다.

수많은 시인이 이 도시의 아름다움을 찬양하는 시를 지었다. 3000여 년 전에 기록된 파피루스에 이런 내용이 있다. "신께서 자신이 머물 곳을 만드시고 '승리의 제국'이라고 이름 지으셨다. 시리아와 이집트의 사이에 있는 이곳에는 먹을 것이 넘쳐 나고 창고에는 곡식이 그득하다. 태양은 이곳의 지평선에서 떠올라 이집트의 모든 곳에서 저문다."

아시아를 정복하다

람세스 2세는 아버지 세티 1세, 투트모세 3세와 같이 위대한 업적을 남기는 왕이 되고 싶었다. 그래서 영토를 확장해 투트모세 3세 시대에 이룩했던 이집트의 전성기를 재현하고자 했다. 이를 위해 그는 통치 초기부터 직접 군사를 이끌고 시리아를 정복했고, 서아시아에서 영향권을 확대하기 위해 히타이트와 전쟁을 벌이기도 했다. 히타이트와 카데쉬 지역에서 전쟁하던 이집트군은 한때 포위되기도 했지만 다행히 지원군의 도움을 받아 위기를 탈출했다. 이처럼 이 전쟁은 쉽지 않았으나 람세스 2세는 뛰어난 전략과 탁월한 지도력으로 전쟁을 승리로 이끌었고, 이는 후에 이집트의 운명을 결정하는 중요한 사건이 되었다.

람세스 2세가 아내 네페르타리Nefertari를 위해서 지은 신전에 있는 조각상. 각각 람세스 2세와 네페르타리 왕비가 조각되어 있다.

오랜 전투로 기진맥진한 두 나라는 마침내 평화 조약을 맺었다. 이후 양
국 사이에는 사절들이 빈번하게 오가면서 서로 좋은 옷감과 보물을 선물
했다. 람세스 2세는 이렇게 우호 관계를 유지하다가 기원전 1196년에 히타
이트를 평화롭게 해체시켰다.

아부심벨 신전

람세스 2세는 이집트의 건축 예술 방면에도 크게 공헌했다. 지금도 이집트
곳곳에서 그의 이름이 붙은 신전을 찾아볼 수 있다. 람세스 2세는 거대하
고 웅장한 건축물을 세워서 권력을 드러내고 동시에 자신이 신과 같은 존
재라는 것을 증명하고자 했다. 그래서 그는 기존의 건물을 보수하거나 아
예 허물고 다시 지은 후 자신의 이름을 붙였다. 그리고 건물을 허무는 과
정에서 생기는 건축 자재를 재활용하도록 해서 자재 공급을 원활히 해 공
사의 진행을 빠르게 했다.

정치 수완이 무척 뛰어났던 람세스 2세는 스스로 아몬의 아들이며 신
과 같은 존재라고 주장했고, 이집트 백성도 그렇게 믿었다. 람세스 2세는
자신이 추진한 대형 건축 공사와 거대한 조각상을 보면서 더욱 야망을 키
웠다. 그는 이집트뿐만 아니라 누비아에도 많은 신전을 짓게 했는데, 그중
에 유명한 것이 바로 아부심벨 신전이다. 산등성이에 세워진 아부심벨 신
전은 깊이가 60m에 이르고 아몬, 라, 프타를 모시는 거대한 신전이었다.
그러나 이 신전은 사실 람세스 2세의 권력과 위엄을 세상에 알리기 위해
지어진 건축물이다. 이집트의 건축 역사상 처음으로 산에 지어진 건축물
인 아부심벨 신전에서 가장 유명한 것은 산의 암석을 그대로 조각해서 만
든, 높이 20m에 달하는 거대한 조각상이다. 이러한 조각상이 신전 전체에
네 개 있는데, 모두 람세스 2세를 조각한 것이다. 이 거대한 조각상은 항상
반란과 폭동을 일으키는 골칫거리인 누비아를 향해 그들의 왕은 오직 람

람세스 2세의 조각상. 양쪽 어깨에는 그의 이름이 새겨져 있으며 신의 모습에 가깝게 매우 상징적으로 표현되어 있다.

세스 2세뿐임을 잊지 말라고 압박하는 의미도 있었다. 아부심벨 신전은 람세스 2세가 지은 최고의 건축물일 뿐만 아니라 건축 역사상 불후의 명작이라고 할 수 있다. 당시의 기술로 어떻게 이런 거대한 신전을 지었는지는 지금까지도 수수께끼이며, 신전 앞에 서면 그 웅장하고 장엄한 분위기에 압도당하는 느낌이 들 정도이다. 아부심벨 신전은 고대 이집트 문명의 상징이 되었다.

매력적인 왕

람세스 2세는 호화로운 것을 좋아하며 완벽한 아름다움을 추구하는 왕이었다. 그는 신전에서 열리는 종교 축제일의 행사에 자주 참석했는데, 한번은 여러 성직자, 귀족과 함께 휘황찬란하게 장식한 배를 타고 행사에 참가했다. 이때 그는 카르나크 신전에 있던 커다란 신상을 배에 실어 나일 강 3.2km 아래에 있는 룩소르 신전까지 내려갔다. 사람들의 환호를 받으며 룩소르 신전에 도착한 그는 호화로운 종교 활동을 무려 23일 동안 계속했다.

람세스 2세는 이집트 인이 전 세계에서 가장 뛰어난 민족이라고 믿었다. 또 그런 이집트 인의 왕인 자신은 전쟁의 영웅, 정복자이자 평화의 수호자이며 신과 이집트 인의 중개자라고 굳게 믿었다. 람세스 2세는 67년 동안 이집트를 통치했으며, 아흔 살이 넘어서까지 살았고 자식을 100여 명 두었다. 그는 평생 이집트의 영토를 확장하고 국내를 안정시키는 데 최선을 다했고, 자신을 신과 동등한 지위에 올리고자 노력했다. 대형 건축 공사를 추진해 많은 궁전과 신전, 조각을 완성했는데, 특히 삼각주 지역에서 누비아에 이르는 이집트 전역에 수많은 건물

248

을 세웠다는 점에서 다른 왕들과 확연히 비교된다. 또 그러한 건물과 조각상에 모두 자신의 이름을 붙이고 서기들에게 정복 활동에 관한 이야기를 기록하게 해서 역사적으로 가치가 뛰어난 자료를 많이 남겼다. 사실 람세스 2세에 관한 이야기들에는 어느 정도 과장된 면도 있을 것이다. 그는 거의 모든 건물과 조각상에 카데쉬 전투의 장면을 그리고 관련 글귀를 새기도록 했다. 그래서 히타이트를 무찌르는 그의 용맹함을 찬양한 매우 시적인 표현이 지금도 많이 남아 있다.

람세스 2세는 고대 이집트의 가장 빛나는 한 시대를 이끈 왕이었다. 후대의 왕들은 모두 그의 업적을 기리며 그처럼 되고자 했고, 그가 세운 수많은 건축물은 오늘날까지도 많은 이의 탄성을 자아낸다.

3 카데쉬 전투

람세스 2세는 이집트 역사상 전쟁을 가장 좋아한 왕이다. 그는 투트모세 3세 시대의 영토를 다시 회복하고자 했고, 기원전 1285년에 히타이트와 전쟁을 시작했다. 전쟁 중에 카데쉬에 숨어 있던 히타이트 군대의 습격으로 람세스 2세는 궁지에 몰리기도 했다. 서로 엎치락뒤치락하던 전쟁은 16년 동안이나 계속되었고, 두 나라는 결국 평화 조약을 맺었다.

시기 : 기원전 1318년 ~ 기원전 1237년
인물 : 세티 1세, 람세스 2세

이집트가 아시아 지역으로 영토를 확장하려 하자 히타이트는 이를 보고만 있지 않았다. 두 나라는 시리아와 팔레스타인 등지에서 끊임없이 부딪히며 수많은 전투를 치렀다. 카데쉬 전투는 그중에서 가장 치열했던 전투이다.

영토 분쟁

투트모세 3세가 서아시아까지 영향력을 확대했을 때 이집트의 기세에 눌린 서아시아의 나라들은 앞다투어 이집트에 복종을 맹세했다. 그러나 얼마 후 이집트의 왕위에 오른 아크나톤이 종교 개혁을 시행하면서 이집트

한눈에 보는 세계사
기원전 1200년경 : 그리스 문명 시작   기원전 1200년경 : 알파벳 발명

내부는 혼란스러워지고 국력도 점차 약해졌다. 그 결과 이집트는 더 이상 영토를 확장하지 못했을 뿐 아니라 정복 지역을 빼앗기는 상황에 처했다.

이집트의 정복 지역을 넘보는 세력은 바로 히타이트였다. 히타이트 인은 전투력이 뛰어나고 전쟁 경험이 많았다. 특히 그들이 적진을 빠른 속도로 휘젓고 다니는 전차를 타고 전투를 벌일 때에는 도저히 당해 낼 수가 없었다. 야심만만한 히타이트의 왕은 이집트의 영향 아래에 있는 시리아와 팔레스타인을 빼앗으려고 호시탐탐 기회를 엿보았다. 이집트의 관리가 조금 허술해진 것 같으면 기회를 놓치지 않고 시리아와 팔레스타인의 국경을 넘어 군사 행동을 했고 야금야금 땅을 빼앗아가기 시작했다. 이집트는 군대를 보내 히타이트에 빼앗긴 땅을 되찾으려고 했지만 상황은 여의치 않았다.

그러다가 제19왕조가 들어서면서 이집트 내부의 혼란이 진정되자 시리아와 팔레스타인에 대한 이집트의 영향력도 강화되었다. 세티 1세는 왕위에 있는 동안 모두 네 번이나 아시아 원정을 했고, 전략적으로 아주 중요한 지역인 카데쉬를 점령했다. 그리고 카데쉬를 거점으로 하여 히타이트에서 많은 양의 은과 황금, 자연석, 공작석 등을 빼앗아 왔다. 여러 번 전쟁을 치르면서 전리품으로 많은 재물을 얻게 된 귀족들은 세티 1세의 뒤를 이은 람세스 2세도 정복 전쟁을 계획하자 대대적으로 환영했다. 이에 고무된 람세스 2세는 수도를 서아시아 지역과 가까운 페르라메스로 옮기며 적극적으로 아시아 원정을 준비했다. 그러자 히타이트도 가만히 있지 않았다. 당시 히타이트의 왕 무와탈리스 2세Muwatallis II는 수도를 시리아에 가까운 타르훈타사Tarhuntassa로 옮기며 이집트와의 결전을 준비했다. 서아시아 지역에는 곧 전쟁의 그림자가 드리워졌다.

람세스 2세는 사방에 그림이 새겨진 황금 전차를 타고 히타이트와의 전투에 나섰다.

전략적 요충지 카데쉬

람세스 2세는 왕위에 오른 뒤 처음 3년 동안은 국내의 상황을 안정시키고 백성의 삶을 돌보는 데 바빴다. 마침내 이집트 내부의 상황이 좋아지자 그는 히타이트를 공격하기로 결정하고 군대를 정비했다. 그의 군대는 각각 아몬, 라, 프타, 세트라고 불리는 4개 부대로 구성되었으며, 각 부대 병력은 5,000명으로 그중에 전차병과 활, 투창을 든 병사들이 핵심 병력이었다. 람세스 2세의 계획은 우선 시리아와 팔레스타인의 해안 지역을 점령해서 그곳을 거점으로 해상 교통을 확보하고, 해군과 육군을 동시에 출격시켜 전투를 벌이는 것이었다. 이집트 군대는 계획대로 시리아와 팔레스타인의 해안 지역을 빠르게 장악했다. 다음해인 기원전 1285년에 시리아의 우기雨期가 끝나자 이집트 군대는 히타이트로 진격했고, 얼마 후 유명한 카데쉬 전투를 시작했다.

히타이트도 이미 전쟁 준비를 마친 상태였다. 무와탈리스 2세는 1만 6,000명에서 2만 명에 달하는 병사를 소집했는데 그중 반 이상이 전차병이었다. 전차 한 대에는 운전수 한 명과 각각 방패와 창을 든 병사 두 명이 탔다. 무와탈리스 2세가 세운 계획은 카데쉬 부근에서 매복하고 있다가 이집트 군대가 다가오면 습격해서 포위한 후 일망타진하는 것이었다. 그는 이를 위해 이집트 군대에 첩자를 침투시켰다. 그리고 히타이트 군대는 계획대로 쥐도 새도 모르게 동쪽의 골짜기에 숨어서 이집트 군대가 가까이 오기만을 기다렸다.

람세스 2세는 직접 아몬 부대를 이끌고 이동했다. 전차 군단은 이들을 훨씬 앞질러 가서 이미 목적지에 도착해 다른 부대들이 오기를 기다리고 있었다. 람세스 2세는 카데쉬에 들어서자 히타이트 군대를 공격할 준비를 했다. 황금과 보석으로 치장해서 매우 화려한 왕의 전차는 아침 햇살을 받아 눈부시게 반짝였고, 람세스 2세 역시 밤새도록 행군했지만 여전히 힘이 넘쳤다. 이때 히타이트의 첩자 두 명이 다가와 람세스 2세에게 히타이트 군대가 아직 멀리 북쪽에 있다고 거짓 정보를 제공했다. 이를 들은 람세스 2세는 적들이 멀리 있을 때 어서 이동해서 카데쉬 지역을 완벽하게 장악해야겠다고 생각했다. 그러나 일이 너무 쉽게 풀려 간다고 생각한 람세스 2세는 히타이트의 첩자들을 다시 불러 추궁했다. 첩자들은 결국 사실을 털어놓았고, 람세스 2세는 주위에 자신이 생각한 것보다 몇 배나 많은 히타이트군이 숨어 있다는 사실을 알게 되었다. 당황한 람세스 2세는 뒤에 쫓아오는 라 부대에 최대한 빨리 오라고 명령을 내렸지만 때는 이미 늦었다. 기다리고 있던 히타이트 군대가 카데쉬 남쪽에서 물밀듯이 몰려나와서 서로 약 2.5km 정도 떨어져 있던 아몬 부대와 라 부대 사이를 차단했다.

람세스 2세는 사방에서 공격하는 적들을 막아 낼 수가 없었고, 완전히 포위당하고 말았다. 이집트 군대는 수가 점점 줄어들었고 순식간에 시체가 산처럼 쌓였다. 하지만 살아 있는 병사들은 끝까지 저항하며 싸웠다. 람세스 2세도 한쪽에서 히타이트 군대에 맞서 끝까지 싸우며 조금이라도 시간을 벌어 보려 했다. 그들은 전투하는 동안에도 신에게 기도하며 신의 가호를 간절히 바랐다. 그런데 이때, 이집트 군대를 포위한 히타이트군의 포위망 한쪽에서 이미 이겼다고 생각한 병사들이 이집트 진영의 재물들을 챙기기 시작했다. 화려한 황금과 보석 등에 정신이 팔린 그들은 여전히 전투가 벌어지고 있다는 사실을 깨닫지 못했다. 이러한 요인이 맞물려 전투상황은 곧 역전되기 시작했다. 등 뒤에서 들려오는 비명이 점점 가까워지자 히타이트 병사들은 극도의 혼란에 빠졌다. 전차를 끌던 말들도 여기저기로 날뛰기 시작했고, 병사들은 목숨을 구하고자 사방으로 뿔뿔이 흩어졌다. 이 상황에 놀란 것은 람세스 2세도 마찬가지였다. 이게 어찌 된 일이지? 정말 신이 우리를 도운 걸까? 히타이트의 포위망이 무너지기 시작하자 람세스 2세가 이끄는 아몬 부대의 병사들은 사기가 하늘을 찔렀다. 때마침 라 부대와 프타 부대의 지원군까지 도착해서 이집트 군대는 힘을 합쳐 히타이트 군대와 싸웠다. 그러자 히타이트 군대는 허둥지둥 도망갔고, 간신히 위험에서 벗어난 이집트 군대는 환호성을 질렀다.

전쟁의 결과

네 부대가 모두 모이자 이집트의 전투력은 비할 데 없이 강해졌다. 그러나 오랜 전쟁에 지친 람세스 2세와 이집트의 강해진 군사력에 부담을 느낀 무와탈리스 2세는 잠시 휴전하는 데 동의했다. 람세스 2세는 남쪽으로 조금 물러나며 시리아의 다마스쿠스를 히타이트에 양보했다.

이 전투로 이집트와 히타이트는 모두 서아시아에서 강국으로서의 위세를 떨쳤다. 이집트의 문헌에는 전투가 끝났을 때 카데쉬 평원에 히타이트 병사들의 시체가 가득했다고 기록되어 있다. 또 람세스 2세를 찬양하면서 이 전투가 이집트 인들의 위대한 성공이자 승리라고 평가하기도 했다. 그런가 하면 히타이트의 기록에는 이집트가 이 전투에서 크게 패배했다고 비웃는 내용이 있다. 이렇듯 두 나라는 서로 자신의 승리를 주장했지만, 사실 이집트는 서아시아의 패권을 완전히 장악하지 못했고 히타이트는 전쟁 전과 마찬가지로 시리아에 대한 영향력만 유지한 셈이었다.

두 나라는 카데쉬 전투에서 큰 대가를 치르고도 시리아와 팔레스타인이 어느 나라에 귀속될지 결론을 내리지 못했다. 그러다 보니 이후에 무려 16년 동안 크고 작은 전투가 계속되었고 서로 조금도 물러서려 하지 않았다. 람세스 2세는 전투에서 몇 번 승리하기도 했으나, 그가 장악한 북쪽의 작은 지역은 과거에 투트모세 3세가 점령했던 영토에 비하면 턱없이 작았다. 이집트는 오랜 전쟁으로 국력이 많이 줄어들었고 백성의 생활도 어려워졌다. 히타이트의 상황은 더 나빴다. 국력이 약해진 틈을 타 주변의 아시리아Assyria까지 위협해 와 이러지도 저러지도 못하는 상황이 되어 버렸다. 시간이 흐를수록 두 나라는 평화 조약에 대해 생각하게 되었다.

여러 명이 춤추는 장면을 표현한 고대 이집트의 부조 작품. 그림 속의 남성들은 모두 두 팔을 높이 들었고, 여성들은 북을 치며 춤을 추고 있다. 가는 선으로만 표현한 인물들이 매우 아름답고 사실적이다.

고대 이집트 역사상 가장 위대한 왕이었던 람세스 2세. 60여 년 동안
이집트를 통치했으며 자녀 100여 명을 두었다.

은쟁반 위의 평화 조약

새로운 왕 하투실리 3세Hattusili III가 즉위하면서 히타이트의 국내 상황은 더욱 나빠졌다. 정국은 불안했고 백성이 끊임없이 폭동을 일으켜 하투실리 3세는 이집트와의 전쟁을 하루빨리 마무리 짓고 싶었다. 그래서 그는 이집트와 평화 조약을 맺고 아시리아의 위협에 맞서는 데 집중하고자 했다.

하투실리 3세가 이집트에 보낸 사절단은 은쟁반 위에 평화 조약의 초안을 담아 가져왔다. 람세스 2세도 전쟁을 끝내고 싶었기 때문에 별다른 말 없이 히타이트의 사절단을 맞이했다. 이것이 자신의 승리를 의미한다고 여긴 람세스 2세는 히타이트가 제안한 초안에 이집트의 요구 사항을 조금 덧붙여 평화 조약에 합의했다. 평화 조약의 내용은 다음과 같다. "시리아의 대부분 지역은 히타이트에 속한다. 이집트는 지중해 연안에서 북쪽으로 조금 더 영향력을 확장한다. 조약이 성립되는 것과 동시에 두 나라는 서로 지지와 원조의 의무가 생긴다. 조약을 위반하는 자에게는 신께서 벌을 내릴 것이며 조약을 지키는 자는 신의 보호를 받을 것이다." 이상의 조약 내용을 잘 지키고 두 나라의 동맹을 강화하기 위해 람세스 2세는 하투실리 3세의 딸을 아내로 맞이하기로 했다. 기원전 1257년, 람세스 2세가 왕위에 오른 지 34년째 되던 해에 히타이트의 공주가 이집트로 왔다. 그녀의 아름다움에 마음을 빼앗긴 람세스 2세는 그녀에게 '라 신의 아름다움을 본 여인'이라는 뜻의 마아토르네페루레Maathorneferure라는 이름을 지어 주었다. 이 결혼으로 두 나라의 우호 관계는 더욱 공고해졌다.

이집트는 이 평화 조약을 카르나크 신전의 벽에 새겼고, 이것은 지금까지 남아 있다. 히타이트는 은쟁반 위에 조약의 내용을 새겼다가 나중에는 다시 점토 위에 설형 문자로 새겨 기록했다. 이것은 인류 역사상 최초의 평화 조약이 되었다.

고대 이집트 인들의 부적

이집트 인은 악령을 물리치고 신의 보호를 받기 위해 언제나 몸에 부적을 지니고 다녔다. 부적은 주로 동물의 뼈, 금속이나 나무로 만들었고, 흙을 구워 만든 것이 가장 일반적이었다. 경제적인 이유로 원하는 재료로 부적을 만들지 못하면 비슷한 것으로라도 만들었다. 예를 들어, 아주 좋은 마노석으로 만든 부적이 필요한데 돈이 없다면 색깔이라도 같은 재료를 찾아서 만드는 식이다. 그들에게 부적은 신의 보호를 불러낼 수 있는 것이기 때문에 매우 중요했다.

이집트 인들이 가장 흔히 가지고 다니던 부적은 '우제트^{Udjet}의 눈'이라고 불리는 것이다. 이 부적은 호루스의 눈을 나타낸 것으로 호루스의 신화와 관련이 있다. 아버지 오시리스가 사악한 동생 세트에게 죽임을 당하자 호루스는 복수하겠다고 결심했다. 이후 세트와 격렬하게 전쟁을 벌이던 호루스는 그만 눈을 빼앗겼고, 눈이 몇 조각으로 찢어져 앞을 볼 수 없게 되었다. 그러나 나중에 지혜와 정의의 신 토트가 눈 조각을 이어 붙여 주어서 다시 눈이 보이게 된 호루스는 세트를 물리쳤다. 그 후로 호루스의 눈 모양으로 만든 부적인 '우제트의 눈'은 건강함, 건강의 회복, 선견지명과 풍요 등을 의미하게 되었다.

4 해상 민족의 침략

EGYPT

고대 역사에서 '해상 민족'이란 한 부족이 아니라 몇몇 부족을 묶어서 부르는 말이다. 그들은 한 민족이나 같은 지역에 사는 이웃 부족도 아니지만, 모두 고대 역사의 흐름에 큰 영향을 미쳤다.

시기 : 기원전 1304년 ~ 기원전 1166년
인물 : 람세스 2세, 메르넵타, 람세스 3세

고대 이집트는 역사적으로 힉소스, 해상 민족, 히타이트, 그리고 페르시아, 마케도니아, 로마의 침략을 받았다. 이 중 해상 민족의 침략은 그 밖의 세력들과 몇 가지 면에서 조금 다르다. 첫째, 다른 침략자들과 달리 그들 자체는 그다지 강하지 않았고 대신에 그들을 조종하는 강한 세력이 있었다. 둘째, 그들은 이집트가 가장 번영할 때인 신왕국 시대에 침략을 시작해서 아주 천천히, 그리고 아주 조금씩 이집트를 흔들기 시작했다.

한눈에 보는 세계사

기원전 1200년경 : 그리스 문명 시작
기원전 1100년경 : 중국, 주 왕조 성립

기원전 1200년경 : 알파벳 발명

해상 민족

고대에 지중해의 동남쪽 연안 지역에 펠리시테 인Pelishte이라고 불리던 민족이 살았다. 그들은 여러 곳에 흩어져 살면서 끊임없이 바다를 통해 지중해 동쪽 지역을 침략해 다른 나라들에게 해상 민족이라고 불렸다. 그중 일부는 서아시아 서북부의 소아시아, 키프로스Cyprus, 시리아 북부까지 활동 범위를 넓혔다. 또 다른 일부는 에게 해로 진출해서 그리스 반도의 메세니아Messenia와 크레타 섬까지 위협했다. 더 나아가 이탈리아 남부와 시칠리아 섬까지 간 무리도 있었다.

역사 기록을 살펴보면 이집트에 해상 민족이 출현한 것은 상당히 오래 전부터였다. 이집트 인이 해상 민족이라고 부른 집단은 하나의 부족이 아니라 지중해 부근에 사는 여러 부족을 통틀어서 가리키는 말이었다. 기록을 보면 이집트를 침략한 이른바 해상 민족은 부락마다 각기 규모와 활동 범위가 크게 달라서 이집트에 미친 영향도 저마다 다양했다. 펠리시테 인은 상대적으로 나중에 출현한 해상 민족이지만 그들이 이집트에 끼친 피해는 무척 컸다. 펠리시테 인은 일찍부터 철을 사용하여 각종 철제 무기를 만들었는데 당시로서는 매우 드문 일이었다. 따라서 철제 무기를 사용하는 펠리시테 인을 당해 낼 수 있는 나라는 많지 않았기에 그들은 대부분 전투에서 승리를 거두었다.

기원전 13세기 후반에 지난 수백 년 동안 번영을 누리던 이집트는 국력이 더 이상 강해지지 못하고 제자리걸음하기 시작했다. 이는 해상 민족이 끊임없이 침략해 오기 때문이었다. 당시의 문서 기록을 보면 이집트 인은 자국을 침략한 펠리시테 인을 '북쪽 산악 지역에 사는 서아시아 인'이라고 불렀다.

해상 민족의 침략

제19왕조 시대에 이집트 인은 해상 민족의 침략을 두려워하기 시작했다. 해상 민족의 침략은 아주 예전부터 이어진 일이었지만, 이집트의 왕들은 그들의 세력이 점차 커지는 것을 느끼고 그들을 주시하기 시작했다. 람세스 2세는 군대를 조직해서 그들을 소탕하기도 했다. 해상 민족은 이집트가 강하게 반격하면 물러났다가 얼마 후에 다시 침략했다. 해상 민족의 침략은 주로 한 가족 전체가 이집트 국경을 넘어와서 자리를 잡고 사는 형태로 이루어졌다. 이집트의 왕들은 그들을 군사적 수단으로 내쫓는 전략이 별다른 효과가 없자 새로운 방법을 고민했다. 그리하여 해상 민족이 이집트 영토로 들어오면 쫓아 버리지 않고 그들에게 집을 제공했다. 그리고 이주해 온 해상 민족의 거주지를 제한하고 그들을 천천히 이집트에 동화시키려 했다. 그러나 이 방법은 주장이 강하고 구속을 싫어하는 해상 민족에게 아무런 효과가 없었다. 오히려 이집트로 들어오는 해상 민족의 수가 더 늘어나면서 거주지 제한도 점차 의미를 잃었고, 해상 민족은 이제 이집트 사회 곳곳에 자리 잡게 되었다.

신왕국 시대는 대외 원정을 많이 해서 언제나 병사가 필요했다. 이집트 정부는 급한 대로 해상 민족을 군대에 편입시켜 부족한 병력을 보충했고, 이집트 군대 내에는 갈수록 해상 민족 병사의 수가 많아졌다. 그중 일부는 전투에서 큰 공을 세워 높은 직급에 오르기도 했고, 점차 군대 내에 '고용군'이라는 하나의 세력을 만들었다.

기원전 1236년에 람세스 2세가

이 그림은 람세스 3세가 해상 민족과 전투하는 장면이다. 이집트 군대는 활을 주요 무기로 사용했으며, 그들의 커다란 전함은 해상 민족의 전함보다 움직임이 훨씬 빨랐다.

세상을 떠나자 그의 아들 메르넵타Merneptah가 왕위를 물려받았다. 메르넵타는 왕위에 오르자마자 두 가지 문제에 직면했다. 하나는 국경의 수비가 약해지고 군대의 기강이 해이해진 것이며, 또 다른 하나는 리비아 인과 해상 민족의 침략이었다. 기원전 1207년이 되자 리비아 인과 해상 민족은 이집트 서쪽부터 삼각주 지역까지 광범위하게 이집트를 침략하기 시작했다. 위기에 빠진 이집트의 왕 메르넵타는 아몬 신전으로 가서 신탁을 구했다. 얼마 후, 그는 자신이 군대를 이끌어 적들을 전멸시키고 신에게서 멋진 전투용 칼을 선물받는 꿈을 꾸었다. 이 꿈을 신의 계시라고 생각한 메르넵타는 자신감에 차서 서쪽 국경에서 리비아 인과 전투를 벌였고 실제로 크게 승리했다. 이 전투에서 이집트 군대는 6,000여 명에 달하는 리비아 인과 리비아의 고용군 2,300여 명을 죽였다. 리비아의 통치자는 혼란 속에서 황급히 도망쳤다. 그러나 이미 해상 민족과 동맹을 맺고 있던 리비아는 금세 다시 세력을 키웠다.

메르넵타가 죽고 나서 람세스 2세의 손자들은 왕위 계승을 놓고 권력 다툼을 벌였다. 제19왕조는 결국 얼마 지나지 않아 붕괴했고, 극심한 혼란이 지나간 후 제20왕조가 들어섰다. 치열한 권력 투쟁 속에서 제20왕조의 첫 번째 왕이 된 사람은 세트나크트Sethnakht였다. 그러나 그는 통치 기간이 3년밖에 되지 않았고, 이후 그의 아들인 람세스 3세Ramses III가 왕위를 물려받았다. 람세스 3세가 왕위에 오른 지 5년째 되던 해에 리비아가 다시 이집트를 침략했다. 이때 이집트는 침략자들을 잘 막아냈는데, 3년 후에 이번에는 해상 민족이 이집트를 노렸다. 예전보다 훨씬 강하고 무자비해진 해상 민족은 지중해를 넘어 히타이트까지 점령한 상태였다. 해상 민족의 군대는 병사들로만 이루어진 것이 아니라 민족 전체가 하나의 군대였다. 그들은 소가 끄는 마차에 모든 재산을 싣고 이리저리 옮겨 다니면서 적을 만나면 전투를 벌였다. 그렇게 천천히 이동하던 해상 민족의 최종 목적지는 이집트의 비옥한 토지였다. 당시 많은 전투를 거치며 전투력이 최고조로 오른 해상 민족은 위풍당당하게 시리아를 넘어 이집트의 코앞까지 왔다. 람세스 3세는 동쪽 국경에 주둔하는 군대로 해상 민족을 무찌를 계획을 세우는 동시에 첩자를 보내 적의 조직을 분열시키는 작전을 펼쳤다. 이 작전이 상당한 효과를 발휘해서 해상 민족 중 일부 부락은 전투에서 이집트 편에 서서 싸우기도 했다.

람세스 3세는 또 나일 강 하구에 군대를 배치해서 나일 강을 타고 오던 해상 민족의 함대를 무찔렀다. 이 전투에서 그는 가짜로 이집트 군대의 진영을 만들어 놓고 해상 민족을 유인한 다음 불화살을 쏘아 적을 섬멸하는 작전을 이용했다. 그는 불을 지른 후 바로 용감한 병사들을 투입해서 불화살 공격에서 살아남은 적을 마지막 한 명까지 모두 죽이도록 했다. 람세스 3세는 뛰어난 전략과 탁월한 지도력을 바탕으로 전쟁을 승리로 이끌었다. 그리고 이 전투에서 가장 격렬했던 장면을 메디나트 하부Medinet Habu 신전에 부조로 기록해 사람들에게 널리 알렸다. 해상 민족은 이집트와 치른 이번 전투에서 큰 충격을 받아 거의 궤멸되다시피 했다. 가까스로 살아남은 몇몇은 이집트 국경을 따라 서쪽으로 가서 살 곳을 찾아 떠돌았다. 이집트는 가장 위협적인 해상 민족을 크게 물리치고 영토를 지켰으나, 이 전투에서 너무 많은 비용과 인력을 낭비했다. 이 전쟁이 끝난 후 이집트는 한동안 다시 일어서지 못하고 점차 쇠락의 길을 걸었다.

5 신왕국 시대의 종결

EGYPT

신왕국 시대는 고대 이집트 역사에서 가장 빛나던 시대였다. 끝나지 않을 것 같던 그 화려한 시절은 점차 쇠락해 갔고, 신왕국 시대는 어느덧 영원히 막을 내렸다.

시기 : 기원전 1567년 ~ 기원전 1085년
인물 : 람세스 4세, 세트나크트, 헤리호르

람세스 2세가 세상을 뜬 후 이집트는 예전의 번영을 되찾지 못했고, 그 후 제19왕조는 천천히 무너지기 시작했다. 그의 뒤를 이은 제19왕조의 왕들은 람세스 2세 시기의 이집트를 동경하며 나라를 통치하는 데 최선을 다했으나 결과는 여의치 않았다. 뒤이은 제20왕조의 왕들도 번영을 꿈꾸며 이름을 람세스로 바꾸기도 했지만 아무런 효과가 없었다.

내부의 분열

메르넵타가 사망한 후, 왕위 계승 문제를 놓고 왕족 사이에 격렬한 권력 투

한눈에 보는 세계사

기원전 1200년경 : 그리스 문명 시작
기원전 1100년경 : 중국, 주 왕조 성립

기원전 1200년경 : 알파벳 발명
기원전 1000년경 : 한반도, 청동기 시대 시작

쟁이 벌어졌다. 그래서 이집트의 중앙 정부는 제 기능을 하지 못했고, 각 지역에서는 귀족의 세력이 점차 커졌다. 람세스 3세의 뒤를 이어 왕위에 오른 람세스 4세Ramses IV는 신의 뜻을 맹신하는 사람이었다. 그 정도가 지나치자 사람들은 그의 정당성과 권위를 의심하기 시작했고, 람세스 4세는 얼마 후 사망했다. 그의 아들인 람세스 5세Ramses V가 왕위를 계승했으나, 그는 왕이 된 지 5년 만에 서른다섯 살의 나이로 사망했다. 그 뒤를 이은 람세스 6세Ramses VI는 람세스 3세의 아들로, 왕실 내에서 정변을 일으켜 스스로 왕위에 오른 것으로 보인다. 그는 람세스 5세의 무덤까지 빼앗아서 새로 개조해 넓히고는 자신의 무덤으로 만들었다. 람세스 3세가 사망한 후, 그의 후손들은 이렇게 끊임없이 왕위 쟁탈전을 벌였다.

스스로 왕이 된 자

현존하는 파피루스 중에 가장 긴 '해리스의 파피루스Papyrus Harris'에는 제 19왕조의 혼란한 상황에 대한 기록이 있다. 이에 따르면 제19왕조 말기에 누군가가 반란을 일으키고 자신을 지지하는 세력을 모아서 무력으로 정권을 빼앗아 왕위에 오르고자 했다. 이것은 제19왕조를 무너뜨린 결정적인 사건이었다. 이 '스스로 왕이 된 자'는 이집트 백성에게 많은 세금을 요구했다. 그는 신전을 점령하고, 많은 사람을 죽였다. 이와 함께 이집트 사회의 불안과 혼란은 더욱 심해졌다. 이때 람세스 3세의 아버지인 세트나크트Sethnakht가 온 힘을 다해서 그를 몰아냈고, 덕분에 사회 질서는 천천히 제자리로 돌아왔다. 그리고 세트나크트는 제20왕조의 첫 번째 왕이 되었다. 이 '스스로 왕이 된 자'에 대해서는 아직도 정확히 밝혀진 바가 없다. 학자들

이집트의 왕이 적을 무찌르는 모습을 묘사한 부조

은 처음에 그가 당시의 총리대신이었던 베이Bay라고 생각했지만, 그는 '스스로 왕이 된 자'가 등장하기 3년 전에 이미 사망한 것으로 밝혀졌다. '스스로 왕이 된 자'가 시리아 출신 노예라고 주장하는 사람도 있으나 근거가 확실하지 않다. 그러나 당시에 반란이 일어났고, 잠시나마 왕위를 빼앗은 자가 있었으며, 그가 제19왕조의 쇠락을 이끌었다는 것은 분명한 사실이다.

나일 강변에 세워져 있는 이 기둥들은 룩소르 신전의 일부분이었던 것으로 보인다.

최초의 파업

아버지 세트나크트의 뒤를 이어 제20왕조의
두 번째 왕이 된 람세스 3세는 이집트를 통
치한 동안 새로운 대규모 건축 사업을 몇
가지 추진했다. 그런데 당시 건설에 동원
된 기술자와 노동자들이 임금을 제대
로 받지 못하자 정부에 불만을 품었다.
얼마 후 이집트에서 인류 역사상 최초
의 파업이 일어났다. 테베에서 작업하던
기술자들, 특히 석공과 목수들은 두 달치
임금이 밀리자 작업하던 손을 놓고 모두 신
전 앞으로 가서 왕에게 자신들의 요구 사항을
알렸다. "저희는 벌써 18일 동안이나 밥을 먹지 못

람세스 3세가 리비아
병사를 무찌르는 모습
을 묘사한 부조

하고 있습니다. 배고픔이 저희를 이곳으로 이끌었습니다.
저희는 입을 옷도, 먹을 생선이나 채소도 없습니다. 저희를 거두어 주시지
않는다면 이 신전 또한 죄악을 저지르는 것입니다." 이런 일을 상상할 수도
없던 관리들은 놀라 자빠질 지경이었고 들고 일어선 노동자들이 무서워
서 감히 신전 앞으로 가 보지도 못했다. 한편, 기술자와 노동자들은 아무
리 호소해도 아무런 답이 없자 바로 다음 단계의 행동을 결의했다. 그들은
큰 소리를 지르며 나라의 식량 저장고를 공격해 양식을 가져갔다. 저장고
는 순식간에 비어 버렸고, 관리들은 상황이 더욱 나빠지는 것을 보고 어찌
할 바를 몰랐다. 그들은 그제야 기술자와 노동자들을 달래려고 나섰다. 결
국, 재상이 직접 그들의 임금 문제를 해결해 주고 나서야 파업은 마무리되
었다.

왕실의 음모

해상 민족의 침략에 맞서 전투에 임하던 람세스 3세는 국내 상황을 돌볼
겨를이 없었다. 사실 전투에 집중해야 하는 람세스 3세를 가장 방해한 것
은 다름 아닌 그의 가족이었다. 특히 그의 두 번째 부인인 티예Tiye는 자신
의 아들을 왕위 계승자로 세우기 위해 람세스 3세를 살해할 계획까지 세웠
다. 그녀와 지지자들은 밀랍으로 람세스 3세의 인형을 만들어 그를 저주하
고, 독약을 이용해서 람세스 3세를 죽이려고 시도했다. 람세스 3세는 그녀
가 준 독약을 모르고 실제로 마셨지만 다행히도 간신히 목숨을 건졌다. 이
로써 티예의 음모가 만천하에 드러났다. 티예뿐만 아니라 왕실 내부의 집
사, 왕의 음식을 담당하는 신하, 심지어 티예가 살던 궁전의 문지기와 그의
아내까지 이 음모에 가담한 사실이 밝혀졌다. 그들은 모두 재판관 열네 명
으로 구성된 법정에 서게 되었고, 일부는 사형을 당하고 나머지는 귀나 코
가 잘리는 형벌을 받았다. 티예와 그녀의 아들은 자살했다.

하지만 이렇게 엄격한 처벌도 궁전 내에서 벌어지는 암투와 음모를 잠재
우지는 못했다. 람세스 3세는 결국 누군가에 의해 서서히 독약에 중독되어
암살되었다. 31년 동안 이집트를 통치한 람세스 3세는 신왕국 시대에 이집
트를 번영케 한 마지막 왕이었다. 그의 죽음으로 이집트의 화려한 시절은
막을 내렸다.

도굴 사건

람세스 4세부터 람세스 11세Ramses XI까지 여덟 명의 왕이 통치한 기간은 고
작 75년이다. 이 기간에 이집트 사회는 극도로 불안했고, 심지어 무덤을 도
굴하는 일까지 발생했다. 처음에는 일반 사람들의 무덤을 도굴하다가 나
중에는 군인이나 성직자 같은 지위가 높은 사람의 무덤을 도굴하는 일도
생겼다. 심지어 무덤을 관리하는 사람들이 도굴꾼들과 한패가 되기도 했

다. 도굴꾼들은 점점 과감해져서 귀족이나 왕의 무덤에 매장된 보물까지 노렸다. 특히 람세스 9세^{Ramses IX}가 통치하던 시대에는 도굴꾼들에 관한 흉흉한 소문이 꼬리를 물고 이어졌다. 귀족들과 왕족의 무덤이 모두 파헤쳐졌다는 소문은 사회를 더욱 불안하게 했다. 테베의 시장도 도굴과 관련되었다는 의심을 받아 재판에 넘겨졌고 결국 온몸에 기다란 못이 박히는 형벌을 받았다.

도굴꾼 몇 명을 사형에 처하기는 했으나 도굴꾼을 모두 소탕하지는 못했다. 그 후 도굴은 오히려 더욱 자주 발생했다. 특히 무덤 관리인으로 일하는 자들끼리 조직을 만들어서 여러 명이 함께 도굴하는 경우가 많았다. 그래서 나중에는 무덤 관리인을 매우 엄격하게 심사해서 선발했다. 체포되어 법정에 선 도굴꾼들은 다음과 같이 죄를 인정했다.

"우리는 소베켐사프 1세^{Sobekemsaf I}의 무덤으로 들어갔습니다. 관을 모두 뜯어서 왕이 입으신 군복, 머리에 쓰신 황금 투구, 목에 걸린 많은 부적과 황금 장식품 등을 꺼냈습니다. 왕의 미라를 덮고 있던 금과 은, 보석도 모두 가져왔습니다. 또 왕비를 찾아서 그녀의 미라에서도 빛나는 모든 것을 가져왔습니다. 무덤 안에 함께 매장되어 있던 부적, 장식품 등을 꺼내 와서 모두 여덟 명 몫으로 나누어 가졌습니다."

위의 내용은 한 도굴꾼이 법정에서 소베켐사프 1세의 무덤을 도굴한 사실을 인정한 내용이다. 그는 동료 일곱 명과 무덤으로 어떻게 들어갔고, 돌로 만든 관을 어떻게 열었으며, 또 무엇을 훔쳤는지 자세히 진술했다. 이 일당은 같은 방법으로 왕비의 무덤까지 파헤쳤다. 람세스 11세 시대에 람세스 6세의 무덤도 도굴당했고, 연이어 왕실의 많은 무덤이 도굴꾼들의 목표가 되었다. 귀족들과 관리들은 하는 수 없이 왕이나 존경받았던 귀족의 미라 몇 구를 다른 곳으로 옮기기까지 했다.

관리의 권력

제20왕조 후기의 왕들은 권력이 그리 강하지 않았고, 중앙 정부의 관리 체계는 서서히 붕괴해 가고 있었다. 이집트의 각 정부 기관은 서로 단결해서 사무를 처리하지 못하고 제각각이었다. 이 틈을 타 누비아가 이집트로부터 독립을 선포했다. 람세스 3세 이후의 왕들은 특별한 업적을 세우지 못했고, 그들이 왕위에 있는 동안 폭동과 반란이 계속되었으며, 정복 지역들은 하나씩 독립을 선언했다. 외부의 혼란과 왕실 내부의 암투까지 겹쳐서 정치가 극도로 불안해지자 경제도 위기를 맞았다. 왕의 권력은 계속 줄어들고 사회 계층 사이에 혼란이 발생했으며 신전의 성직자들까지 왕권을 넘보려 했다. 헤리호르Herihor 라는 장군은 당시 이집트의 실권을 쥐고 대大제사장의 칭호를 받았다. 그는 람세스 11세와 거의 동등한 권력을 자랑하며 국가를 운영했다. 또 행정 장관이었던 삼각주 지역의 귀족 스멘

아부심벨 신전의 입구

데스Smendes는 삼각주의 북쪽 지역을 장악하여 독립적으로 통치했다. 다시 말해, 당시의 이집트는 사실상 람세스 11세, 헤리호르, 스멘데스 세 사람이 함께 통치한 셈이었다. 기원전 1085년에 람세스 11세가 세상을 떠나자 세 명이 이집트를 나누어 통치하던 균형이 깨졌다. 이제 헤리호르와 스멘데스 두 사람이 나누어 이집트를 통치하면서 제20왕조는 막을 내렸다. 500년 동안 번영을 계속하던 신왕국 시대도 제20왕조의 붕괴와 함께 끝나고 이집트는 이제 쇠퇴의 길로 접어들었다.

고대 이집트의
신성한 동물들

고대 이집트 문명이 다른 문명과 구별되는 큰 특징 중 하나는 바로 동물을 숭배한 것이다. 그들은 각종 동물의 상징인 토템을 만들어 귀하게 여겼다. 이집트 인은 그중 몇 가지 동물은 신의 화신이며 신의 힘을 가지고 있다고 생각해서 절대 함부로 대하지 않았다.

문명 초기에 고대 이집트 인은 인간과 자연계를 따로 생각하지 않았다. 그들은 해, 달, 별, 바람, 비, 천둥과 번개, 높은 산과 커다란 강, 그리고 모든 동물과 식물이 각기 신비하고 강력한 힘을 지녔으며, 이러한 요소들이 인간의 삶과 죽음까지 결정한다고 생각했다. 그래서 자연의 만물은 이집트 인에게 신처럼 숭배되었는데, 예를 들어 하늘, 땅, 해, 달, 별, 나일 강, 사막, 사자, 악어, 코브라, 전갈 등이 모두 그 대상이 되었다. 동물 숭배 및 동물의 신성화는 고대 이집트 인의 독특한 정신문화를 반영한다.

소

소는 사자와 함께 힘을 상징했다. 소는 신이나 왕을 표현한 예술 작품에도 자주 등장하는데, 그중에서 가장 유명한 것이 이집트 신화에 등장하는 신성한 소 아피스Apis이다. 가축의 신인 프타와 죽음의 신 오시리스를 상징하는 아피스는 이집트에서 신성한 의미를 부여받은 최초의 동물이다. 특히 고대 이집트의 수도였던 멤피스 지역에서 주로 숭배했는데, 멤피스 사람들은 무덤에 시체를 매장할 때에도 언제나 아피스 조각상을 넣었다고 한다. 농업 생산과 풍요로움을 상징하는 아피스는 고대 이집트 인의 절대적인 사랑을 받았고 언제나 귀한 대접을 받았다. 아피스를 비롯한 이집트의 소들은 왕에 버금가는 대우를 받았으며, 매년 소들을 위한 성대한 의식이 거행되었다. 심지어 소가 죽으면 미라로 만들어서 관에 넣고 특별한 곳에 묻어 주기도 했다. 그 안에는 진짜 왕들처럼 가면과 보석 등을 같이 넣었다.

고양이

고양이는 이집트 인이 가장 사랑한 동물이었다. 전설에 따르면 태양신 라는 매일 아침 암흑을 지배하는 뱀인 아포피스Apophis를 죽여야 하늘로 떠오를 수 있었다. 태양신 라는 아포피스와 싸울 때 언제나 고양이의 모습으로 변신했다고 한다. 실제로 고양이가 아포피스를 죽이는 장면이 고대 이집트의 유물이나 파피루스에 자주 등장한다. 당시 사람들은 자신보다 고양이를 더욱 귀하게 여겼다. 이집트 인은 집에 불이 나더라도 절대 허둥대거나 먼저 도망가지 않고, 침착하게 집안 어딘가에 숨어 있는 고양이를 찾으러 다녔다. 또 꼭 화재가 나지 않았더라도 기르던 고양이가 죽으면 온 가족이 한동안 슬픔에 잠겼다.

고대 이집트 인은 신이 인간에게 동물을 선물했고, 그들도 인간처럼

고대 이집트의 고양이 조각상. 이집트 인들은 이런 조각상을 만들어 동물에 대한 숭배를 표현했다.

아몬의 여사제가 죽은 후 저세상으로 가서 악어에게 절하고 있다.

다양한 감정이 있다고 생각했다. 그러나 모든 동물이 숭배받은 것은 아니다. 많은 동물 가운데 '행운'의 의미가 있는 동물만 사랑받을 자격이 있었다. 바스트Bast가 수호신이던 삼각주 지역에서는 집마다 바스트의 그림이나 조각상이 있었고, 바스트의 화신인 고양이는 매우 신성한 동물로 대접받았다. 고양이 숭배는 종종 도를 넘어서기도 했다. 어떤 사람은 많은 고양이를 기르다가 일부러 죽여서 미라를 만들어 팔았고, 이 고양이 미라는 날개 돋친 듯 팔려 나갔다. 기원전 4세기 이후 여신 바스트 숭배가 더욱 유행하자 고양이는 없어서 못 팔 지경이 되었다. 사람들은 더 많은 고양이 미라를 만들기 위해 두 살도 채 되지 않은 고양이의 목을 부러뜨리거나 독을 먹여서 죽였다. 죽인 다음에는 즉시 석고를 발라서 형태가 흐트러지지 않게 하고, 앞발은 가슴 앞에 포개고 뒷발은 배에 포개 놓았다. 또 그 위에 여러 가지 색으로 그림을 그려서 나중에 사람의 시신과 같이 매장할 수 있게 만들기도 했다.

다른 동물들

고대 이집트에는 수많은 신이 있었고, 그만큼 동물 숭배도 다양했다. 소나 고양이 외에도 많은 동물이 신의 화신이 되었다. 이집트 인은 신이 동물의 모습으로 변신해서 인간 세상으로 내려온다고 생각했다. 신들은 각각 어울리는 동물이 있었는데, 예를 들어 무덤을 보호하는 신인 아누비스는 개, 늑대, 여우 등으로 상징되었고 여신 바스트는 고양이, 태양신 라는 매로 묘사되었다.

세베크Sebek : 악어 신. 이집트 인은 악어가 포악하고 잔인하면서도 동시에 매우 친절한 보호자라고 여겼다. 그래서 그들은 악어를 두려워하면서도 사랑했다. 이집트에서 악어는 세베크의 화신으로 왕권을 상징하는 동물이었다. 신화에 따르면 세트가 오시리스를 죽였을 때 악어가 오시리스의 시신이 젖지 않도록 자신의 배 위에 올려놓았다고 한다. 그리고 누운 채로 헤엄쳐서 오시리스의 시신을 바위에 안전하게 올려놓았다. 또 호루스가 태어났을 때 그의 어머니 이시스가 세트를 피해서 아들을 안고 나일 강변으로 갔는데 이때에도 악어가 그들 모자를 보호해 주어서 무사할 수 있었다고 한다.

제18왕조 시대에 여성들이 사용한 물건. 오리는 고대 이집트에서 새로운 생명과 재생을 의미하는 동물이었다.

세베크는 고대 이집트의 예술 작품에서 악어 머리를 한 남성으로 표현된다. 그는 악어로 변해서 호수 밑을 유유히 기어다닐 수도 있고, 나일 강의 급류에서도 안전하게 이동할 수 있다. 나일 강변에 사는 사람들은 이런 그를 가장 위대한 신으로 추앙했고, 항상 기도를 드리며 제물을 바쳐 그를 즐겁게 했다.

크눔 : 숫양 신. 크눔은 창조신 중 하나로 풍요를 상징하며, 머리에는 커다랗게 구부러진 뿔이 두 개 달린 양이다. 그는 하늘에서 내려와 대지와 나일 강에 풍요로움을 선사했다. 크눔은 나일 강 유역의 통치자였고, 강물을 주는 신이자 나일 강이 발원한 지역의 보호신으로 여겨졌다. 크눔은 대지에 풍요로움을 주는 신이었기 때문에 생식력이 왕성했다. 그래서 아내도 전갈 여신 셀케트^{Selket}, 코끼리 여신 사티^{Sati} 등 아주 많이 두었다고 한다.

케프리 : 쇠똥구리 신. 케프리는 아침에 뜨는 태양을 상징하는 신이다. 이집트 인들은 쇠똥구리가 쇠똥을 굴리는 모습이 이른 아침에 케프리가 해를 밀어올리는 모습과 비슷하다고 생각해서 쇠똥구리를 케프리의 화신으로 여겼다.

사티 : 코끼리 여신. 사티는 크눔의 아내로 몸이 코끼리인 여성의 모습으로 표현된다. 그녀는 상이집트의 왕관을 쓰고 있으며, 머리에는 영양의 뿔이 나 있다.

세크메트 Sekhmet : 사자 여신. 세크메트는 태양신 라의 딸로, 불타오르는 태양의 중심부를 상징한다. 멤피스의 보호신이었으며 멤피스 사람들은 그녀를 프타의 아내로 여겼다. 태양신은 악한 인간을 벌하기 위해 자신의 눈에서 불덩이를 꺼내 그녀를 만들었다. 그래서 세크메트는 정의와 강한 힘을 상징하기도 한다.

셀케트 : 전갈 여신. 셀케트는 머리에 전갈을 이고 있는 모습으로 표현되며, 누명을 쓴 사람들과 곤경에 빠진 약자를 돕는 신이다. 이집트 신화에 따르면 이시스가 세트에게 괴롭힘을 당할 때 셀케트가 전갈 일곱 마리를 보내서 이시스를 보호했다.

와제트 Wadjet : 나일 강 삼각주의 코브라 신. 하이집트의 수호신이다.

헤켓 Heqet : 개구리 여신. 개구리 머리를 한 여성의 모습으로 표현된다. 크눔의 아내이며, 또한 출산을 보호하는 신이어서 이집트 여성들은 아이를 낳을 때 헤켓의 장신구를 달았다.

늑대와 고양이가 양과 오리를 즐겁게 몰고 가는 모습이다. 매우 생동적으로 표현된 이 그림에서 고대 이집트 인이 다양한 동물을 숭배하고 친근하게 여겼다는 점을 엿볼 수 있다.

Ancient EGYPT

맥을 잡아주는 세계사

The flow of The World History

제7장 | 페르시아 지배기

1 네코 2세의 도전

신왕국 시대가 끝난 후 이집트는 한동안 정체기를 겪었다. 이집트 제26왕조의 네코 2세Necho II는 예전의 영광을 되찾고자 다시 한 번 대외 원정을 시작했다. 비록 바빌로니아에 막혀 성공하지는 못했지만, 그는 투트모세 이후 유프라테스 강을 넘으려 시도한 첫 번째 왕이었다.

시기 : 기원전 610년 ~ 기원전 595년
인물 : 네코 1세, 프삼티크 1세, 네코 2세

네코 2세는 고대 이집트 제26왕조의 세 번째 왕이다. 그는 한동안 침체했던 이집트를 다시 발전시키기 위해 끊임없이 개혁을 시도했다. 네코 2세는 의욕적으로 다양한 사업을 벌이는 동시에 이집트를 침략한 세력을 몰아내어 나라의 독립을 굳건히 지켰다. 또 대외 원정에 나서서 이집트의 영토를 다시 확대하고자 했다. 그뿐만 아니라 운하 건설을 시도해서 후대 사람들이 수에즈 운하를 만드는 기초를 다졌다.

한눈에 보는 세계사
기원전 625년 : 신바빌로니아 왕국 성립   기원전 563년 : 석가모니 탄생
기원전 551년 : 공자 탄생

사이스 왕조

이집트는 제25왕조 말기에 당시 세력이 커진 아시리아에 영토 일부를 점령당했다. 네코 2세의 할아버지인 네코 1세는 당시 나일 강 삼각주 지역에서 아시리아가 점령한 사이스Sais의 총독이었다. 그는 아시리아의 잔혹한 통치에 격분해 반란을 일으켰다. 그러나 반란에 실패해서 추방되고 말았다. 그러자 그는 아시리아의 수도 니네베Nineveh로 가서 반反아시리아 운동을 계속했고 얼마 후에 병으로 죽었다.

네코 1세의 아들인 프삼티크 1세Psamtik I는 아버지가 반란자로 체포되고 추방된 후 얼마 지나지 않아 사망하기까지를 고스란히 목격했다. 그의 가슴속 깊은 곳에는 아시리아를 증오하는 마음이 가득했다. 프삼티크 1세는 주변의 몇몇 지역과 동맹을 맺어서 함께 아시리아에 저항하는 세력을 조직했다. 이후 그가 이끄는 세력은 점점 커져서 나일 강 삼각주 일대의 아시리아 점령지를 거의 모두 되찾았고, 곧이어 아시리아 군대를 팔레스타인까지 완벽하게 쫓아냈다. 때마침 바빌로니아가 아시리아를 공격하자 바빌로니아를 지원해서 이집트의 독립을 더욱 안정시켰다. 네코 1세 시대부터 사이스 지역에서 시작된 반아시리아 세력을 '사이스 왕조'라고 불렀으며, 바로 제26왕조의 시작이다.

네코 2세의 원정

아버지 프삼티크 1세의 뒤를 이어 이집트를 통치하게 된 네코 2세는 주변 정세가 심상치 않은 것을 느꼈다. 한때 세력이 정점에 달했던 아시리아는 이제 많이 약해졌지만, 이번에는 바빌로니아가 영토를 확장하기 위해 서쪽으로 이동하며 이집트에 다가오고 있었다. 네코 2세는 아시리아를 지원해서 바빌로니아의 원정을 막아야겠다고 생각했다. 다시 말해, 네코 2세는 과거에 할아버지 네코 1세가 아시리아에 저항하기 위해 바빌로니아와 손잡은 반아시리아 정책을 뒤집은 것이다.

네코 2세는 아시리아를 지원하기 위해 군대를 통솔해서 메소포타미아 평원으로 떠났다. 이동 중에 바빌로니아를 지원하는 유다 왕국이 공격해 와 이집트 군대는 격렬한 전투를 벌였다. 이 전투에서 네코 2세는 유다 왕국의 왕과 그 계승자까지 죽였고, 자신의 동생을 왕위에 앉혀 사실상 유다 왕국을 점령했다.

네코 2세의 군대는 계속 진군해서 유프라테스 강까지 갔다. 이전의 투트모세 1세와 투트모세 3세는 이 강을 건넜다. 그래서 이집트의 왕들에게 유프라테스 강을 넘는다는 것은 그 옛날 이집트의 번영을 되찾는 것을 의미했다. 그동안 이집트의 왕들은 유프라테스 강을 넘어서까지 정복지를 넓히고 싶어 했으나 그것은 쉬운 일이 아니었다. 네코 2세도 그런 원대한 꿈을

지중해와 홍해를 잇는
수에즈 운하

품고 있었다. 하지만 안타깝게도 눈앞의 적들은 너무 강했고 이집트의 힘도 아직 그 꿈을 실현할 만큼 회복되지 않은 상태였다. 네코 2세는 결국 아시리아와 손잡고 바빌로니아를 꺾으려 한 원정에 실패하고 돌아올 수밖에 없었다.

아프리카를 탐사하다

네코 2세는 국방을 튼튼히 하고 아울러 경제와 무역을 발전시키고자 했다. 그래서 먼저 해군을 발전시키고 튼튼한 전함을 많이 만들었다. 전쟁이 벌어지지 않을 때에는 이 전함들을 해상 무역에 사용했다. 아시아 원정에서 큰 성공을 거두지 못한 네코 2세는 이번에는 아프리카로 눈을 돌렸다. 특히 아프리카의 해안 지방에 관심을 느낀 그는 홍해 일대의 해안 지형과 각국의 군사력 등을 파악하기 위해 조사단을 파견했다. 조사단은 3년 동안 조사 활동을 한 후 각국에서 사들인 물건을 배 여러 척에 가득 싣고 돌아왔다. 그들이 가져온 물건보다 더욱 중요한 것은 이곳저곳에서 수집한 각국의 정치 상황과 사회에 대한 정보였다. 조사단은 네코 2세에게 그 내용을 상세하게 보고했다. 그중에 이런 내용이 있다. 조사단이 탄 배가 이집트에서 출발해 해안선을 따라 나아가기 시작하자 태양은 언제나 그들의 왼쪽에서 떠올랐다. 그런데 어느 지점을 지난 후부터 태양은 오른쪽에서 뜨기 시작했다. 이것은 그들이 아프리카의 서해안까지 갔다는 것을 의미한다.

운하 건설

네코 2세는 무역을 발전시키기 위해서 홍해와 지중해를 연결하는 운하를 건설하기로 했다. 일찍이 제12왕조의 세누스레트 3세^{Senusret III}가 나일 강 위에 떠 있는 섬인 엘레판티네^{Elephantine}와 나일 강을 잇는 운하를 만든 적이 있다. 그는 이 운하에 자신의 호루스 이름을 붙여 '아름다운 카카우레 Khakaure'라고 이름을 붙였다. 네코 2세의 계획은 이보다 컸다. 그는 지중해나 멤피스에서 오는 배들이 나일 강의 지류를 통과해서 홍해로 나아갈 수 있게 하고 싶었다. 계획을 세운 후 그는 곧바로 공사를 시작했다. 하지만 매우 고된 노동 탓에 이 공사에 동원된 수많은 사람이 다치거나 죽었고, 사람들은 점차 정부에 불만을 품게 되었다. 신전의 성직자들은 상황이 심각한 것을 파악하고 신탁을 통해서 네코 2세에게 경고하기로 했다. 얼마 후, 프타 신전의 신탁이 네코 2세에게 전달되었다. 이 신탁은 완성된 운하가 이집트보다 다른 나라에 더 도움이 될 것이며, 오히려 이집트에는 좋지 않은 영향을 미칠 수 있다고 경고했다. 바로 공사를 중단하라는 내용도 있었다. 이 신탁 내용은 네코 2세의 계획에 찬물을 끼얹는 격이었다. 감히 신의 뜻을 거스를 수 없었던 네코 2세는 하는 수 없이 공사를 중단했다.

이렇게 해서 네코 2세의 운하는 완성되지 못했지만, 이것은 지중해와 홍해를 이으려 한 첫 번째 시도였다. 또한 이는 1869년에 개통된 수에즈 운하의 기초가 되었다.

2 다시 일어서는 이집트

EGYPT

아모세 2세Ahmose II가 통치하던 시대에 이집트는 정치, 경제, 문화의 모든 방면에서 엄청난 발전을 거두었다. 역사가 헤로도토스는 이 시대를 이집트 역사상 가장 번영한 시기라고 평했다.

시기 : 기원전 570년 ~ 기원전 546년
인물 : 아프리에스, 아모세 2세, 프타베미스

평민 출신으로 장군의 자리에까지 오른 아모세 2세는 치열한 권력 투쟁 끝에 마침내 이집트의 왕이 되었다.

장군 아모세

아모세 2세가 장군이었을 때, 이집트는 안팎으로 사건이 끊이지 않았다. 그리스 인이 지중해를 넘어와 이집트와 리비아의 내정에 간섭하려고 했다. 이에 리비아가 당시 이집트의 왕 아프리에스Apries에게 지원을 요청해 아프리에스는 이집트 군대를 파견해 그리스 인을 공격했다. 결과는 이집트의

한눈에 보는 세계사
기원전 563년 : 석가모니 탄생
기원전 551년 : 공자 탄생

참패였다.

평화를 사랑하고 다른 나라의 정치에 간섭한 적이 없던 이집트 인은 아프리에스가 리비아와 그리스의 싸움에 섣불리 나섰다고 비판했다. 게다가 아프리에스가 죽은 병사들을 제대로 대우해 주지 않는다는 이유로 군인들이 왕의 명령에 따르지 않았다. 그러자 아프리에스는 자신이 가장 믿는 장군인 아모세를 보내 군대에서 일어난 반란을 해결하라고 명령했다. 장군 아모세가 폭동이 일어난 진영에 도착했을 때, 뜻밖에도 한 병사가 그에게 다가오더니 왕관을 씌워 주었다. 이어서 병사들이 모두 그에게 충성을 맹세했고, 아모세도 이에 동의해 스스로 왕이 되었음을 선포했다. 아모세 2세가 된 그는 자신에게 충성하는 병사들을 이끌고 아프리에스가 있는 궁전을 향해 진격했다.

이 소식을 듣고 아프리에스는 매우 분노했다. 그리고 곧바로 이집트 백성의 존경을 받는 프타베미스Patarbemis를 보내 아모세를 체포해 오라고 명령했다. 아모세를 만난 프타베미스는 궁으로 돌아가 왕에게 죄를 빌라고 말했다. 그러자 아모세는 궁으로 돌아가기는 하겠지만 자신을 따르는 모든 이와 함께 가겠다고 대답했다. 즉, 군대와 함께 반란을 계속할 것이라는 의미였다. 프타베미스는 그 말의 뜻을 알아차리고 황급히 돌아왔다. 그는 아프리에스에게 아모세의 군대가

고대 이집트의 사냥 벽화. 고대 이집트의 벽화에 자주 등장하는 사냥 장면은 나일 강 유역의 풍요로움과 이집트 인의 행복한 삶을 보여 준다.

궁으로 오기 전에 철저히 준비해야 한다고 보고했다.

권력 투쟁

그런데 아프리에스는 프타베미스가 아모세 2세를 체포해 오는 임무를 완수하지 못했다고 질책했다. 그리고는 프타베미스에게 귀와 코를 잘라 내는 잔혹한 형벌을 내렸다. 그에게 충성을 바치는 신하를 이렇게 무자비하게 대하자 아프리에스의 신하들은 모두 불안감에 휩싸였다. 그들은 자신들도 곧 쳐들어올 아모세 2세에게 죽거나 아니면 아프리에스에게 밉보여 죽을 것만 같았다. 얼마 후, 신하들은 하나둘씩 아프리에스의 곁을 떠나 아모세 2세에게 충성을 맹세했다.

독단적인 아프리에스는 아모세 2세와 전투를 피할 수 없는 상황이 되자 직접 병사 3만 명을 이끌고 공격했다. 한편, 아모세 2세도 미리 그 정보를 듣고 전쟁 준비를 마친 상황이었다. 두 사람 모두 이 전투에서 승리해야만 왕권을 굳건히 다지고 정당성도 얻을 수 있었다. 아프리에스의 군대는 매우 용맹하고 전투력이 뛰어났지만, 병사의 수가 너무 적었다. 반대로 아모세 2세의 군대는 훈련이 부족했으나 수적으로 우세했다. 치열한 전투 끝에 아프리에스가 참패했다. 아모세 2세는 아프리에스를 생포하고 사이스로 끌고 가서 궁전에 가두었다. 이제 이집트의 실질적인 통치자는 아모세 2세가 되었다. 한편, 목숨을 부지한 아프리에스는 다시 정권을 차지하고자 시도했다. 하지만 그 움직임은 곧 발각되었고 아프리에스는 결국 교수형에 처해졌다. 이로써 이집트에는 이제 한 명의 왕만 남게 되었다.

평민 출신의 왕

아모세 2세가 이집트를 통치하는 동안 사람들은 그가 귀족 출신이 아니라며 은근히 무시했다. 아모세 2세도 그 사실을 알고 있었지만 그는 폭력이 아닌 지혜와 자비로 신뢰와 충성을 얻어 냈다. 그에게는 손님이 왔을 때 발을 씻도록 내주던 황금 대야가 하나 있었다. 왕이 된 후에 그는 이 황금 대야를 녹여서 신상으로 만들고 도시의 한 장소에 세워 두었다. 그러자 사람들은 이곳을 지날 때마다 신상에 머리를 조아리며 기도했다. 그런 모습을 지켜보던 아모세 2세는 어느 날 백성에게 그것은 원래 발을 씻는 대야였는데, 지금은 사람들의 숭배를 받는 신상이 된 것과 마찬가지로 자신도 원래 평민이었지만 이제는 왕이 되었다고 말했다. 아모세 2세의 이 말에 이집트인은 크게 감동했고 이후 진심으로 그를 존경하게 되었다.

평민 출신이었던 아모세 2세는 백성에게 매우 친근하게 다가갔다. 그는 이른 아침에 사람들이 많이 모인 곳으로 나가서 분쟁이 있으면 직접 해결해 주었다. 또 친구들과 술을 마시며 여유롭게 이야기를 나누는 등 여전히 평민이던 때와 마찬가지로 생활했다. 신하들이 왕으로서 위엄을 갖추어야 한다고 만류하면 그는 이렇게 말했다. "활은 필요할 때 활시위를 당길 수 있어야 한다. 항상 잘 당기다가도 정작 필요할 때 당기지 못한다면 아무런 소용이 없는 거지. 사람된 도리도 그와 마찬가지이다."

번영하는 이집트

이집트의 다른 왕들처럼 아모세 2세도 언제나 신에게 제사를 올리고, 신을 위한 거대한 신전을 많이 세웠다. 아모세 2세 이전의 왕들은 신전을 세울 때 작은 바위들을 쌓아 올려 외벽을 만들었다. 그러나 아모세 2세가 사이스 지역에 세운 신전의 외벽은 모두 엄청나게 큰 바위를 이용해서 만들어졌다. 전체적인 규모도 이전의 신전들보다 훨씬 컸다. 그리고 멤피스에도 여신 이시스를 위한 거대하고 아름다운 신전을 세웠다.

아모세 2세는 또 키프로스로 군대를 보내 국경을 강화했다. 그러나 무엇보다 훌륭한 업적은 이집트의 평화를 유지하고 주변 국가들의 분쟁을 해결한 것이다. 그는 소아시아의 리디아와 우호 관계를 다지고, 리비아와도 평화 조약을 맺었다. 또 키레네의 공주와 결혼해서 적대적이었던 두 나라 사이의 관계를 개선했다.

아모세 2세는 그리스의 도시국가들과 우호를 다지고 동맹을 맺고자 했다. 그래서 그리스의 여러 신전에 많은 조각상과 선물을 보내며 계속 호감을 표했다. 또 그리스 인이 이집트로 와서 사는 것을 권장하고, 나중에는 아예 이집트 안에 그리스 인만의 도시를 세우는 것도 허락했다. 그러자 많은 그리스 인이 이집트로 이주해 왔다. 그들은 이집트에 그리스식 신전과 제단을 세우고 자신들의 문화를 전파했다. 덕분에 이집트 문명은 더욱 다채로워졌다.

지혜롭고 인자한 아모세 2세는 43년 동안 이집트를 통치하면서 많은 사랑과 존경을 받았다. 이집트 백성은 그의 통치 아래 매우 평화롭고 안정적인 삶을 살 수 있었다. 백성의 생활수준이 높아지고, 무역과 문화도 크게 발전했다. 인구도 많이 증가해서 도시와 마을이 모두 2만 개가 넘었다. 아모세 2세는 백성이 불편한 점이나 필요한 것이 있으면 지방의 관리들에게 직접 알릴 수 있게 했다. 관리들은 이를 바탕으로 필요한 것과 불필요한 것을 쉽게 파악하고 알맞은 조치를 취할 수 있었다. 아모세 2세는 또 백성의 도덕 수준을 올리는 일도 매우 중요하게 생각했다. 나중에 아테네의 정치가 솔론Solon이 이집트에 와서 아모세 2세의 정책을 보고, 돌아가서 아테네 사회를 개혁할 때 응용하기도 했다.

3 페르시아의 침략

이집트는 역사적으로 여러 나라와 전쟁했지만, 페르시아만큼 강한 적을 상대한 경험은 없었다. 용맹하고 동시에 잔혹했던 페르시아는 정복욕을 숨기지 않고 이집트 인에게 큰 치욕을 안겨 주었다. 이집트 인은 페르시아에 맞서 끝까지 저항했지만, 결국 침략자에게 무릎을 꿇을 수밖에 없었다.

시기 : 기원전 525년 ~ 기원전 332년
인물 : 캄비세스 2세, 다리우스 1세, 크세르크세스 1세, 이나로스, 아케메네스

기원전 525년에 페르시아의 왕 캄비세스 2세Cambyses II가 이끄는 군대가 이집트를 침략하고 곧이어 수도 멤피스를 맹렬하게 공격했다. 이집트의 해군 함대는 순식간에 무너졌고 멤피스는 함락되었다. 캄비세스 2세는 이집트 왕의 왕관을 쓰고서 이집트를 페르시아 제국의 도시로 선포했다.

이집트의 치욕

거만한 정복자인 페르시아는 이집트의 전통 신앙을 비웃었다. 어느 날 캄

한눈에 보는 세계사
기원전 500년 : 인도, 불교 탄생
기원전 403년 : 중국, 전국 시대 시작
기원전 317년 : 인도, 마우리아 왕조 건국

기원전 449년 : 로마, 12표법 제정
기원전 400년경 : 한반도, 철기 문화의 보급

비세스 2세는 자신이 정복한 땅을 둘러보다가 이집트 인 한 무리가 즐거워하는 것을 발견했다. 페르시아 군대가 이 도시를 정복한 날 커다란 소 한 마리가 발견되었는데, 이집트 백성이 이를 매우 신성한 일이라고 여기고 기뻐 춤춘 것이었다. 캄비세스 2세는 그들을 크게 비웃으며 소를 죽였다. 이 광경을 목격한 이집트 백성은 신성한 소가 죽었으니 곧 재앙이 닥칠 것이라며 두려움에 떨었다.

고대 이집트 인은 일찍부터 해상 운송을 시작했다.

이집트 인이 숭배한 여러 신은 이집트 사회에서 가장 큰 영향력을 지녔지만 무자비한 페르시아 인 앞에서는 그들도 별수 없었다. 특히 신전의 성직자들은 신전 안에서 꼼짝하지 않고 숨어 지냈다.

캄비세스 2세는 이집트의 신앙을 멸시했다. 그는 신전의 모든 재산을 몰수하고, 신전에 불을 질렀으며, 이에 저항하는 성직자들을 잔인하게 죽였다. 이집트 인은 그 행동에 분노했지만 어찌할 도리가 없었다. 그래도 페르시아의 다른 왕인 다리우스 1세Darius I는 조금 나았다. 그는 이집트에서 신전의 지위를 회복시키고 이집트의 신들을 존중해 주었다. 하지만 정복자로서 이집트 인을 감시하고 가혹하게 통치하는 것은 여전했다. 그는 자신의 묘비에도 "나는 페르시아 인이며 이집트를 정복한 사람이다." 라고 조금 거만하게 느껴지는 글귀를 새겼다. 그 후에 이집트를 지배한 페르시아의 또 다른 왕 아르타크세르크세스 3세Artaxerxes III는 이집트의 신전을 파괴하고 수많은 조각상을 쓰러뜨렸다. 심지어는 프타 신전을 마구간으로 만들기도 해서 이집트 인의 분노를 샀다.

운하 건설

페르시아의 한 도시로 전락한 이집트는 매년 페르시아에 많은 양의 은과 양식을 바쳐야 했다. 다리우스 1세는 네코 2세가 시도했던 나일 강과 홍해를 잇는 운하 건설을 다시 시작했다. 운하가 완공되자 그는 "내가 이 운하를 건설한 것은 이집트의 나일 강과 페르시아를 여는 홍해를 연결하기 위해서였다. 이제 페르시아의 해군 함대는 나의 뜻대로 이 운하를 통해 이집트와 페르시아를 오갈 것이다."라고 말했다. 총 길이가 84km에 달하는 이 운하는 사실상 페르시아가 이집트를 더욱 효과적으로 통치하기 위해 건설한 것이었다. 이때 많은 이집트 인이 공사에 동원되었는데, 너무 고된 노동 탓에 무려 이집트 인 12만 명이 죽었다고 한다.

이집트의 저항

이집트는 페르시아에 정복당한 상태였지만 노예가 되어 외국으로 끌려가는 것만큼은 끝까지 거부했다. 그러던 중 캄비세스 2세가 누비아와 리비아로 원정을 떠나자 이집트 인은 이 기회를 틈타 반란을 일으켰다. 쫓겨난 이집트의 왕 프삼티크 3세Psamtik III도 여기에 가담했다가 발각되자 얼마 후 페르시아 인의 손에 넘겨지는 치욕을 겪지 않기 위해 스스로 목숨을 끊었다. 기원전 522년에 캄비세스 2세가 사망하자 이집트 인의 저항은 또다시 시작되었다.

당시 페르시아는 마라톤 평원에서 그리스와 전쟁하고 있었다. 그래서 페르시아의 통치가 조금 느슨해진 틈을 타 이집트 내에 저항 세력이 모이기 시작했다. 그들이 반란을 일으킨 직접적인 이유는 과도한 세금과 노동이었다. 다리우스 1세는 이집트의 반란을 제압하기 직전에 사망했고, 그의 아들 크세르크세스 1세Xerxes I가 이어서 이집트 반란 세력을 잔혹하게 진압했다. 또 그는 반란에 대한 보복으로 신전의 재산을 몰수하고 성직자들을 가두었다.

이렇게 페르시아가 신전의 재산을 몰수하고 고유의 전통 신앙을 무시하면 할수록 이집트 인의 분노는 점점 커졌다. 기원전 460년에 프삼티크 3세의 아들 이나로스Inaros의 지휘로 다시 한 번 대규모 저항 운동이 시작되었다. 이나로스는 당시 페르시아에 반감을 품고 있던 아테네와 손잡고 멤피스에 주둔한 페르시아 군대를 공격했다. 처음에는 반란에 성공하는 듯했다. 그러나 페르시아 군대는 그리 호락호락하지 않았고, 저항 세력은 결국 삼각주의 서쪽 지역까지 물러났다.

기원전 454년에 페르시아 군대는 이들을 완전히 해체하기 위해 삼각주 서쪽 지역을 공격했다. 페르시아군은 40만 명이었고 전함도 80척에 달했으며, 이들을 이끄는 지휘관은 크세르크세스 1세의 동생이자 이집트 총독인 아케메네스Achaemenes였다. 그러나 용감한 이집트 인들은 두려워하지 않았다. 그들은 유리한 지형을 이용해서 적들을 포위했고, 전함 20척을 침몰시키고 많은 페르시아 병사를 죽였다. 격렬한 전투가 이어지던 중에 페르시아 군대의 아케메네스가 전사했다. 이 결과, 페르시아는 하는 수 없이 이집트 총독 및 다른 직책에 이집트 인을 임명한다는 것에 합의했다.

비록 페르시아의 통치에서 완전히 벗어나지는 못했지만 이집트 인은 이 사건에 큰 의미를 부여하며 매우 기뻐했다. 이번 일로 용기와 희망을 얻은 그들은 계속해서 페르시아에 저항하며 독립을 위해 투쟁했다. 기원전 338년에 삼각주 지역에서 다시 한 번 저항 운동이 시작되었으나 안타깝게도 실패했다. 그러자 이집트 인은 이제 다른 나라가 페르시아를 무너뜨리는 수밖에 없다고 생각했다. 그들은 자신들을 도와줄 구세주를 간절히 기다렸고, 그로부터 6년 후에 마케도니아의 알렉산드로스 대왕이 나타났다. 그가 페르시아를 무찌르면서 이집트는 드디어 페르시아의 통치에서 벗어났다.

고대 이집트의
어린이

고대 이집트 인은 어린 시절에 힘든 성장 과정을 거쳐야만 사회의 구성원이 될 자격을 얻었다. 아이들은 태어난 그날부터 가정에 즐거움과 희망을 주는 존재였다. 가족의 사랑과 관심을 받고 자라난 아이들은 많은 것을 배웠고, 커 가면서 인생의 즐거움과 고통을 모두 맛보았다.

이름

고대 이집트 인은 이름이 인생과 사업에 큰 영향을 미친다고 여겨 이름 짓는 것을 매우 중요하게 생각했다. 일단 이름이 확정되면 죽을 때까지 바꿀 수 없기 때문에 이름을 지을 때에는 언제나 신중을 기했다.

갓 태어난 아이에게 이름을 지어 줄 때면 온 가족이 고민에 빠졌다. 아이에 대한 부모의 사랑, 그리고 아이에게 좋은 영향을 주는 이름을 원할 때에는 '행복', '만족', '기쁨' 같은 단어를 사용했다. 아이가 나중에 훌륭한 사람으로 자라길 원하면 '지혜', '선량', '사랑', '영리', '건강' 같은 단어를 사용했고, 신이 아이를 보호해 주길 원한다면 신의 이름을 빌려와 '호루스', '무트' 등으로 짓기도 했다. 어떤 부모는 아이가 나라의 인재가 되었으면 하는 마음에서 '스네프루', '아흐모세' 같은 훌륭한 왕의 이름을 지어 주기도 했다.

난쟁이 세네브와 그의 가족

이 조각상은 행복한 가족의 모습을 표현했다. 세네브의 아내처럼 팔을 남편의 등 뒤로 두른 모습은 이집트의 부부 상에서 자주 등장한다. 아이들은 모두 기도하는 듯한 동작인데, 두 아이의 피부색이 다른 것은 아마도 성별을 표현하기 위해서였을 것이다.

부모의 사랑

고대 이집트의 조각 중에는 여신 이시스가 갓 태어난 호루스를 안고 사랑과 희망이 가득한 눈으로 바라보는 것이 많다. 고대 이집트에서 이시스는 자애로운 어머니를 상징했으며, 이집트의 어머니들은 아이에게 매우 헌신적이었다. 기원전 1500년경에 쓰인 고대 이집트의 문서 '아니의 지혜'에는 자녀에 대한 어머니의 사랑에 관한 글이 있다. "어머니는 네가 태어난 날부터 너를 포대기에 싸서 목에 걸고 품 안에 안았으며, 많은 어려움을 이겨내고 너를 키웠다. 네가 칭얼대며 그녀의 품속에서 몸부림칠 때에도 어머니는 아무런 말씀도 하지 않으셨다." 당시는 의학이 발달하지 못해서 어린 아이의 사망률이 아주 높았기 때문에 부모는 아이를 키우면서 항상 걱정해야 했다. 아이가 평탄한 삶을 살 수 있도록 부모는 언제나 신에게 기도를 드렸고, 아이에게 각종 부적을 달아 주었다. 헌신적인 이집트 어머니에 관해 이런 이야기도 전해진다. 아이가 병이 나자 어머니는 주술사에게 달려갔다. 주술사는 아이의 어머니가 쥐를 먹으면 아이가 나을 것이라고 처방을 말해 주었다. 그러자 그녀는 주저하지 않고 쥐를 삼켰다.

자식에 대한 사랑은 아버지도 어머니 못지않았다. 아크나톤은 매우 자애로운 아버지로, 그가 어린 딸을 무릎에 앉히고 뽀뽀하거나 딸들과 함께 장난치는 모습을 표현한 그림이 매우 많다.

아이를 안고 있는 아크나톤

유년기

아이들은 걷기 시작하면서 형제, 이웃의 아이들과 함께 놀았다. 장난감은 대부분 돌을 동물 모양으로 다듬거나 조각한 것이었다. 그 밖에 헝겊이나 가죽으로 공 모양을 만들고 그 안을 보리로 채운 것도 있고, 진흙을 굽거나 나무를 깎아서 만든 딸랑이나 팽이도 아이들이 좋아한 장난감이었다.

조금 더 자라면 아이들은 이런 단순한 장난감보다 집에서 기르는 동물에 관심을 보였다. 거위, 개, 새 등이 모두 아이들의 좋은 친구가 되었다. 이집트의 아이들은 강가로 나가서 고기를 잡을 때면 언제나 집에서 기르는 개를 데리고 갔다.

열 살이 넘으면 아이들은 좀 더 활동적이 되었다. 어른들이 하는 운동을 보고 따라 하면서 자기들끼리 시합을 하기도 했다. 남자아이들은 원반던지기를 좋아해서 해가 질 때까지 원반을 던지며 땅에 각자 던진 거리를 표시하고 놀았다. 그리고 그 또래의 여자아이들은 춤을 추거나 외모를 아름답게 꾸미는 데 관심이 많았다.

조금 더 자라면 더 많은 놀이를 배워 달리기, 레슬링, 전쟁놀이, 집단 체조 등을 했다. 이런 놀이를 통해서 아이들은 각종 신체 기능을 발달시키는 동시에 협동심을 배울 수 있었다.

머리 모양

아이들에게 머리 모양은 아주 중요했다. 이집트에서는 남자아이든 여자아이든 모두 같은 머리 모양을 했다. 오른쪽 머리카락 한 줌을 땋거나 그냥 늘어뜨리고, 이 한 줌의 머리카락을 제외하고 나머지를 모두 깨끗하게 깎

는 스타일이었다. 이런 머리 모양은 매우 눈에 잘 띄어서 사람들은 멀리서
봐도 미성년자를 한눈에 구별해 낼 수 있었다. 아이들은 모두 이런 머리 모
양을 하다가 열네 살이 되어 성년식을 하면 한 줌 남아 있는 머리카락도 잘
라냈다.

이 머리카락을 잘라낸다는 것은 인생이 새로운 전환점을 맞이한 것을
의미했다. 상형 문자에서 어린아이와 관련된 글자는 모두 땋아 내린 머리
카락으로 나타낸다. 신화의 내용을 그린 그림 속에서도 어린 신들은 모두
머리카락을 땋아 늘어뜨리고 있다.

할례

고대 이집트의 남자아이는 열네 살이 되면 더 이상 어린아이가 아니었고,
자유롭고 즐거운 삶을 살 수 있었다. 열네 살이 된 남자아이는 모두 성년
식을 했는데 이 의식에서 가장 중요한 것은 바로 할례였다.

역사가 헤로도토스는 아프리카와 아시아의 많은 나라에 할례 전통이
있는 것을 알고 이렇게 기록했다. "이집트, 아시리아, 아비시니아는 오래전
부터 할례를 했고, 다른 나라들도 이집트를 따라 했다."

실제로 이집트에서는 기원전 3000년부터 할례 풍습이 있었고 할례를 받
지 않은 사람은 왕이나 성직자가 될 수 없었다. 그리고 이 할례 의식은 성
직자가 담당했다. 오른쪽 그림은 기원전 2200년에 그려진 벽화로, 할례 과
정이 매우 상세하게 표현되었다. 벽화의 오른쪽 부분을 보면 성직자 한 명
이 땅에 앉아서 왼손으로 남자아이의 음경을 잡고 오른손으로는 기다란
도구를 쥐고 있다. 벽화 윗부분에 적혀 있는 상형 문자는 성직자가 한 말

로, "이제 자를게."라는 의미이다. 벽화의 왼쪽 부분에 있는 성직자도 왼손으로 아이의 음경을 잡고 오른손으로는 타원형의 작은 칼을 들고 있다. 할례를 받는 아이들은 다리를 벌리고 서서 엄청난 고통과 공포를 참고 있다. 성직자는 아이의 두 손을 잡고 있는 조수에게 "꽉 잡아. 애가 기절해서 쓰러지면 안 되니까."라고 말했다.

할례는 남자아이들이 용맹하게 자라서 부락의 생존과 이익을 지키길 바라는 기원에서 비롯한 원시 시대의 풍습이었다. 마취하지 않고 신체 일부분을 잘라 내는 할례는 부락의 영웅으로 성장할 수 있는 첫 단계였다. 훗날 할례는 종교적인 의미가 더욱 강해졌다. 부모들은 잘라 낸 부분에 소금을 바르고, 그것을 작은 주머니에 넣어서 아이의 목에 걸어 주었다. 시간이 흘러 아이의 상처가 완전히 나으면 이 주머니를 나일 강에 던졌다.

고대 이집트에서는 할례를 받은 아이만이 성인이 될 수 있었다.

Ancient EGYPT

맥을 잡아주는 세계사

The flow of The World History

제 8 장 | 마지막 왕조 시대

1 알렉산드로스 대왕

마케도니아의 왕 알렉산드로스는 페르시아를 멸망시켜 이집트를 해방해 주었다. 오랜 세월 간절히 바라 온 자유를 얻은 이집트 인은 알렉산드로스를 열렬히 환영했다. 알렉산드로스는 이집트의 구세주이자 영웅이 되었고, '아몬이 사랑한 자'라는 영예로운 이름을 얻었다.

시기 : 기원전 336년 ~ 기원전 322년
인물 : 다리우스 3세, 알렉산드로스 대왕

페르시아의 잔혹한 통치와 핍박에 고통받은 이집트 인은 끊임없이 저항하며 독립을 위해 싸웠다. 하지만 결과는 언제나 실패였다. 절박한 상황이 된 이집트 백성은 결국 페르시아를 무찔러 줄 누군가가 나타나기를 기도했다. 어느 날, 마케도니아의 젊은 왕이 이집트로 왔고 이집트 인은 기원전 332년에 그토록 바라던 독립을 얻었다.

해방

페르시아와 벌인 모든 전투에서 승리한 알렉산드로스는 직접 군대를 이

한눈에 보는 세계사
기원전 400년경 : 한반도, 철기 문화의 보급
기원전 317년 : 인도, 마우리아 왕조 건국

끌고 이집트로 왔다. 이집트 인은 그를 열렬히 환영했다. 당시 페르시아에서 파견되어 이집트를 관리하던 총독은 페르시아의 왕 다리우스 3세Darius III가 도망갔다는 소식을 듣고 대세가 기운 것을 깨달았다. 그는 주저 없이 알렉산드로스에게 이집트를 바쳤다. 이집트의 새로운 주인이 된 알렉산드로스는 페르시아와 달리 이집트의 전통과 종교를 존중했다. 그는 직접 신전으로 가서 이집트의 신들에게 제사를 올렸고, 쫓겨났던 이집트 인 관리들을 모두 불러들여서 원래 자리에 앉혔다. 또 페르시아가 신전에서 빼앗은 토지를 모두 돌려주었다. 알렉산드로스는 이집트에 머문 몇 개월 동안 여러 행사에 참여했다. 그중에는 멤피스에서 죽은 아피스를 위해 올린 제사도 있었다. 아피스는 이집트 인이 신의 화신으로 여기며 숭배한 소였는데, 페르시아 인은 이를 무시하고 아피스를 무참히 죽였다. 그러나 알렉산드로스가 그와 달리 아피스를 위한 제사에 기꺼이 참여하자, 이집트 인은 크게 감동하고 진심으로 그를 존경했다. 그들은 기쁜 마음으로 알렉산드로스를 이집트의 왕으로 여기며 칭송했다.

알렉산드로스는 오랜 세월 페르시아의 잔혹한 통치에 울분을 터뜨리던 이집트 인을 해방시켜 주고 이집트의 영웅으로 대접받았다. 멤피스에 있는 프타 신전의 대사제는 그에게 상이집트와 하이집트를 상징하는 왕관을 씌워 주었고, 알렉산드로스도 이를 기쁘게 받아들였다. 알렉산드로스는 정복 지역의 전통과 종교, 풍습을 존중하는

무릎을 꿇고서 곡물을 빻는 하인

방법으로 자연스럽게 이집트의 통치자가 되었다. 이 일을 축하하기 위해 그리스에서 많은 예술가가 멤피스로 찾아와 성대한 연회와 운동 경기, 연극 등 다양한 축제를 벌였다.

이집트의 왕 알렉산드로스

알렉산드로스의 어릴 적 스승은 아테네의 철학자 아리스토텔레스이다. 당시 아리스토텔레스가 이집트의 역사와 신앙에 대해 자세히 이야기해 주어서 알렉산드로스는 이집트 인이 신의 뜻을 얼마나 중요하게 생각하는지 정확히 알고 있었다. 또 이집트 인이 페르시아의 무자비한 통치와 이집트 전통을 무시하는 태도에 분노한다는 사실도 알고 있었다. 그는 자신을 향한 존경과 찬양을 더욱 확실히 다지려면 종교 세력을 끌어들여야 한다고 생각했다.

그래서 알렉산드로스는 이집트 종교계의 지지를 얻기 위해 멤피스에서 출발해 나일 강 서쪽 지류를 따라 사막으로 갔다. 그의 목적지는 시와 오아시스였다. 그곳에 태양신의 신탁을 얻을 수 있는 신전이 있기 때문이었다. 전해지는 바로는 알렉산드로스 일행이 사막에서 잠시 길을 잃었을 때 갑자기 나타난 코브라가 이끄는 대로 갔더니 길이 나왔다고 한다. 우여곡절 끝에 신전에 도착한 알렉산드로스는 홀로 신전 깊숙이 들어가 신과 마주했고 신탁도 들었다. 그는 자신이 가장 바라던 신탁을 들었다며 기뻐했지만 그 구체적인 내용은 말하지 않았다.

신의 계시를 굳게 믿은 그는 나중에 고향인 마케도니아로 돌아가서 어머니에게 가장 먼저 그 내용을 알리겠다고 말했다. 그러나 안타깝게도 그는 다시는 마케도니아로 돌아가지 못했고, 신탁의 내용 또한 알려지지 않았다. 신전의 성직자들은 태양신을 마주하고 직접 신탁을 받은 그에게 '태양신 라의 아들', '아몬이 사랑한 자'라는 최고의 영예를 내려 주었다. 이로써 알렉산드로스는 성직자들의 지지를 확실히 얻게 되었고, 이집트 통치자로서의 정당성도 갖추었다. 신탁은 당시 겨우 스물네 살이었던 알렉산드로스에게 큰 영향을 미친 것으로 보인다. 그는 이후에도 중요한 결정을 할 때에는 언제나 신전으로 사람을 보내 신탁을 구했고 그에 따라 행동했다.

알렉산드로스는 아주 천천히 이집트에 새 시대, 이른바 헬레니즘 시대를 열었다. 헬레니즘 시대란 고대 사회에서 그리스 문화의 영향력이 절정에 달한 때를 일컫는다. 겉으로 볼 때에는 알렉산드로스가 이집트에 동화된 것 같다. 그러나 영리한 그는 이집트에 그리스의 문화를 가져왔고, 이후 이집트 문화는 서서히 개조되기 시작했다. 알렉산드로스는 상이집트와 하이집트에 각각 이집트 인 총독을 임명해서 통치를 맡겼다. 이로써 그는 이집트 인에게 더욱 깊은 신뢰를 얻었다. 그러나 정작 가장 중요한 나라의 국고

아부심벨 신전

아부심벨 신전은 나일 강 상류 지역인 누비아에 세워졌다. 매년 3월 21일과 9월 21일에는 새벽 5시 58분에 태양빛이 신전의 동굴을 정확하게 비춘다. 빛은 아몬, 라, 람세스 2세의 조각상을 한 번씩 비춘 다음 20분 후에 사라진다. 햇빛은 신기하게도 암흑의 신인 프타의 조각상은 비추지 않는다.

와 재정을 관리하는 직책은 마케도니아 인과 그리스 인이 독차지했다. 알렉산드로스는 이집트에서 자신의 이름을 따 유명한 알렉산드리아를 세우기도 했다. 이 도시는 빠르게 번영해 훗날 세계의 문화 중심지가 되었다.

그리스 문화가 유입되었어도 이집트 예술과 문화는 강한 생명력으로 쇠퇴하지 않고 오히려 더욱 풍부하게 끊임없이 발전했다. 이 시기에는 그리스인과 이집트 인의 결혼이 점차 많아지면서 얼마 후 그리스계 이집트 인이 출현하기 시작했다.

이집트에 잠들다

알렉산드로스는 이집트에 한동안 머물며 병력을 보충하고 군대를 훈련했다. 기원전 331년에 알렉산드로스는 도망친 페르시아의 왕 다리우스 3세를 뒤쫓기 시작했다. 다리우스 3세는 결국 황무지에서 처참하게 죽음을 맞이했다. 이와 동시에 알렉산드로스는 스스로 '아시아의 왕'으로 선포했고, 왕을 잃은 페르시아는 그 이듬해에 멸망했다.

기원전 327년에 알렉산드로스는 인도로 원정을 떠나 인도 서북부를 점령했다. 이로써 그는 무려 1만 7,600km에 달하는 원정을 한 셈이 되었다. 알렉산드로스는 원정을 계속하며 영토를 더욱 넓히고 싶었지만, 그의 병사들은 이제 전쟁이 지긋지긋하다며 불평하기 시작했다. 기원전 324년, 알렉산드로스는 하는 수 없이 더 이상 전진하지 않고 정복 지역 중 하나인 바빌로니아로 돌아갔다. 그는 유럽, 아시아, 아프리카 세 대륙에 걸쳐 광활한 땅을 정복했고, 발칸 반도, 이집트, 인도 서북부, 중앙아시아, 서아시아는 거의 모두 그의 영토가 되었다.

기원전 323년 6월 초, 그렇게 위풍당당하던 알렉산드로스는 바

물동이를 이고 가는 이집트 인. 고대 이집트 사회에서 하층민은 하루에도 몇 번씩 이렇게 힘든 노동을 해야 했다.

306

빌로니아에서 심한 고열로 쓰러져 열흘 후에 세상을 떠났다. 그의 나이 서른세 살이 채 되기도 전이었다. 임종 전에 알렉산드로스는 조국인 마케도니아와 어머니를 그리워했고, 또 나일 강변의 아름다운 풍경을 떠올렸다고 한다. 이집트 문화에 매료되었던 그는 주변의 동료와 신하들에게 자신을 미라로 만들어서 아버지인 아몬 옆에 묻어 달라고 유언했다.

기원전 322년 말에 알렉산드로스의 시신을 실은 영구차 부대가 지중해를 향해 출발했다. 튼튼한 말 64마리가 영구차를 끌었고, 가장 앞에 선 네 마리는 황금으로 만든 멍에를 걸었다. 영구차는 황금과 각종 보석으로 아름답게 만들어졌고, 알렉산드로스는 황금으로 만든 아름다운 관에 평안히 누워 있었다. 그런데 그의 매장지와 관련하여 문제가 발생했다. 어떤 사람들은 알렉산드로스가 묻히는 곳은 영원히 번영할 테니 그의 유언을 따르지 않고 고국인 마케도니아에 매장해야 한다고 주장했다. 이뿐만이 아니었다. 자식이 없던 알렉산드로스의 후계자를 자처한 사람들이 용맹함과 번영의 상징이 된 그의 시신을 서로 가져가려고 했다. 그들은 알렉산드로스의 시신을 가지고 있으면 후계자로서의 정당성을 얻을 것이라고 생각했다. 이것은 이집트에 묻어 달라는 그의 유언을 어기는 것이었지만, 거대한 제국이 탐난 그들은 아랑곳하지 않았다. 결국 영구차 행렬이 시리아에 도착했을 때 여러 세력이 군사를 일으켜 알렉산드로스의 시신을 탈취하려고 다투는 일이 발생했다. 우여곡절 끝에 알렉산드로스의 시신은 그의 뒤를 이어 이집트를 통치하게 된 프톨레마이오스Ptolemaios가 차지했다. 프톨레마이오스는 시신을 이집트로 가져가서 신전에 모셔 두었다가 무덤을 만든 후에 매장했다. 그리고 얼마 후 시신은 다시 알렉산드로스가 생전에 자신의 이름을 붙여서 세운 도시인 알렉산드리아로 옮겨졌다.

2 지중해의 보석 알렉산드리아

알렉산드로스 대왕이 세운 도시 알렉산드리아는 천천히 발전해 나갔고 얼마 후 고대 문명의 중심지가 되었다. 유명한 알렉산드리아 도서관은 당시 전 세계에서 가장 큰 도서관이었으며, 이곳에 세워진 높이 100m의 아름다운 등대는 세계 7대 불가사의로 꼽는다.

시기 : 기원전 331년 ~ 기원전 280년
인물 : 알렉산드로스 대왕, 프톨레마이오스 1세

기원전 331년 1월 20일 저녁, 석양은 지중해를 황금빛으로 물들이고 바람은 잔잔하게 불었다. 붉은 갑옷을 입은 젊은 장군이 높은 곳에 올라 눈앞에 펼쳐진 풍경을 바라보았다. 그는 용맹하고 경험도 많지만 장엄한 자연의 모습에 압도된 듯 보였다. 그는 말채찍으로 아래의 어촌을 가리키며 말했다. "저곳에 내 이름을 붙인 도시를 짓겠다!" 이 위풍당당한 젊은 장군이 바로 유럽, 아프리카, 아시아 세 대륙을 정복한 알렉산드로스 대왕이다. 그의 이름을 붙여 세워진 도시는 얼마 후 전 세계에서 가장 유명한 도시, 알렉산드리아가 되었다.

한눈에 보는 세계사

기원전 400년경 : 한반도, 철기 문화의 보급   기원전 317년 : 인도, 마우리아 왕조 건국
기원전 221년 : 진시황, 중국 통일

알렉산드리아

알렉산드로스가 도시를 짓겠다고 결정한 곳은 지중해와 마레오티스 Mareotis 호수 사이에 있는 좁고 기다란 모래톱이었다. 해안은 황량했고, 어촌이라고는 하지만 인구도 많지 않았다. 그러나 알렉산드로스는 지중해 북쪽의 파로스Paros 섬이 병풍 역할을 할 테니 이곳이 큰 항구를 짓는 데 적합하다고 생각했다. 이 지역의 지리 조건을 꿰뚫어 본 그는 이제껏 본 적이 없는 거대한 도시를 세우기로 했다.

알렉산드로스는 이 도시를 건설하는 데 온 힘을 다했다. 직접 도시 전체의 건설 계획을 세우고, 완성될 도시의 모습을 그리기도 했다. 한 번은 성벽의 구체적인 위치에 대한 아이디어가 떠올라 바로 땅에 그리려고 했는데 주변에 그릴 것이 마땅치 않았다. 이에 알렉산드로스가 화를 내자 한 신하가 방법을 생각해 냈다. 그는 병사들이 몸에 지니고 있던 곡식을 모두 모아서 알렉산드로스가 말하는 대로 곡식을 뿌렸다. 얼마 후, 땅에는 알렉산드로스가 생각한 성벽의 윤곽이 멋지게 그려졌다.

알렉산드리아를 세울 때 구체적인 설계와 공사를 담당한 사람은 마케도니아의 건축가 디노크라테스Deinocrates였다. 알렉산드리아가 갓 완성되었을 때 그곳은 그리 큰 도시가 아니었다. 나중에 알렉산드로스의 뒤를 이어 이집트의 새로운 통치자가 된 프톨레마이오스가 수도를 알렉산드리아로 옮기고 프톨레마이오스 1세Ptolemaeos I로 즉위하여 자신의 왕조를 열었다. 이때 그는 통치하는 동안 알렉산드리아를 전 세계에서 가장 크고 가장 번영한 항구 도시로 만들었다. 동시에 알렉산드리아는 고대 문화 예술과 과학의 중심지가 되었다.

지중해 남쪽 해안에 자리 잡은 아름다운 알렉산드리아는 수백 년 동안 지중해의 정치·경제·문화의 중심지가 되었다. 북쪽에는 커다란 항구가 두 개 있고, 남쪽은 마레오티스 호수, 나일 강과 접해 있어서 이집트 전체에서 유일하게 해상 무역과 내륙 운송이 모두 가능한 곳이었다. 로마 제국의 황제였던 하드리아누스Hadrianus는 번영한 알렉산드리아를 보고 감탄하며 이렇게 말했다고 한다. "알렉산드리아에는 한가한 사람이 없다. 유리를 만드는 사람, 파피루스를 만드는 사람, 아마천을 짜는 사람 등 그 도시의 사람들은 항상 분주하게 무언가를 만든다. 절름발이도 벙어리도 모두 하는 일이 있으며 쉬지 않는다." 알렉산드리아는 경제적으로 번영했을 뿐만 아니라 아름다운 자연경관으로도 유명했다. 이 도시는 지중해와 마주하고, 뒤쪽으로는 마레오티스 호수가 자리 잡고 있으며, 구불구불한 해안선과 하얀 모래사장도 시적인 아름다움을 더했다. 겨울에는 춥지 않고 여름에도 덥지 않아서 사계절 꽃이 피고 나무는 푸르다. 당시 사람들은 아름다운 알렉산드리아를 가리켜 '지중해의 보석', '지중해의 아름다운 신부'라고 불렀다.

알렉산드리아 도서관

아름다운 풍경은 알렉산드리아의 한 부분에 불과하다. 알렉산드리아의 진정한 가치는 풍부한 문화적 분위기이다. 프톨레마이오스 1세는 어렸을 때부터 알렉산드로스와 함께 공부했고 예술과 문화에 심취했다. 그리하여 문화적 소양이 깊었던 그는 기원전 288년에 수도 알렉산드리아에 대규모 도서관을 세웠다.

　알렉산드리아 도서관은 당시 세계에서 가장 크고 소장한 책도 가장 많은 도서관이었다. 번성한 시기에 이 도서관에 소장한 책은 무려 90만 권에 달했다. 이는 그리스 전체와 아시아 일부 지역에 있는 책의 수를 전부 합한 것과 거의 비슷한 수였다. 알렉산드리아 도서관에 소장된 책은 대부분 파피루스에 그리스 어로 적은 것이었다. 외국의 책을 가져와 모두 그리스 어로 번역하고 원본과 함께 소장했다. 프톨레마이오스 왕조는 좋은 책을 많이 수집하기 위해서 다양한 방법을 동원했다. 고대 그리스의 3대 비극 작

가인 아이스킬로스Aeschylos, 소포클레스Sophocles, 에우리피데스Euripides가
직접 쓴 작품 원고는 아테네의 국가 도서관에 소장되었고 아테네에서는 이
원고들을 절대 외부로 유출되지 못하게 했다. 그러나 프톨레마이오스 3세
Ptolemaeos Ⅲ는 아테네의 정치가들을 끝까지 설득해서 특별히 복사본을 만
드는 것을 허락받았다. 그는 은화 15달란트Talent를 보증금으로 내고 그 원
고를 받아 왔다. 얼마 후, 복사본을 완성한 프톨레마이오스 3세는 아테네
에 원본 대신 복사본을 보냈고 은화 15달란트는 포기했다.

　프톨레마이오스 왕조의 왕들은 알렉산드리아 도서관에 전 세계의 책이
소장되기를 바랐다. 그래서 그리스 반도뿐 아니라 세계 각지로 사람을 보
내서 책을 수집해 오게 했다. 이렇게 수집된 책들을 편리하게 관리하기 위
해 매우 꼼꼼히 분류 작업을 했는데 그 목록만 120권이 넘었다. 안타까운
것은 기원전 47년에 로마가 이집트를 공격했을 때 도서관에 부분적으로

파로스 등대의 복원도

화재가 일어났고, 이후에도 수많은 전쟁을 겪으면서 415년에 이 도서관이 완전히 타 버렸다는 것이다.

프톨레마이오스 왕조는 알렉산드리아에 국립 박물관도 세웠다. 이 박물관은 문학·수학·의학·천문학을 공부하는 대학교이자 연구 기관이었다. 이곳은 또한 동물원, 식물원, 천문대, 해부실과 도서관 등을 갖춘 일종의 학술 단지이기도 했다. 프톨레마이오스 왕조는 다른 나라의 일류 학자들을 데려와 이곳에서 연구와 강의를 진행하게 했고, 국내외의 학자들을 초청해 자주 강연을 열었다. 이 박물관은 기원전 4세기에서 기원전 1세기까지 지중해 지역에서 학술 발전의 중심지가 되었다. 지중해 부근에 있는 여러 나라의 수많은 학생이 이곳으로 와서 공부하고자 했고, 그들은 공부를 마치고 고향으로 돌아가 모두 유명한 과학자, 의사, 기술자, 건축가가 되었다. 학문과 예술의 분위기로 가득한 아름다운 알렉산드리아는 이렇게 인재 양성의 요람이 되었다.

파로스 등대

알렉산드로스가 사망하고 얼마 후 프톨레마이오스 1세가 이집트를 통치하게 되었고, 그는 알렉산드리아를 수도로 삼았다. 프톨레마이오스 1세는 배가 알렉산드리아의 항구로 들어오는 길이 매우 위험하다는 것을 파악하고 등대를 세우라고 명령했다. 기원전 290년, 알렉산드리아 가까이에 있는 파로스 섬의 방파제 남쪽에 바빌로니아 양식의 커다란 등대가 세워졌다. 등대는 전체를 하얀 대리석으로 만들었고, 모두 네 부분으로 구성된 아름다운 건축물이었다. 이 등대의 가장 높은 곳에는 커다란 화로가 있었고, 밤낮으로 쉬지 않고 불꽃이 타올랐다. 그리고 그 뒤에는 빛나는 화강석으로 만든 반사경이 있어 불꽃의 빛이 멀리까지 비추었다. 이 불빛은 항구를 향해 다가오는 배들에 방향을 일러 주는 역할을 했다. 등대 기둥의 가장 윗부분은 원추형으로 높이가 7.3m였고, 두 번째 층은 높이 38m의 팔각형 기둥이며, 가장 아래층은 정사각형의 거대한 성채로 높이는 69m였다. 높이 솟은 등대의 지붕에는 바다의 신 포세이돈의 조각상이 있어서 이것까지 포함하면 등대의 전체 높이는 120m에 달했다. 이 등대는 당시 전 세계에서 가장 높은 건축물이었다. 등대 내부에는 나선형 계단이 있어서 불을 피울 때 필요한 기름은 이 계단을 통해서 운반했다. 노동자들은 기름을 가지고 계단을 올라가 화로에 불을 지피고, 화로의 뒤에 있는 반사경으로 불빛이 바다를 비추게 했다. 매일 밤 등대의 불빛이 바다와 알렉산드리아 항구를 밝게 비추었다. 바다에 나간 선원들은 불빛이 이끄는 대로 항해하여 무사히 항구로 들어올 수 있었다. 낮에는 반사경에 햇빛을 비추어서 멀리까지 빛을 보냈다. 기록에 따르면 바다 멀리 56km나 떨어진 곳에서도 이 빛이 보였다고 한다. 파로스 등대는 배들의 안전뿐만 아니라 적의 함대를 정찰하는 역할도 했다.

기원전 2세기에 그리스의 시인 안티파트로스Antipatros는 파로스 등대를 세계 7대 불가사의로 꼽았다. 그러나 안타깝게도 이 등대는 오래가지 못했다. 프톨레마이오스 왕조 이후 새로운 통치자가 수도를 카이로로 옮기고 나서 사람들은 더 이상 이 등대에 관심을 보이지 않았다. 오랜 세월 사실상 방치된 파로스 등대는 기원전 956년과 1303년, 1323년에 발생한 대지진의 여파로 대부분이 무너졌다. 1480년에 무너진 등대의 대리석 조각을 이용해 요새를 만들면서 파로스 등대는 완전히 사라졌다. 등대를 표현한 그림이나 기록이 전혀 없기 때문에 등대의 구체적인 모습은 수수께끼로 남았다.

폼페이우스 기둥

알렉산드리아의 서남쪽에는 하늘을 뚫을 듯이 높이 솟은 기둥이 하나 있다. 바로 알렉산드리아의 상징인 폼페이우스 기둥이다.

폼페이우스 기둥은 주춧돌, 몸통, 꼭대기 세 부분으로 나뉘며 총 길이가 26.85m, 무게는 500톤에 달한다. 몸통은 둥근 기둥이고 지름은 윗부분이 2.3m, 아랫부분이 2.7m이다. 붉은 화강암으로 만들어졌으며 꼭대기 부분은 코린트 양식으로 장식되어 있다. 기둥을 만든 화강암은 나일 강과 그 지류를 이용해서 아스완 지역에서 배로 운반해 왔다. 주춧돌에는 로마의 황제 가이우스 디오클레티아누스Gaius Aurelius Valerius Diocletianus가 297년에 이 기둥을 세웠다는 기록이 남아 있다. 이후 폼페이우스 기둥은 주로 항해하는 사람들에게 방향을 일러 주는 용도가 되었다.

폼페이우스 기둥은 '사와리Sawari 기둥'이라고도 불리는데 이 이름에는 재미있는 일화가 있다. '사와리'란 아랍어로 '돛대'를 의미한다. 641년에 이슬람 제국 사람들이 알렉산드리아를 점령했을 때 우뚝 솟은 기둥을 보고 깜짝 놀랐다. 그들은 높은 기둥이 마치 돛대 같다는 의미로 "사와리! 사와리!" 하고 외쳤다고 한다. 이때부터 사람들은 이 기둥을 사와리 기둥이라고 불렀다. 사실 처음에는 이 기둥의 꼭대기에 말 탄 기사의 조각상이 있었다. 그래서 '기사의 기둥'이라고 불리기도 한다. 사실 폼페이우스 기둥이라는 이름도 이탈리아의 고대 도시인 폼페이와는 아무런 상관이 없으며, 그 유래가 조금 엉뚱하다. 15세기에 알렉산드리아에 온 유럽인들이 기둥 꼭대기에 있는 기사의 조각상을 보고 로마 장군 폼페이우스Gnaeus Pompeius Magnus를 닮았다고 생각했다. 그 후로 이 기둥은 폼페이우스 기둥으로 불렸다.

1700여 년의 시간이 흐르는 동안 알렉산드리아는 많은 변화를 겪었다. 수많은 고대 유적은 자연재해나 전쟁을 겪으며 모두 사라졌고, 번영했던 곳은 폐허가 되기도 했다. 지금은 폼페이우스 기둥만이 홀로 우뚝 서서 이집트 문화의 강한 생명력과 이집트 인의 불굴의 정신을 보여 준다. 폼페이우스 기둥은 알렉산드리아의 상징, 나아가 고대 이집트 문명의 상징 중 하나가 되었다.

3 프톨레마이오스 왕조

알렉산드로스 대왕이 페르시아의 지배에서 이집트를 해방시킨 후 이집트는 조금씩 그리스 문화를 받아들여서 동화되기 시작했다. 알렉산드로스 대왕의 뒤를 이은 프톨레마이오스 왕조는 이집트와 그리스의 문화를 결합하고 새롭게 발전시키는 데 집중했다. 동시에 이집트의 전통도 존중해 성직자들의 지지를 얻었다. 이를 바탕으로 프톨레마이오스 왕조는 300년 동안이나 이집트를 통치할 수 있었다.

시기 : 기원전 323년 ~ 기원전 30년
인물 : 프톨레마이오스 1세, 페르디카스

프톨레마이오스는 마케도니아의 귀족 출신 장군이었다. 어렸을 때부터 궁전에서 훌륭한 교육을 받으며 왕자 알렉산드로스의 친구가 되었고, 왕위에 오른 알렉산드로스가 정복 전쟁을 떠나자 왕의 호위대로 따라갔다. 두 사람은 기나긴 원정을 함께하며 수많은 전투를 치렀다. 나중에 마케도니아의 해상 함대 사령관 자리에까지 오른 프톨레마이오스는 오랜 전쟁을 겪으면서 풍부한 경험을 쌓았다.

한눈에 보는 세계사

기원전 317년 : 인도, 마우리아 왕조 건국
기원전 108년 : 고조선 멸망, 한군현 설치
기원전 37년 : 고구려 건국

기원전 221년 : 진시황, 중국 통일
기원전 57년 : 신라 건국
기원전 18년 : 백제 건국

프톨레마이오스 왕조의 건립

기원전 323년, 알렉산드로스 대왕이 사망하기 직전에 권력을 상징하는 반지를 페르디카스Perdiccas 장군에게 주었다. 그가 사망한 후 페르디카스는 알렉산드로스 대왕이 직접 자신을 후계자로 지목했다며 자신의 왕위 계승 정당성을 주장했다. 그는 자신을 따르지 않는 세력을 모두 제거하고, 자신에게 충성하는 자들은 각 정복 지역에 총독으로 파견했다. 프톨레마이오스는 혼란한 정치 상황을 꿰뚫어 보고 묵묵히 기회를 기다렸다. 그는 페르디카스에 대해 특별히 반감을 품지 않은 것처럼 행동했고, 중립을 지키면서 많은 이의 신임을 얻었다. 페르디카스도 그런 프톨레마이오스를 믿고 이집트의 총독으로 임명했다. 이로써 프톨레마이오스는 이집트의 실질적인 통치자가 되었다.

프톨레마이오스는 우선 이집트의 국력을 강화하는 데 힘썼다. 당시에 그는 언제나 너그러운 모습을 보이며 절대 권력을 남용하거나 사사로이 이용하지 않겠다고 말했다. 하지만 한편으로는 강한 군대를 조직하면서 때를 기다렸다. 또 이전 총독이 남겨 두고 간 은화로 용병을 모집해서 혹시 발생할지 모르는 반란에 철저히 대비했다.

조각가 두 명이 조각상을 제작하는 장면을 묘사한 부조

한편, 마케도니아에서는 귀족과 장군들이 서로 권력을 차지하려고 갈등을 빚는 혼란한 상황이 계속되었다. 자신의 이름을 떨칠 기회를 노리던 프톨레마이오스는 마침 알렉산드로스 대왕의 영구차가 시리아에 도착하자 군대를 일으켜 그의 시신을 가져왔다. 그는 알렉산드로스 대왕의 시신이 자신에게 있으면 좋은 일이 일어날 것이라고 굳게 믿었다. 이와 더불어 프톨레마이오스는 신전

프톨레마이오스 왕조
시대에 제작된 카움움
부(Kawm Umbu) 신전의
부조

에 많은 혜택을 주며 환심을 사고 성직자들의 지지를 얻었다. 동시에 리비
아나 소아시아의 일부 국가들과도 교류를 확대해 정치 안정과 경제 번영을
실현했다.

총독으로서 18년 동안 이집트를 통치한 프톨레마이오스는 그동안 줄곧
자신의 권위와 세력을 확실히 다졌다. 마침내 기원전 305년 11월 7일에 그
는 스스로 이집트의 왕이 되었음을 선포하고 프톨레마이오스 1세가 되었
다. 기원전 304년에는 자신의 이름 뒤에 '구원자'를 뜻하는 '소테르Soter'를
덧붙였고, 기원전 290년에 아내 베레니케Berenice를 이집트의 여왕으로 세
웠다. 이로써 프톨레마이오스 왕조는 정식으로 이집트의 새로운 왕조가
되었다.

왕조의 번영

프톨레마이오스 왕조는 피라미드형 통치를 펼쳤다. 권력의 정점인 왕은 모든 행정권과 사법권을 손에 쥔 유일한 사람이었고, 중대한 국가 사무는 모두 혼자서 결정했다. 관리들은 왕이 명령한 것을 집행할 뿐이었다. 프톨레마이오스 왕조는 이집트에서 종교 세력의 지지를 얻는 것이 얼마나 중요한지 잘 알고 있었다. 그래서 성직자들에게 각종 특권과 혜택을 제공하고 신전에 많은 금전적인 지원을 했다. 덕분에 이집트의 신전들은 그 어느 때보다 화려하게 번영했고, 종교 세력은 당연히 통치자를 적극적으로 지지했다. 프톨레마이오스 왕조는 왕을 중심으로 그리스 인 통치 계급과 이집트 귀족, 종교 세력이 혼합된 중앙 집권 정치를 실현했다.

프톨레마이오스 1세는 이집트어를 할 줄 몰랐기 때문에 그리스어가 이집트의 공식 언어가 되었다. 한편으로 그는 이집트 인의 지지를 얻으려면 그들의 전통과 풍습을 존중해야 한다는 것을 알고 있었다. 그래서 수도 알렉산드리아에 이집트의 건축 양식을 그대로 따른 건물을 많이 세웠고, 도시를 크게 발전시켜 지중해의 상업 중심 도시로 만들었다. 프톨레마이오스 1세는 주변 나라들과의 관계에도 매우 신경을 썼으며, 특히 그리스 본토와의 우호 관계를 유지하는 것을 아주 중요하게 생각했다. 그는 언제나 좋은 인상을 주려고 노력했고 마침내는 종교계와 백성의 지지와 신뢰를 얻어 이집트 인에게서 '신성한 사람'이라는 칭호를 얻었다.

프톨레마이오스 1세는 왕조의 기반을 다지기 위해 최선을 다했다. 먼저 그는 알렉산드로스 대왕의 시신을 이집트로 가져와 보관함으로써 정치적, 종교적으로 정당성을 인정받았다. 그리고 알렉산드리아에 도서관과 박물관을 세우고 이집트, 그리스, 로마 등지에서 수많은 서적을 수집해 알렉산드리아를 학문의 중심지로 만들었다. 또 훗날 세계 7대 불가사의가 된 파로스 등대를 세우기도 했다.

프톨레마이오스 왕조가 가장 번영한 시기에 이집트의 영토는 지중해 연안의 섬들과 소아시아 일부, 시리아, 팔레스타인까지 확대되었다. 그리스와 마케도니아 주변의 식민지들은 프톨레마이오스 왕조의 세력 기반이 되어 중앙 집권 체제를 강화하는 데 큰 역할을 했다. 당시 이집트의 모든 땅은 왕의 소유였기 때문에 농사를 짓는 백성은 왕의 땅에서 경작하는 농민인 셈이었다. 그래서 자유민이라 할지라도 정치와 농업 생산 방면에서 엄격한 관리, 감독을 받아야 했다.

여러 개로 만들어진 인형관. 인물의 표정 등이 매우 섬세하게 표현되어 있다.

왕조의 쇠락

프톨레마이오스 1세는 기원전 285년에 자신의 아들 프톨레마이오스 2세Ptolemaeos II를 공동 통치자로 임명했다. 그로부터 3년 후에 프톨레마이오스 1세가 세상을 떠나자 이집트 인은 그를 신으로 추앙했다. 왕위를 계승한 프톨레마이오스 2세는 대외 정복 전쟁에 열중해서 이집트의 영토를 계속 확장했다. 또 그의 뒤를 이은 프톨레마이오스 3세는 군대를 이끌고 시리아의 수도를 점령하는 등 서아시아에서 명성을 떨쳤고, 당시 이집트는 최고의 번영을 누렸다.

프톨레마이오스 왕조는 300년 동안 이집트를 안정적으로 통치했으나 통치 말기에 이르러서는 정치와 사회가 매우 혼란해졌다. 왕실 내부에서 정변이 일어나 왕족들이 분열하며 서로 죽이려 하는 일이 끊이질 않았다. 이런 상황이 계속되자 통치 기반마저 흔들리고 사법권의 독립성도 유지되지 않았다. 혼란은 점점 심해져서 나중에는 군대와 정치가 분리되고 교육 제도도 바로 서지 않았으며 부정부패가 심해졌다. 관리들의 업무 구분도 모호해져서 문제가 발생하면 서로 책임을 떠넘기기에 바빴다. 그들은 나라가 아닌 개인의 이익을 위해서만 행동했다. 이에 이집트 인은 수차례 폭동을 일으켰고 프톨레마이오스 왕조의 통치는 더욱 불안해졌다. 이에 다급해진 프톨레마이오스 왕조는 통치권을 유지하기 위해 로마에 도움을 요청했고, 결국 그 후로 로마의 꼭두각시로 전락하고 말았다. 기원전 30년에 로마 군대가 이집트로 들어오고 얼마 후 여왕 클레오파트라 7세 Cleopatra VII가 자살하면서 프톨레마이오스 왕조는 멸망했다.

4 프톨레마이오스 왕조 시대의 이집트

프톨레마이오스 왕조는 무력만으로는 절대 이집트를 정복할 수 없다는 것을 알고 있었다. 이집트 인의 마음을 사로잡으려면 그들의 전통과 종교를 받아들여야 했다. 프톨레마이오스 왕조의 왕과 왕비는 이집트의 신들을 숭배하여 종교 세력의 지지와 신뢰를 얻었고 왕권을 신격화할 수 있었다.

시기 : 기원전 323년 ~ 기원전 30년
인물 : 프톨레마이오스 4세, 프톨레마이오스 5세, 프톨레마이오스 6세, 클레오파트라 7세

프톨레마이오스 왕조 시대에 이집트의 성직자들은 정치 무대에서 큰 역할을 담당했다. 통치자들은 신전과 성직자에게 각종 특권과 혜택을 제공했다. 그들이 이집트의 진정한 통치자가 되려면 종교계의 인정과 지지는 필수적이었기 때문이다. 그래서 프톨레마이오스 왕조의 역대 왕들은 언제나 이집트의 종교에 대해 관용을 베풀고, 성직자들과 우호적인 관계를 맺으려고 노력했다.

한눈에 보는 세계사
기원전 317년 : 인도, 마우리아 왕조 건국
기원전 108년 : 고조선 멸망, 한군현 설치
기원전 37년 : 고구려 건국

기원전 221년 : 진시황, 중국 통일
기원전 57년 : 신라 건국
기원전 18년 : 백제 건국

종교와 신앙

프톨레마이오스 왕조의 왕들은 이집트의 종교와 신앙을 무시하지 않았고, 이집트의 신들도 자신들의 신과 똑같이 숭배했다. 그들이 이집트에서 흡수한 문화 대부분이 종교와 관련된 것이었다. 프톨레마이오스 왕조가 이집트를 통치하던 시대에도 수많은 신전이 세워졌다. 또 왕족이 아닌 일반 그리스인도 이집트의 신들을 기꺼이 받아들여 아몬 신전에서 신탁을 받기도 했다.

프톨레마이오스 왕조 시대에는 이집트의 신들과 그리스의 신들이 동일시되기도 했다. 프톨레마이오스 1세가 추진한 세라피스Serapis 숭배가 그 대표적인 예이다. 세라피스는 지하 세계의 왕 오시리스와 신성한 소 아피스를 결합한 신으로 사후의 생명, 농업, 생산 등을 관리한다. 나중에 세라피스는 그리스 신화에 등장하는 술의 신 디오니소스Dionysos와 동일시되었다. 프톨레마이오스 1세는 세라피스를 최고의 신으로 추앙하면서 이집트 곳곳에 세라피스를 위한 신전을 세웠다.

이러한 분위기에서 아몬, 하토르, 오시리스, 호루스처럼 원래 이집트 인이 숭배하던 신들은 지위가 더욱 높아졌다. 특히 이시스 숭배가 크게 발전해 문학과 예술 창작에 큰 영향을 미쳤다. 클레오파트라 7세는 이시스의 화신으로 여겨지기도 했다. 이집트의 신 가운데 아몬은 그리스 신화의 제우스와, 호루스는 아폴론과 동일시되었다. 이런 생각은 이집트 인과 그리스 인이 서로의 종교와 신앙을 인정하고 받아들였다는 것을 의미한다.

왕의 무덤에서 출토된, 손잡이가 달린 황금 용기. 새겨진 글로 보아 여왕이나 왕비에게 제사를 올릴 때 사용한 물품으로 보인다.

경제적 특권

페르시아 인은 이집트의 종교를 인정하지 않았고, 이 점

은 이집트 인의 커다란 반
감을 불러 일으켰다. 페르시아의 실패를 교훈
으로 삼은 프톨레마이오스 왕조는 페르시아가 몰수한 신전의 재산과 토지
를 모두 되돌려 주었다. 신전이 내야 하는 세금도 줄여 주고, 전국에서 걷
는 포도 수확세, 과일 수확세 등이 모두 신전의 차지가 되었다. 프톨레마
이오스 왕조의 왕족들은 각종 종교 행사에 적극적으로 참여했으며 중요한
종교 축제일에는 성직자들에게 많은 포상금과 선물을 보내기도 했다.

기원전 50년에 멤피스에서 신성한 소 아피스가 죽자 여왕 클레오파트라
7세는 신전에 은덩이 412개를 보내 제사를 준비하게 하고 술, 기름, 빵, 우
유 등도 보내 주었다.

프톨레마이오스 왕조 시대에 이집트 전국에 세워진 신전의 수는 놀랄
정도로 많다. 당시 인구가 고작 1,500명인 작은 마을에 신전이 세 개나 있
을 정도였다. 다신교 국가인 이집트는 각 지역에 저마다 수호신이 있었고

각 신전에서 거행하는 종교 행사도 서로 달랐다. 이집트의 종교와 신앙을 인정하고 지지하는 프톨레마이오스 왕조의 정책 덕분에 각 지방에서는 수많은 신전을 짓고 자유롭게 종교 활동을 할 수 있었다. 이렇게 종교 행사를 치르거나 수많은 신전을 짓고 화려하게 장식하는 엄청난 비용은 모두 왕실에서 조달했다.

신전은 농업, 목축업, 금과 은의 생산, 제철, 나무 용기 제작, 향료 가공 등을 하는 공장을 소유했으며, 이 밖에 배나 많은 건물도 소유할 수 있었다. 또한 성직자들은 이집트 사회에서 각종 특권을 누리며 장례 의식 진행을 독점했고 세금을 감면받았다. 그들은 심지어 파피루스 제작을 독점하기도 했다.

법령의 제정

당시의 성직자들은 법령을 제정할 수 있는 권한이 있었다. 전국적인 규모로 열리는 종교 회의에서 이들은 법령을 정하고 반포했다. 물론 이 회의에서 정해지는 법령은 대부분 왕의 뜻에 따라 결정되는 것이었지만 성직자들에게 이런 권한이 있었다는 점은 매우 특이하다. 성직자들은 왕권이 약해지면 이 권한을 더욱 확대하려고 했을 것이고, 반대로 왕권이 강해지면 왕을 칭송하면서 자신들의 지위를 공고히 했을 것이다.

성직자들은 자신들의 이익을 유지하기 위해 정치에 적극적으로 참여하고 통치 집단에 협조하는 모습을 보였다. 그들은 아피스에 올리는 제사에 왕이 참석하는 것을 받아들였다. 또 프톨레마이오스 4세와 6세의 생일을 아피스의 생일로, 프톨레마이오스 8세가 즉위한 날을 아피스의 하례일로 정해서 왕들을 축복하기도 했다.

기원전 196년에 열린 종교 회의에서 이집트의 모든 신전에 왕의 조각상을 세우고 백성이 참배하게 하자는 법령이 제정되었다. 그리고 당시 이집두의 왕 프톨레마이오스 5세를 반대하며 삼각주 지역에서 반란을 일으킨 자들을 '이단'으로 규정하기도 했다. 성직자들은 종교 회의에서 결정된 법을 알릴 때마다 왕의 업적을 찬양하고 칭송하는 내용을 함께 발표했다.

왕권의 부담

표면적으로 왕과 종교 세력은 서로 지지하며 협동해서 국가를 이끌어나가는 것처럼 보였다. 그러나 역사상 두 세력의 충돌은 늘 끊이지 않았고, 이는 프톨레마이오스 왕조 시대처럼 왕이 종교계의 지지를 확실히 얻은 때에도 마찬가지였다.

프톨레마이오스 왕조가 이집트를 통치하는 동안 수차례 반란이 일어났고, 반란 세력은 대부분 신전과 관련 있었다. 종교계는 반란자들에게 정치적 피난처를 제공했고, 그들을 신전의 농지에서 일하는 농부인 것처럼 꾸며 숨겨 주기도 했다. 그뿐만 아니라 신전은 수많은 예언을 통해 프톨레마이오스 왕조가 곧 멸망할 것이라고 말하기도 했다. 또 왕의 이름을 표기할 때에는 반드시 카르투슈라고 불리는 타원 안에 써야 하는데, 이를 지키지 않아서 왕실을 당혹스럽게 하기도 했다. 이런 일들에도, 프톨레마이오스 왕조의 왕들은 통치를 공고히 하고 민심을 안정시키기 위해 어쩔 수 없이 종교 세력에 양보하기만 했다.

프톨레마이오스 왕조의 왕들은 신전과 성직자들의 세금을 많이 줄여주었다. 그러나 성직자들은 이마저도 내지 않아서 왕실에 부담이 되었다. 이집트에서 가장 부유하고 토지를 많이 보유한 계층은 바로 성직자였다. 프톨레마이오스 왕조는 보통 신전에 어떤 뜻을 전할 때 직접 알리지 않고 대리인을 통했다. 왕은 계속해서 대리인을 보내 세금 납부를 권했지만 성직자들은 아랑곳하지 않았다. 그래도 왕실은 이를 통제할 방법이 없었다. 장례 의식을 거행하는 것은 성직자들이 해야 하는 일종의 의무였다. 하지만 대부분 성직자가 터무니없이 비싼 비용을 받고 장례식을 치러 주었다. 이로써 그들은 계속해서 많은 돈을 벌었고, 반대로 왕실의 재정 상태는 점점 나빠졌다.

프톨레마이오스 왕조는 이집트의 전통을 받아들였고, 그들이 받아들인 이집트 전통의 실체는 바로 신전과 성직자였다. 신전은 왕을 칭송하고 찬양하며 프톨레마이오스 왕조를 존중하는 것처럼 보였지만 사실 두 세력 사이에는 언제나 갈등이 존재했다. 당시 이집트에서는 고등 교육이 신전에서 이루어졌다. 성직자들은 이러한 학생 중에서 국가를 위해 일할 인재를 뽑았는데, 그러다 보니 뽑힌 사람 대부분이 성직자이거나 성직자 집안 출신이었다. 점차 성직자들이 국가의 관리직을 차지하게 되었고, 그들은 나라의 각종 중요한 일에 큰 영향을 미쳤다.

여왕 클레오파트라 7세

프랑스의 철학자 파스칼은 "클레오파트라 7세의 코가 1센티미터만 낮았더라도 세계 역사는 달라졌을
것"이라고 말했다. 그녀의 아름다움과 지성은 이집트 역사의 가장 매혹적인 한 페이지를 장식했다.
모든 것이 물거품이 된 것을 깨달은 클레오파트라 7세는 살아서 로마의 노예가 되는 것을 거부하고
스스로 죽음을 택했다.

| **시기** : 기원전 70년 ~ 기원전 30년
| **인물** : 클레오파트라 7세, 율리우스 카이사르, 안토니우스

클레오파트라 7세는 프톨레마이오스 왕조의 마지막 여왕이다. 서양의
많은 예술 작품에서 그녀는 이집트를 위해 율리우스 카이사르Gaius Julius
Caesar와 안토니우스Marcus Antonius를 유혹한 여인으로 등장한다. 그녀는 많
은 영화와 연극, 소설, 시와 노래, 그림 등에서 치명적인 팜므파탈의 이미
지로 고정되어 있다. 카이사르와 안토니우스는 모두 그녀의 젊음과 아름다
움을 사랑했다. 하지만 클레오파트라 7세는 결국 스스로 풀어놓은 독사에
물려 죽음을 맞이했고, 그녀의 죽음은 곧 프톨레마이오스 왕조의 멸망을
의미했다. 클레오파트라 7세는 어떤 여성이었을까? 그녀는 정말 그 영웅들

한눈에 보는 세계사
기원전 97년 : 사마천, 《사기》 완성   기원전 57년 : 신라 건국
기원전 37년 : 고구려 건국   기원전 18년 : 백제 건국

을 사랑했을까? 아니면 그저 이집트의 독립과 자신의 권력을 위해 영웅들을 이용한 요부였을까?

고대 이집트의 목걸이. 다양한 색의 마노석을 이어서 매우 아름답다.

공주 클레오파트라

클레오파트라 7세는 프톨레마이오스 왕조 말기인 기원전 69년 혹은 기원전 70년에 알렉산드리아에서 태어났다. 그녀의 아버지는 프톨레마이오스 12세Ptolemaeos XII이다. 그녀의 이름인 클레오파트라는 프톨레마이오스 왕조의 공주에게 자주 붙여진 이름이다.

클레오파트라 7세가 태어났을 당시 프톨레마이오스 왕조는 이미 쇠락의 길을 걷고 있었다. 오랫동안 끊이지 않는 국내의 분쟁과 갈등 때문에 국력은 계속 낭비되었다. 갈등이 깊어지자 심지어 왕실 내부에서도 내분이 생겼다. 왕족들은 서로 암살하려고 했고, 나라의 운명은 어둡기만 했다. 프톨레마이오스 12세는 왕권을 지키기 위해 어쩔 수 없이 로마에 도움을 청하러 떠났다. 그러자 알렉산드리아 시민들은 왕의 딸이자 클레오파트라 7세의 여동생인 베레니케 4세Berenice IV를 여왕으로 추대했다. 그러자 프톨레마이오스 12세는 로마의 군대를 이끌고 이집트로 돌아와 다시 왕위에 올랐고 반란을 일으켜 자신의 자리에 앉은 베레니케 4세를 처형했다. 4년 후에 프톨레마이오스 12세가 사망했고, 이어서 클레오파트라 7세와 그녀의 이복 남동생 프톨레마이오스 13세Ptolemaeos XIII가 공동 통치자로 왕위에 올랐다. 권력 투쟁이 심각하던 이때 내분은 아직도 끊이질 않았고, 이런 환경에서 클레오파트라 7세는 차츰 권력에 대한 강한 집착을 보였다.

권력의 정점에서

프톨레마이오스 12세는 죽기 전에 자신의 딸과 아들인 클레오파트라 7세와 프톨레마이오스 13세를 결혼시켰다. 남매이면서 동시에 부부인 두 사람은 함께 왕위에 올랐으나 클레오파트라 7세는 공동 통치에 만족할 수 없었다. 권력을 독차지하고 싶었던 그녀는 동생이자 남편인 프톨레마이오스 13세와 계속 갈등을 빚었다. 결국 프톨레마이오스 13세와 그의 지지자들은 이 야심만만한 여왕을 더 이상 그냥 놔둬서는 안 되겠다고 생각했다. 기원전 48년에 그들은 힘을 합쳐서 공개적으로 클레오파트라 7세를 비난하고 시리아로 추방하려고 했다. 게다가 로마의 원로원까지 프톨레마이오스 13세만 인정하고 폼페이우스를 그의 후견인으로 지정해 클레오파트라 7세는 궁지에 몰렸다. 그러나 그녀는 전혀 위축되지 않고 자신을 지지하는 세력을 모아서 군대를 조직해 무력으로 왕위를 지킬 준비를 했다. 또 자신을 도와 정적들을 물리쳐 줄 외부 세력을 필사적으로 찾았다.

얼마 후 로마의 정치가이자 장군인 카이사르가 정적인 폼페이우스를 쫓아 이집트까지 오면서 상황이 달라지기 시작했다. 프톨레마이오스 13세는 카이사르의 환심을 사기 위해 폼페이우스를 암살하고 그의 머리를 카이사르에게 보냈다. 그의 도움을 받아 클레오파트라 7세를 추방하고자 했던 것이다. 하지만 이런 행동은 카이사르의 환심을 사지 못했을 뿐만 아니라 오히려 거부감을 일으켰다. 한편, 정치적으로 궁지에 몰린 클레오파트라 7세도 카이사르를 이용해서 상황을 해결하고 권력을 되찾고자 했다. 그녀는 카이사르를 만나기 위해 하인을 상인으로 변장시키고 자신을 커다란 바닥 깔개로 감싸라고 명령했다. 상인으로 분장한 하인들은 클레오파트라 7세가 보낸 선물이라며 카이사르에게 바닥 깔개를 가지고 갔다. 카이사르가 깔개를 펼치자 그 안에서 젊고 아름다운 클레오파트라 7세가 나타났다. 매혹적인 클레오파트라 7세를 본 카이사르는 한눈에 사랑에 빠졌다. 한 역사학자는 당시의 상황을 묘사하면서 카이사르가 전쟁에 이긴 후에 한 말인 "왔노라, 보았노라, 이겼노라."를 바꾸어 "그녀가 왔노라, 보았노라, 그를 정복했노라."라고 재미있게 표현하기도 했다. 스물한 살의 젊고 아름다운 클레오파트라는 자신의 미모와 지혜를 이용해 로마의 영웅 카이사르를 사로잡았다.

이집트의 정치 상황을 파악한 카이사르는 클레오파트라 7세와 프톨레마이오스 13세가 공동으로 통치할 것을 명령했다. 그는 이전 왕인 프톨레마이오스 12세의 유언을 따르기 위해서라고 말했지만, 사실 이것은 모두 클레오파트라 7세가 의도한 바였다. 그런데 프톨레마이오스 13세의 지지자들이 카이사르의 명령을 거부하며 여왕에게 권력을 주려고 하지 않았다. 또 얼마 후에는 카이사르를 반대하는 폭동까지 일어났다. 그러자 카이사르는 폭동을 일으킨 자들을 처형했고, 폭동을 눈감아 준 프톨레마이오스 13세는 도망치다가 나일 강에 빠져 죽었다. 그 후 클레오파트라 7세는 또 다른 이복 남동생인 프톨레마이오스 14세와 결혼하여 이집트를 공동 통치하겠다고 선포했다. 하지만 이것은 권력의 정당성을 얻기 위한 계략일 뿐이었고, 얼마 후 클레오파트라 7세는 프톨레마이오스 14세를 무참히 암살했다. 마침내 권력을 독점한 클레오파트라 7세는 카이사르와의 사이에 아들까지 낳았다. 이 아이가 바로 프톨레마이오스 왕조의 마지막 왕인 프톨레마이오스 15세Ptolemaeos XV이다.

영웅들의 사랑

클레오파트라 7세는 마음껏 자신의 권력을 누렸다. 그녀는 이집트의 독립과 자신의 권력을 지키기 위해 카이사르와 계속 가까운 관계를 유지했다. 카이사르의 정부情婦가 된 클레오파트라 7세는 그와 함께 살기 시작했다. 두 사람은 자신들의 아들에게 '카이사르의 아들'이라는 의미의 카이사리온Caesarion이라는 이름을 붙여 주었다. 카이사르는 이집트를 정복했지만 로마의 식민지에 포함하지 않는 것으로 클레오파트라 7세에 대한 사랑을 표현했다. 클레오파트라 7세는 자신의 매력으로 권력뿐만 아니라 이집트를 지켜 낸 셈이었다.

시간이 흘러 카이사르가 로마로 돌아갈 때가 되자 클레오파트라 7세도 그를 따라 로마로 갔다. 그녀는 스스로 카이사르의 아내라고 생각하며 당당히 로마에 들어섰으나 그것은 그녀의 착각이었다. 로마인은 그녀를 카이사르의 정부로밖에 대하지 않았다. 그러던 중 기원전 44년에 카이사르가 암살당했다. 그리고 그의 합법적인 아내가 아닌 클레오파트라 7세는 정치적으로 어수선한 로마에서 아무런 지위도 보장받지 못했다. 또 공개된 카이사르의 유언장에는 클레오파트라 7세와 카이사리온에 대한 어떠한 언급도 없었다. 이에 그녀는 배신감에 치를 떨며 아들을 안고 처량하게 이집트로 돌아왔다. 한편, 로마에서는 옥타비아누스Octavianus와 안토니우스가 치열하게 권력 투쟁을 벌였다. 카이사르는 유언을 통해 젊은 옥타비아누스를 후계자로 지목했지만 오랫동안 카이사르를 보필한 안토니우스는 이를 인정하지 않았다. 두 사람은 결국 로마를 양분해 옥타비아누스는 서쪽을, 안토니우스는 동쪽을 각각 장악했다. 팽팽한 긴장 상태가 계속되던 이때, 안토니우스가 클레오파트라 7세에게 자금과 군대의 보급품을 지원해 달라는 편지를 보냈다.

기원전 37년에 클레오파트라 7세는 황금빛으로 화려하게 빛나는 커다란 배를 타고 안토니우스가 점령한 타르수스Tarsus로 떠났다. 셰익스피어 Shakespeare는 자신의 작품 《안토니와 클레오파트라Antony and Cleopatra》에서 그들의 첫 만남을 이렇게 묘사했다. "그녀가 탄 배는 마치 물 위에 타오르는 화려한 불꽃 같았다. 배는 황금으로 장식되었으며, 돛은 보랏빛이었다. 배에서 퍼져 나오는 매혹적인 향기는 바람에 실려 그들의 생각을 멈춰 버렸다. 피리 소리에 맞춰 아름답게 움직이는 하얀 색 노는 멋진 파도를 만들었다." 또 클레오파트라에 대해서는 이렇게 묘사했다. "황금색 비단 침대에 비스듬히 누운 그녀는 하늘에서 내려온 여신 비너스보다 아름다웠다." 클레오파트라 7세를 만난 안토니우스는 그녀의 아름다움에 매혹되었고, 두 사람은 그 후 12년 동안 함께 살았다. 클레오파트라 7세는 안토니우스와의 사이에 자녀 세 명을 낳았고, 이로써 다시 한 번 자신의 왕위와 이집트의 독립을 지켜 냈다.

네덜란드의 화가 알마 타데마(Alma Tadema)의 작품. 기원전 31년에 안토니우스가 악티움 해전에서 패하자 이집트의 여왕 클레오파트라 7세가 알렉산드리아 항구로 돌아오는 장면을 그렸다.

패배와 자살

클레오파트라 7세와 안토니우스는 정식으로 결혼했고, 두 사람은 함께 이집트와 로마를 아우르는 거대한 제국을 꿈꾸었다. 안토니우스는 또 클레오파트라 7세와 카이사르 사이에서 태어난 카이사리온이 이집트의 후계자가 되는 것을 지지해 클레오파트라 7세를 기쁘게 했다. 그러나 시간이 흐르면서 안토니우스는 안락한 생활에 점점 빠져들었고 야망과 투지는 점차 사라졌다. 반면에 차근차근 전쟁을 준비한 옥타비아누스는 마침내 기원전 31년에 이집트를 공격했다. 소식을 들은 안토니우스와 클레오파트라 7세는 급하게 전쟁에 나섰다. 안토니우스는 전함 500척과 보병 7만 명을 이끌고 악티움Actium으로 가서 전투를 준비했다. 전함 400척과 보병 8만 명을 이끌고 온 옥타비아누스는 안토니우스 군대의 보급로를 차단하고 맹렬하게 공격했다. 유명한 악티움 해전은 안토니우스의 대패로 끝났다.

클레오파트라 7세는 아름다운 외모와 뛰어난 지혜로 영웅을 유혹하는 정치적 수완은 있었지만 군대와 전쟁에 관해서는 아는 것이 없었다. 처음에 지상전을 계획하던 안토니우스는 클레오파트라 7세가 해상전을 주장하자 바로 그녀의 말을 따랐다. 그는 클레오파트라 7세의 권유대로 함대를 서쪽으로 이끌고 갔고, 클레오파트라는 다른 함대를 이끌고 그 뒤를 따랐다. 그러나 상황이 불리해지자 클레오파트라 7세의 함대는 방향을 바꾸어 도망갔고, 안토니우스도 황급히 그 뒤를 따라갔다. 일단 목숨을 부지했지만 다시 반격하기에는 남은 전함의 수가 너무 적었다. 옥타비아누스는 이집트 군대에 항복을 요구했다. 그러자 해군이 패배했다는 소식을 들은 육군은 저항을 포기하고 하나둘씩 옥타비아누스에게 항복했다. 일주일 동안 벌어진 전투는 이렇게 옥타비아누스의 대승으로 끝났다. 옥타비아누스는 승리한 후 바로 알렉산드리아로 향했고, 궁지에 몰린 안토니우스는 자살을 선택했다.

안토니우스를 잃은 클레오파트라 7세는 필사적으로 이집트를 지킬 방법을 찾았다. 그녀는 이번에는 옥타비아누스를 유혹하기 위해 사람을 보내서 그의 마음을 떠보았지만 거절당했다. 클레오파트라 7세는 이제 자신에게 남은 것이 아무것도 없다는 것을 깨달았다. 극도의 절망감에 빠진 그녀는 희망의 끈을 놓아 버리고 죽음을 선택했다. 그녀는 "이집트의 산골짜기에 묻힐지언정, 벌거벗은 채로 나일 강의 모래벌판에 버려져 구더기가 내 몸을 파먹을지언정, 쇠사슬에 목이 묶여 피라미드에 매달릴지언정 나는 절대 옥타비아누스의 전리품이 되지는 않겠다."라고 말했다. 그리고 일부러 풀어 둔 독사에 가슴을 물려 비장한 죽음을 맞이했다. 로마의 군대가 그녀의 방으로 들어갔을 때, 클레오파트라 7세를 부축하고 있던 시녀들은 여왕의 비뚤어진 왕관을 똑바로 씌워 주며 분노에 차서 소리쳤다. "여왕께서는 그 어떠한 위대한 왕에 부끄럽지 않게 이집트를 지키셨다."

옥타비아누스는 클레오파트라 7세의 유언에 따라 그녀를 안토니우스와 함께 묻어 주었다. 클레오파트라 7세의 비장하고 신비로운 죽음은 지금도 사람들의 입에 자주 오르내린다. 셰익스피어의 명작 《안토니와 클레오파트라》는 이 아름다운 이야기를 생생하게 그려 냈다. 클레오파트라 7세의 죽음은 단순히 그녀의 지위, 재산, 권력이 끝난 것이 아니었다. 이것은 이집트의 한 시대, 프톨레마이오스 왕조의 끝을 의미했다. 그녀와 카이사르의 아들 카이사리온은 홍해 연안으로 도망치던 중에 옥타비아누스에게 붙잡혀 알렉산드리아로 끌려와서 처형당했다. 그리고 이집트 역사는 이제 로마 통치 시대로 접어들었다.

6 로마의 암흑 통치

옥타비아누스가 안토니우스와 클레오파트라 7세를 물리친 후 이집트는 로마의 식민지로 전락했다. 이에 대해 옥타비아누스는 자랑스럽게 "내가 로마에 이집트를 선물했다."라고 말했지만, 사실 당시에 이집트는 옥타비아누스의 개인 소유물이나 다름없었다.

시대 : 기원전 27년 ~ 640년
인물 : 옥타비아누스, 네로

옥타비아누스의 통치

옥타비아누스는 '동지중해의 양식 창고'라고 불리던 이집트를 로마의 재정을 보충하는 공급원으로 보았다. 이집트의 역사에 대해 많이 공부한 그는 프톨레마이오스 왕조가 초기에 이집트의 경제를 번영시키기 위해 시행한 조치를 정확히 알고 있었다. 그는 프톨레마이오스 왕조의 경제 정책을 더욱 강화해서 이집트의 경제를 발전시키고자 했다.

한눈에 보는 세계사

25년 : 중국, 후한 성립
280년 : 중국, 진晉의 통일
316년 : 중국, 5호 16국 시대 시작
439년 : 중국, 남북조 시대 시작
610년 : 이슬람교 창시

226년 : 사산 왕조, 페르시아 건국
313년 : 로마, 그리스도교 공인
375년 : 게르만 민족의 대이동 시작
589년 : 수나라, 중국 통일
622년 : 마호메트, 메카에서 메디나로 옮김

정치적으로는 군사 통치를 강화했다. 용맹한 로마 군대는 알렉산드리아
에서 나일 강의 제1폭포까지에 있는 모든 도시와 마을에 주둔했고, 곳곳
에 튼튼한 진영을 쌓아서 혹시 발생할지 모르는 이집트의 반란에 대비했
다. 로마 군대는 모두 로마 인으로만 구성되었고 이집트 총독도 로마의 기
사 중에서 선발했다. 총독은 군사·행정·재정 등을 모두 장악했으며, 옥타
비아누스에게 직접 이집트의 상황을 보고했다. 각 지방의 관리는 이집트
인이 맡을 수 있었으나 사실상 이집트 인은 정치적으로 아무런 권한이 없
는 것과 마찬가지였다.

옥타비아누스는 신전과 성직자들이 이집트의 발전을 방해한다고 보고
그들의 권력을 제한하기로 했다. 그는 프톨레마이오스 왕조처럼 이집트의
태양신을 존중하지도 않았고, 자신이 태양신의 아들이라고 주장하지도 않
았다. 옥타비아누스는 자신을 위한 어떤 의식도 진행할 필요가 없다고 신
전에 통보했다. 아울러 신전과 성직자들은 기본적인 종교
활동을 제외한 모든 권력을 박탈당했다. 로마가 이
집트를 통치하던 시대에 이집트의 수많은 신전
과 성직자는 활동에 엄격한 제한을 받았고
정기적으로 감사를 받았으며 이전보다 많은
세금을 내야 했다.

옥타비아누스는 세금을 많이 걷기 위해
프톨레마이오스 왕조와 마찬가지로 공업
과 상업을 장려하는 정책을 펼쳤다. 그는 알
렉산드리아를 국제 무역의 중심지로 더욱 발
전시키고자 했다. 얼마 후 알렉산드리아에는 중
국으로부터 실크, 도자기, 철기가 들어왔고, 인도에
서 상아와 향료, 아랍에서는 각종 보석이 들어왔다.

후에 아우구스투스
(Augustus)라는 칭호를
받은 옥타비아누스는
고대 로마의 초대 황제
가 되었다.

이집트는 법적으로 로마의 재산이었기 때문에 모든 토지는 옥타비아누스의 소유였다. 프톨레마이오스 왕실의 토지와 군인들에게 나누어 주었던 땅은 모두 그의 수중으로 들어갔다. 그는 신전의 토지도 남김없이 빼앗았다. 그리고 성직자들이 생활하고 제사를 지낼 때 필요한 경비는 국가에서 따로 지급했다.

수탈당하는 이집트

옥타비아누스는 이집트의 경제를 발전시키기 위해 다양한 정책을 시도했지만 실제로는 그다지 효과가 없어서 오랫동안 지속되지 못했다. 옥타비아누스 이후 로마의 황제와 귀족들은 이집트를 점점 더 잔혹하게 다루었다. 로마의 황제들은 이집트의 토지를 몰수해 귀족과 군인들에게 나누어 주었다.

로마 귀족들이 토지를 소유하게 되면서 이집트 농민의 사회적 지위에도 변화가 생겼다. 프톨레마이오스 왕조 시대에는 모든 토지가 왕의 소유였기 때문에 여기에서 농사를 짓는 농민들은 국가의 관리를 받는 반#자유민이었다. 그러나 로마의 통치를 받는 시대가 되자 이집트 농민들은 귀족의 영지에서 농사를 지었기 때문에 국가가 아닌 귀족의 관리를 받았다. 그러자 농민에 대한 관리는 더욱 직접적이고 세밀해졌다. 농민들은 토지를 소유한 귀족으로부터 토지, 씨앗, 가축, 농기구 등을 제공받아 농사를 지었고, 수확을 하면 귀족에게 곡식이나 화폐로 사용료를 내야 했다. 당시의 이집트인은 더 이상 자유를 누리지 못했고, 마음대로 이사하거나 농사를 그만둘 수도 없는 반#노예 상태가 되었다.

이집트 인이 로마에 내야 하는 세금은 너무 많았다. 토지세와 주민세 외에도 각종 잡세를 내야 했는데, 통계를 보면 음식물에 매겨진 세금만도 50가지가 넘었고 화폐세는 무려 450가지였다. 매년 로마가 이집트에서 거둬들인 세금은 7,500만 드라크마^{Drachma}, 곡물은 2,000만 포대에 달했다. 또 매년 이집트에서 보낸 밀은 로마인 전체가 4개월 동안 먹을 수 있는 양에 달했다. 폭군 네로Nero가 로마의 새로운 황제로 즉위하자 로마의 이집트 정책은 더욱 가혹해졌다. 당시 이집트에서 한 달 동안 거둬들인 세금은 로마 인이 일 년 동안 내는 세금보다 많았다고 한다. 이집트 인은 1년에 총 1억 드라크마에 해당하는 세금을 냈다.

세금 징수는 각 지방의 관리가 맡았다. 정해진 액수를 거둬들이지 못하면 개인 재산으로 부족한 양을 채워야 했기 때문에 관리들은 매우 엄격하게 세금을 징수했다. 그들은 농민들을 몰아붙이고 심지어 노예로 만들어버리겠다고 협박하기도 했다. 그러나 이렇게까지 했는데도 할당량을 채우지 못하면 관리들은 하는 수 없이 자기 돈으로 부족한 부분을 메워야 했고, 그러다 파산해서 노예가 되는 일도 수두룩했다. 게다가 로마는 한 가족이 세금을 내지 못하면 그 친척과 이웃들까지 처벌했다.

또 이집트 인은 각종 노역에 동원되었다. 그들은 배, 전차 등을 만들어 로마에 제공했고, 직접 로마로 가서 공공 건축물과 관개 시설을 건설하는 데 투입되거나 도로나 병영을 만들기도 했다. 이집트의 수공업자들과 상인들도 로마가 시키는 대로 기술과 노동력을 제공해야 했다.

저항 운동

로마 귀족의 수탈과 엄격한 통치는 이집트 인의 강한 반발을 불러 일으켰다. 그들은 이집트에서 탈출하거나 무장 폭동을 일으키는 등의 방식으로 로마에 저항했다. 특히 알렉산드리아는 저항 세력의 근거지로, 항상 폭동이나 반란이 일어날 가능성이 있었다.

세금이나 노역의 부담을 피하고 싶은 농민, 수공업자들은 로마의 세력이 비교적 약한 삼각주 지역으로 도망쳐서 하나의 계층을 이루었다. 이런 사람이 많아지자 토지를 경작할 사람이 줄어들고 세금도 걷히지 않았다.

로마로서는 여간 골칫거리가 아니었다. 로마는 도망자들을 돌아오게 하기 위해 도망친 사람의 가족을 잡아들여 고문하는 야만적인 방법을 사용했다. 그러나 이런 조치는 오히려 더 극심한 반항 심리만 자극했고, 세력을 형성한 도망자들은 무장 폭동을 준비하기 시작했다.

폭동은 2세기 말에서 5세기 말까지 계속되었고, 그중 152년에 발생한 폭동은 일 년 이상 이어지기도 했다. 저항 세력은 주로 이집트에서 도망친 농민과 노예였다. 그들은 나일 강 삼각주 지역에서 익숙한 지형의 이점을 활용하여 신출귀몰하게 움직였다. 로마 군대는 항상 이들보다 한 발씩 늦었고, 저항 세력은 행정 기관 건물과 군대의 주둔 지역을 계속 공격하며 로마를 긴장시켰다.

도망자가 많아져서 거둬들이는 세금이 크게 줄어들자 로마는 부족한 금액을 메우기 위해 황무지를 개간하게 했다. 이로써 황무지에서 농사를 지어야 하는 부담까지 안게 된 이집트 농민의 생활은 갈수록 힘들어졌다. 로마는 이 밖에도 더 많은 세금을 거둘 수 있는 정책을 다양하게 내놓았지만, 그다지 효과를 보지는 못했다.

로마는 이집트를 로마에 동화시키는 데에도 실패했다. 이집트의 공식 언어와 문자는 여전히 그리스 어와 그리스 문자였고, 로마 인끼리만 라틴 어를 사용했다. 특히 로마는 이집트의 신들을 무시하는 결정적인 실수를 저질렀다. 이것은 이집트 인이 로마를 거부한 가장 큰 이유가 되었고, 이집트는 절대 로마에 융화될 수 없었다.

7 바빌론 요새 전투

EGYPT

바빌론 요새 전투는 이슬람 제국과 비잔틴 제국이 이집트를 두고 벌인 전투이다. 이슬람 군대는 1만 병력으로 2만 5,000명의 비잔틴 군대를 크게 무찔렀고, 이후 계속된 전쟁에서 모두 패한 비잔틴 제국은 결국 이집트 통치를 포기했다.

시대 : 640년
인물 : 아므르, 키루스, 테오도루스

시간이 흘러 로마 제국이 동서로 양분되자 이집트는 동로마 제국, 즉 비잔틴 제국의 관할이 되었다. 6세기 말에 내부의 분열과 외부의 공격에 지친 비잔틴 제국이 쇠락하자 이집트 인은 이 기회를 놓치지 않고 끊임없이 폭동을 일으켜 비잔틴 제국의 골칫거리가 되었다.

7세기 초에 이르러 이슬람 제국이 출현했다. 그들은 팔레스타인 지역을 점령한 후 이집트를 침략했다.

한눈에 보는 세계사

622년 : 마호메트, 메카에서 메디나로 옮김
634년 : 이슬람 교도, 동로마에 침입

이슬람 제국의 침략

이슬람 제국이 비잔틴 제국의 지배를 받던 시리아를 빼앗았다. 그러자 이집트에 주둔하던 비잔틴 군대는 시리아를 자주 침범하며 이슬람 제국을 귀찮게 했다. 당시 용맹하고 지략이 뛰어난 이슬람 제국의 장군 아므르 이븐 알 아스Amr Ibn Al-As는 '이슬람 제국의 천재 정치가' 중 한 명으로 손꼽히는 인물이었다. 아므르는 젊었을 때 이집트에 가 본 적이 있었다. 그리고 이집트가 육지와 바다의 요충지에 자리하고 있으며, 토지가 비옥하고 자원도 풍부하다는 것을 잘 알고 있었다. 아므르는 일단 이집트를 점령하면 경제·정치·군사적으로 많은 이점이 있을 것이라고 보았다. 또 이를 바탕으로 이슬람교를 전 세계에 전파할 수 있다고 여겼다. 그래서 그는 통치자에게 이집트 원정을 건의했다. 그러나 이슬람 제국의 통치자는 자신들에게는 해군이 없으니 비잔틴 제국을 막아 낼 수 없다고 생각해 원정을 허락해 주지 않았다. 그러나 아므르는 이후로도 끈질기게 사람들을 설득했고, 결국 통치자의 허락을 받았다.

640년에 아므르는 병사 4,000명을 이끌고 팔레스타인 남쪽으로 내려갔다. 시나이 반도를 가로지른 그의 군대는 이집트를 향해 진격했다. 그와 군대는 캄비세스, 알렉산드로스 등 고대 이집트 왕의 이름이 붙여진 길을 지나갔다. 비잔틴 제국을 증오하던 이집트 인은 아므르의 군대에 별다른 저항을 하지 않아 아므르는 덕분에 비교적 손쉽게 펠루시움Pelusium을 점령했다.

당시 알렉산드리아의 대주교는 이집트 인이었다. 그는 비잔틴 제국에서 파견한 총독 키루스Cyrus가 이집트 인을 무시하고 경멸하자 알렉산드리아에서 도망쳐서 사막의 작은 교회에서 살고 있었다. 그러던 중 이슬람 제국의 군대가 이집트를 침략했다는 소식을 들은 그는 주변의 이집트 인을 모아서 폭동을 일으켰다. 그리고 얼마 후 이슬람 군대가 점령한 지역으로 가서 투항했다. 아므르는 그들을 받아들이고 이슬람으로 개종시켰다. 또 아므르는 점령 지역의 이집트 인을 천천히 이슬람으로 개종시키고 자신의 세력으로 만들었다.

바빌론 요새 전투

아므르의 군대는 계속해서 전진해 카이로 동북쪽의 빌베이스Bilbeis를 공격했고, 주변의 다른 도시들도 모두 점령했다. 그들은 마침내 나일 강의 전략적 요충지 중 한 곳인 바빌론 요새까지 이르렀다.

　　바빌론 요새는 멤피스 남쪽, 삼각주 지역에서 꼭짓점에 해당하는 곳에 세워졌으며, 주변 지형이 험하고 매우 견고한 방어 시설이었다. 이 지역은 이집트 물류 교통의 중심지였다. 바빌론 요새에서 북쪽으로 가면 삼각주의 비옥한 토지에 도착했고, 남쪽으로 가면 수단과 연결되었다. 이슬람 제국의 군대가 바빌론 요새 근처에 다가왔을 때 바빌론 요새는 이미 이집트 총독 키루스와 장군 아우구스탈리스 테오도루스Augustalis Theodorus가 대군을 이끌고 점령한 상태였다. 그들은 방어 시설을 더욱 튼튼하게 갖추고 공격에 대비했다. 이에 아므르는 요새 외곽에 주둔하면서 호시탐탐 기회를 엿보며 지원군을 기다리는 수밖에 없었다. 기다린 끝에 마침내 지원군이 오자 이슬람 제국의 병력은 1만 명으로 늘어났다. 아므르는 이 병력을 넷으로 나누고 공격을 준비했다. 이와 반대로 비잔틴 제국은 병력이 2만 5,000명이었지만 오랫동안 적과 대치하기만 한 탓에 사기가 떨어졌고, 갑작스러운 전투를 앞두고 어수선한 상태였다. 아므르는 바빌론 요새를 포위하는 동시에 요새 근처에 있는 아인 샴스Ain Shams 성까지 공격했다. 이에 아인 샴스 성에 있던 비잔틴 제국의 장군 테오도루스는 혼비백산해서 알렉산드리아로 도망쳤다.

　　그런데 건축물에 대한 지식이 부족했던 이슬람 제국의 군대는 요새를 포위하고도 무너뜨릴 방법을 찾지 못했다. 그런 한편 요새 안에 있던 키루스도 더 이상 버틸 수 없자 협상을 요청했다. 아므르는 이슬람교를 받아들이고 이슬람 제국에 세금을 낼 것을 요구했고, 키루스는 이 내용을 비잔틴 제국 황제에게 전했다. 비잔틴 제국 황제는 불같이 화를 내고 키루스가 나라를 팔아먹었다면서 이집트를 떠나라고 명령했다. 결국 지루한 대치 상황이 다시 시작되었다.

비잔틴 제국의 군대는 요새 밖에 버티고 있는 이슬람 제국 군대를 무찌를 방법이 없었다. 그렇게 7개월이 흘렀을 때, 이슬람 제국의 군대는 요새의 벽을 둘러 흐르는 도랑을 흙으로 메우기 시작했다. 도랑을 모두 메운 후 용감한 병사 몇 명이 사다리를 타고 성벽을 올라갔다. 마침내 성벽을 넘은 그들은 보초병을 모두 죽이고 "알라신은 위대하다! 알라신은 위대하다!"라고 크게 소리쳤다. 이어서 요새 문이 열렸고, 밖에서 기다리던 이슬람 제국 군대는 역시 "알라신은 위대하다!"라고 소리치며 안으로 뛰어들어

전투 대형을 갖춘 이집트 보병

갔다. 예상치 못한 일에 깜짝 놀란 비잔틴 제국의 군대는 허둥대며 사방으로 도망치기에 바빴다. 641년 4월 9일, 이슬람 제국은 바빌론 요새를 점령했다.

바빌론 요새 전투는 비잔틴 제국이 이집트를 통치한 이후 벌어진 가장 큰 전투였다. 그리고 바빌론 요새가 함락되었다는 것은 수도 알렉산드리아의 남쪽 방어벽이 무너졌다는 것을 의미했다. 바빌론 요새를 점령한 이슬람 제국 군대는 둘로 나뉘어서 일부는 알렉산드리아로 직행했고, 일부는 지중해 연안으로 돌아서 알렉산드리아로 향했다.

고대 이집트 시대의 종결

이슬람 제국은 이집트의 종교에 간섭하지 않았기 때문에 이집트 인은 이슬람 제국에 반감을 느끼지 않았다. 비잔틴 제국을 싫어한 이집트 인은 오히려 먼저 이슬람 제국과 우호 관계를 맺고 싶어 했다. 이런 분위기 속에서 아므르의 군대는 순조롭게 알렉산드리아에 들어설 수 있었다.

알렉산드리아 외곽에 도착한 아므르는 가장 먼저 이 도시의 식량 공급로인 운하를 막았다. 이어서 아므르의 군대는 알렉산드리아에 주둔한 비잔틴 제국 군대와 격렬한 전투를 시작했다. 3개월 후, 마침내 알렉산드리아에 식량과 무기가 떨어지자 사람들은 불안에 휩싸였다. 지원군이 올 가능성마저 희박하자 병사들의 사기는 뚝 떨어졌다. 비잔틴 제국은 하는 수 없이 이슬람 제국에 이집트를 넘긴다는 내용의 알렉산드리아 조약에 서명했다. 이로써 로마 제국과 비잔틴 제국의 이집트 통치는 완전히 끝났고, 고대 이집트 시대는 막을 내렸다.

부록 1. 고대 이집트의 왕조

초기 왕조 시대(기원전 3100년 ~ 기원전 2686년)

왕조명	시기
제1왕조	기원전 3100년 ~ 기원전 2890년
제2왕조	기원전 2890년 ~ 기원전 2686년

고왕국 시대(기원전 2686년 ~ 기원전 2181년)

왕조명	시기
제3왕조	기원전 2686년 ~ 기원전 2613년
제4왕조	기원전 2613년 ~ 기원전 2498년
제5왕조	기원전 2494년 ~ 기원전 2345년
제6왕조	기원전 2345년 ~ 기원전 2181년

제1중간기(제7왕조 ~ 제10왕조, 기원전 2181년 ~ 기원전 2040년)

중왕국 시대(기원전 2040년 ~ 기원전 1786년)

왕조명	시기
제11왕조	기원전 2133년 ~ 기원전 1991년
제12왕조	기원전 1991년 ~ 기원전 1786년

제2중간기(제13왕조~제17왕조, 기원전 1786년 ~ 기원전 1567년)

신왕국 시대(기원전 1567년 ~ 기원전 1085년)

왕조명	시기
제18왕조	기원전 1567년 ~ 기원전 1320년
제19왕조	기원전 1320년 ~ 기원전 1200년
제20왕조	기원전 1200년 ~ 기원전 1085년

후기 왕조 시대(기원전 1085년 ~ 기원전 332년)

왕조명	시기
제21왕조	기원전 1085년 ~ 기원전 945년
제22왕조	기원전 945년 ~ 기원전 730년
제23왕조	기원전 818년 ~ 기원전 715년
제24왕조	기원전 727년 ~ 기원전 715년
제25왕조	기원전 716년 ~ 기원전 656년
제26왕조	기원전 664년 ~ 기원전 525년
제27왕조	기원전 525년 ~ 기원전 404년
제28왕조	기원전 404년 ~ 기원전 398년
제29왕조	기원전 399년 ~ 기원전 380년
제30왕조	기원전 380년 ~ 기원전 343년
제31왕조	기원전 343년 ~ 기원전 332년

마지막 왕조 시대(기원전 305년 ~ 기원전 640년)

왕조명	시기
프톨레마이오스 왕조	기원전 305년 ~ 기원전 30년
로마와 비잔틴 제국의 통치	기원전 30년~324년, 324년~640년

초기 왕조 시대(기원전 3100년 ~ 기원전 2686년)

제1왕조(기원전 3100년 ~ 기원전 2890년)

본명	호루스명	통치 기간
메네스	나르메르	/
아토티스	아하	/
아토시스	제르	47년
이타르티	제트	/
카스티	덴	55~60년
미베스	아네지브	7년
이리네티	세메르케트	9년
카아	카아	25년

제2왕조(기원전 2890년 ~ 기원전 2686년)

본명	호루스명	통치 기간
헤텝	헤텝세켐위	/
네브라	라네브	/
니네체르	니네체르	45~47년
웨네그	/	19년
세네지	/	/
세트-페리브센	세케미브	/
카이레스	/	/
네페르케레스	/	8년

	카세켐	21년
카세켐위	카세켐위	17년

고왕국 시대(기원전 2686년 ~ 기원전 2181년)

제3왕조(기원전 2686년 ~ 기원전 2613년)

본명	호루스명	통치 기간
네브카	사나크테	19년
죠세르	네체리케트	19년
죠세르티	세켐케트	6년
테티	카바	6년
후니	/	24년

제4왕조(기원전 2613년 ~ 기원전 2498년)

왕명	호루스명	통치 기간
스네프루	네브마트	24년
쿠푸	메제두	23년
제데프레	케프리	8년
카프레	우세르리브	25년
멘카우레	카케트	28년
세프세스카프	세프세스케트	4년
탐프티스	/	2년

제5왕조(기원전 2494년 ~ 기원전 2345년)

왕명	호루스명	통치 기간
우세르카프	이리마트	7년
사후레	네브카우	14년
네페리르카레 카카이	네페리르카레	10년
셉세스카레 이시	셉세스카레	7년
네페레프레	네페르카우	7년
이니	니우세르레	1년
카이우	멘카우호르	8년
제드카레 이세시	제드카레	39년
우나스	와즈타위	30년

제6왕조(기원전 2345년 ~ 기원전 2181년)

왕명	호루스명	통치 기간
테티	세헤테프타위	12년
우세르카레	/	1년
페피 1세	네페르사후	49년
메렌레 1세	메렌레	14년
페피 2세	네페르카레	94년
메렌레 2세	/	1년
Nitiqret	/	/
Neitiqerty Siptah	/	2년

제1중간기(제7왕조~제10왕조, 기원전 2181년 ~ 기원전 2040년)

제11왕조(기원전 2133년 ~ 기원전 1991년)

왕명	호루스명	통치 기간
멘투호테프 1세	테피아	기원전 2133년 ~ 기원전 2118년
인테프 1세	세헤르타위	기원전 2118년
인테프 2세	와한크	기원전 2117년 ~ 기원전 2069년
인테프 3세	나크트넵테네페르	기원전 2068년 ~ 기원전 2061년
멘투호테프 2세	넵테네페르	기원전 2060년 ~ 기원전 2010년
멘투호테프 3세	산크카레	기원전 2009년 ~ 기원전 1998년
멘투호테프 4세	넵타위레	기원전 1997년 ~ 기원전 1991년

제12왕조(기원전 1991년 ~ 기원전 1786년)

왕명	호루스명	통치 기간
아메넴헤트 1세	세헤테피브레	기원전 1991년 ~ 기원전 1962년
세누스레트 1세	케페르카레	기원전 1971년 ~ 기원전 1928년
아메넴헤트 2세	누브카우레	기원전 1929년 ~ 기원전 1895년
세누스레트 2세	카케페레	기원전 1897년 ~ 기원전 1878년
세누스레트 3세	카카우레	기원전 1878년 ~ 기원전 1843년
아메넴헤트 3세	니마트레	기원전 1842년 ~ 기원전 1797년
아메넴헤트 4세	마케우레	기원전 1798년 ~ 기원전 1790년
소베크네프루	소베르카레	기원전 1789년 ~ 기원전 1786년

제2중간기(제13왕조~제17왕조, 기원전 1786년 ~ 기원전 1567년)

신왕국 시대(기원전 1567년 ~ 기원전 1085년)

제18왕조(기원전 1567년 ~ 기원전 1320년)

왕명	통치 기간
아흐모세 1세	기원전 1570년 ~ 기원전 1546년
아멘호테프 1세	기원전 1546년 ~ 기원전 1526년
투트모세 1세	기원전 1526년 ~ 기원전 1512년
투트모세 2세	기원전 1512년 ~ 기원전 1504년
하트셉수트	기원전 1503년 ~ 기원전 1482년
투트모세 3세	기원전 1504년 ~ 기원전 1450년
아멘호테프 2세	기원전 1450년 ~ 기원전 1425년
투트모세 4세	기원전 1425년 ~ 기원전 1417년
아멘호테프 3세	기원전 1417년 ~ 기원전 1379년
아멘호테프 4세	기원전 1379년 ~ 기원전 1362년
스멘크카레	기원전 1363년 ~ 기원전 1361년
투탕카멘	기원전 1361년 ~ 기원전 1352년
아이	기원전 1352년 ~ 기원전 1348년
호렘헤브	기원전 1348년 ~ 기원전 1320년

제19왕조(기원전 1320년 ~ 기원전 1200년)

왕명	통치 기간
람세스 1세	기원전 1320년 ~ 기원전 1318년
세티 1세	기원전 1318년 ~ 기원전 1304년
람세스 2세	기원전 1304년 ~ 기원전 1237년
메르넵타	기원전 1236년 ~ 기원전 1223년
아멘메세스	기원전 1222년 ~ 기원전 1217년
세티 2세	기원전 1216년 ~ 기원전 1210년
트워스레트	기원전 1209년 ~ 기원전 1200년

제20왕조(기원전 1200년 ~ 기원전 1085년)

왕명	통치 기간
세트나크테	기원전 1200년 ~ 기원전 1198년
람세스 3세	기원전 1198년 ~ 기원전 1166년
람세스 4세	기원전 1166년 ~ 기원전 1160년
람세스 5세	기원전 1160년 ~ 기원전 1156년
람세스 6세	기원전 1156년 ~ 기원전 1148년
람세스 7세	기원전 1148년 ~ 기원전 1147년
람세스 8세	기원전 1147년 ~ 기원전 1140년
람세스 9세	기원전 1140년 ~ 기원전 1121년
람세스 10세	기원전 1121년 ~ 기원전 1113년
람세스 11세	기원전 1113년 ~ 기원전 1085년

후기 왕조 시대(기원전 1085년 ~ 기원전 332년)

제21왕조(기원전 1085년 ~ 기원전 945년)

왕명	통치 기간
스멘데스 1세	기원전 1085년 ~ 기원전 1058년
아메넴니수	기원전 1058년 ~ 기원전 1054년
프수센네스 1세	기원전 1054년 ~ 기원전 1004년
아메네모페	기원전 1004년 ~ 기원전 995년
오소르콘	기원전 995년 ~ 기원전 989년
시아멘	기원전 989년 ~ 기원전 969년
프수센네스 2세	기원전 969년 ~ 기원전 945년

제22왕조(기원전 945년 ~ 기원전 715년)

왕명	통치 기간
셰숑크 1세	기원전 945년 ~ 기원전 924년
오소르콘 1세	기원전 924년 ~ 기원전 889년
타켈로트 1세	기원전 889년 ~ 기원전 874년
오소르콘 2세	기원전 874년 ~ 기원전 850년
셰숑크 2세	/
타켈로트 2세	기원전 850년 ~ 기원전 825년
셰숑크 3세	기원전 825년 ~ 기원전 773년
파미	기원전 773년 ~ 기원전 767년
셰숑크 4세	기원전 767년 ~ 기원전 730년
오소르콘 4세	기원전 730년 ~ 기원전 715년

제23왕조(기원전 818년 ~ 기원전 715년)

왕명	통치 기간
페디바스테트	기원전 818년 ~ 기원전 793년
메리아문	기원전 793년 ~ 기원전 787년
오스르콘 3세	기원전 787년 ~ 기원전 759년
타켈로트 3세	기원전 764년 ~ 기원전 757년
루다멘	기원전 757년 ~ 기원전 754년
이우푸트 2세	기원전 754년 ~ 기원전 720년
셰숑크 5세	기원전 720년 ~ 기원전 715년

제24왕조(기원전 727년 ~ 기원전 715년)

왕명	통치 기간
테프나크트	기원전 727년 ~ 기원전 720년
복코리스	기원전 720년 ~ 기원전 715년

제25왕조(기원전 747년 ~ 기원전 656년)

왕명	통치 기간
피안키	기원전 747년 ~ 기원전 716년
샤바카	기원전 716년 ~ 기원전 702년
셰비쿠	기원전 702년 ~ 기원전 690년
타하르카	기원전 690년 ~ 기원전 664년
타누타멘	기원전 664년 ~ 기원전 656년

제26왕조(기원전 664년 ~ 기원전 525년)

왕명	통치 기간
네코 1세	기원전 665년 ~ 기원전 664년
프삼티크 1세	기원전 664년 ~ 기원전 610년
네코 2세	기원전 610년 ~ 기원전 595년
프삼티크 2세	기원전 595년 ~ 기원전 589년
아프리에스	기원전 589년 ~ 기원전 570년
아모세 2세	기원전 570년 ~ 기원전 526년
프삼티크 3세	기원전 526년 ~ 기원전 525년

제27왕조(기원전 525년 ~ 기원전 404년)

왕명	통치 기간
캄비세스	기원전 525년 ~ 기원전 522년
다리우스 1세	기원전 522년 ~ 기원전 486년
크세르크세스 1세	기원전 486년 ~ 기원전 465년
아르타크세르크세스 1세	기원전 465년 ~ 기원전 424년
다리우스 2세	기원전 424년 ~ 기원전 404년

제28왕조(기원전 404년 ~ 기원전 398년)

왕명	통치 기간
아미르타이오스	기원전 404년 ~ 기원전 398년

제29왕조(기원전 399년 ~ 기원전 380년)

왕명	통치 기간
네파아루드 1세	기원전 399년 ~ 기원전 393년
프삼무테스	기원전 393년 ~ 기원전 390년
하코르	기원전 390년 ~ 기원전 380년
네파아루드 2세	기원전 380년

제30왕조(기원전 380년 ~ 기원전 343년)

왕명	통치 기간
넥타네보 1세	기원전 380년 ~ 기원전 362년
테오스	기원전 362년 ~ 기원전 360년
넥타네보 2세	기원전 359년 ~ 기원전 343년

제31왕조(기원전 343년 ~ 기원전 332년)

왕명	통치 기간
아르타크세르크세스 3세	기원전 343년 ~ 기원전 338년
아르타크세르크세스 4세	기원전 338년 ~ 기원전 336년
다리우스 3세	기원전 336년 ~ 기원전 332년

프톨레마이오스 왕조(기원전 305년 ~ 기원전 30년)

왕명	별칭	통치 기간
프톨레마이오스 1세	소테르	기원전 305년 ~ 기원전 285년
프톨레마이오스 2세	필라델포스	기원전 285년 ~ 기원전 246년
프톨레마이오스 3세	에우에르게테스	기원전 246년 ~ 기원전 222년
프톨레마이오스 4세	필로파토스	기원전 222년 ~ 기원전 205년
프톨레마이오스 5세	에피파네스	기원전 205년 ~ 기원전 180년
프톨레마이오스 6세	필로마토르	기원전 180년 ~ 기원전 145년
프톨레마이오스 7세	네오스 필로파토르	기원전 145년
프톨레마이오스 8세	에우에르게테스 2세	기원전 145년 ~ 기원전 116년
프톨레마이오스 9세	소테르 2세	기원전 116년 ~ 기원전 80년
프톨레마이오스 10세	알렉산드로스 1세	기원전 107년 ~ 기원전 88년
프톨레마이오스 11세	알렉산드로스 2세	? ~ 기원전 80년
프톨레마이오스 12세	아울레테스	기원전 80년 ~ 기원전 51년
클레오파트라 7세	/	기원전 51년 ~ 기원전 50년
프톨레마이오스 13세	테오스 필로파테르	기원전 51년 ~ 기원전 47년
프톨레마이오스 14세	테오스 필로파테르 2세	기원전 47년 ~ 기원전 44년
프톨레마이오스 15세	카이사리온	기원전 44년 ~ 기원전 30년

로마와 비잔틴 제국 통치(기원전 30년~324년, 324년~640년)

인류 역사의 수많은 주역들이
거쳐 간 고대 문명의 보고

나일 강이 흐르고 피라미드와 스핑크스가 있는 신비의 나라 이집트는 누구든지 꼭 한번쯤 가 보고 싶어 하는 동경의 나라이다. 그것은 아마 인류 최초의 삶과 문명이 이곳에서 시작되었기 때문일 것이다. 이집트는 연 평균 강수량이 거의 0을 기록하며 한 여름 사막의 기온은 평균 50℃에 육박하는 무더운 나라이다. 그러나 이러한 열악한 기후 조건에도 나일 강 유역만은 사시사철 초목이 푸르다. 푸른 초목이 울창한 이 나일 강 유역에서 고대 이집트 문명이 생겨났고, 또 찬란하게 꽃피웠다.

고대 이집트 문명은 지금으로부터 약 5000여 년 전에 싹트기 시작했다. 3000여 년 동안 계속된 이 놀라운 문명은 오늘날까지 그 거대한 유적들을 곳곳에 남겨 놓았다. 동서양이 교차하는 곳에 자리한 이집트는 고대 역사와 문화의 중심지였다. 당시 이집트 인은 이집트를 '세상의 어머니'라고 자랑스럽게 불렀다고 한다. 그래서인지 인류 역사의 수많은 주역이 이곳을 거쳐 갔다. 알렉산드로스 대왕과 나폴레옹 같은 영웅들은 이곳을 점령하고서 위대한 제국을 세우기도 했다. 서구인은 서양 문화의 뿌리를 그리스와 로마 문명에 두고 정체성을 찾으려고 하지만, 더 거슬러 올라가면 그 근원이 고대 이집트 문명에 있다는 것은 숨길 수 없는 사실일 것이다.

이 책은 이러한 고대 이집트의 장구長久한 역사를 간추려 살펴보기 위해

꾸며졌다. 고대 이집트 시대는 그 종말까지 매우 오랜 기간이므로 일반적인 역사 구분에 맞추어 고왕국 시대, 중왕국 시대, 신왕국 시대로 크게 나누어 설명한다. 그중 가장 번영한 신왕국 시대의 주요 사건들과 문화는 더욱 자세히 다룬다. 이후 페르시아와 마케도니아의 침략, 프톨레마이오스 왕조 시대를 거쳐 고대 이집트가 끝나는 시기까지를 모두 아우른다. 역사 자료와 상상력을 담은 서술이 절묘하게 결합되어서 마치 소설처럼 읽히는 역사책이라고 할 수 있다.

글은 주제별로 그다지 길지 않으면서도 그 안에 담긴 내용은 매우 풍부해서 궁금증을 풀어 주는 데에 부족함이 없다. 고대 이집트의 많은 신화와 기록을 소개했으며, 짧고 재미있는 에피소드까지 곁들여서 글을 읽어가는 데 지루하지 않을 것이다. 시대순으로 나열되지만 어느 부분을 펼쳐서 먼저 읽어도 흥미를 느끼며 빠져들 수 있다. 독자들은 책을 읽으면서 나일 강의 범람, 피라미드의 건설, 투트모세 3세의 업적, 클레오파트라의 사랑 같은 고대 이집트의 역사와 문화를 한눈에 살펴보게 될 것이다. 또 이를 통해 고대뿐 아니라 현대까지 살아 숨 쉬는 건축, 문학, 예술의 보고寶庫인 이집트를 한층 가깝게 느낄 수 있을 것이다.

끝으로 번역에 지치고 글이 막힐 때마다 격려해 주고 전폭적으로 지지해 준 가족, 특히 조카 김사랑, 김한얼에게 감사와 사랑을 보낸다.

찾아보기

맥을 잡아주는 세계사 03

이집트사

초판 1쇄 인쇄일 | 2014년 5월 15일 **초판 1쇄 발행일** | 2014년 5월 20일

지은이 | 맥세계사편찬위원회
펴낸이 | 강창용
펴낸곳 | 느낌이있는책

주소 | 경기도 파주시 교하읍 파주출판문화산업단지 문발로 115 세종 107호
전화 | (代)031-943-5931 **팩스** | 031-943-5962
홈페이지 | http://www.feelbooks.co.kr
이메일 | mail@feelbooks.co.kr
등록번호 | 제10-1588 **등록년월일** | 1998. 5. 16
책임편집 | 신선숙 **디자인** | design Bbook
책임영업 | 최강규 **책임관리** | 김나원

ISBN | 978-89-97336-62-3 03920
값 17,800원

이 도서의 국립중앙도서관 출판시도서목록(CIP)은 서지정보유통지원시스템 홈페이지(http://seoji.nl.go.kr)와 국가자료공동목록시스템(http://www.nl.go.kr/kolisnet)에서 이용하실 수 있습니다.(CIP제어번호: CIP2014014838)